MICHAEL LÜDERS

TAGE DES ZORNS

DIE ARABISCHE
REVOLUTION
VERÄNDERT
DIE WELT

C.H.BECK

Mit 21 Abbildungen und 2 Karten (© Peter Palm, Berlin)

© Verlag C. H. Beck oHG, München 2011
Gesetzt aus der Adobe Garamond Pro und der Frutiger65Bold im Verlag
Druck und Bindung: CPI – Ebner & Spiegel, Ulm
Gedruckt auf säurefreiem, alterungsbeständigem Papier
(hergestellt aus chlorfrei gebleichtem Zellstoff)
Printed in Germany
ISBN 978 3 406 62290 8

www.beck.de

Wohl lag etwas Gewaltiges und Erhebendes in dieser ohne feste Leitung unter den zufällig gegebenen Feldherren von der Menge selbst begonnenen und ohne Blutvergießen durchgeführten Revolution, und gern und stolz erinnerten sich ihrer die Bürger. Empfunden wurden ihre Folgen durch viele Jahrhunderte; ihr entsprang das Volkstribunat.

Theodor Mommsen (1817–1903) über die Erhebung der Bauernschaft gegen die Schuldgesetze im Römischen Reich 495 vor Christus

INHALT

Sultandämmerung. Vorwort 9

Wie alles anfing. Der Weg zur Revolution 13

Warum eigentlich gab es keine Demokratien
in der arabischen Welt? 23

Enttäuschte Hoffnungen. Das Beispiel Ägypten 33

Von der Friseurin zur Milliardärin.
Macht und Mafia (nicht nur) in Tunesien 43

Die Angst vor dem Wandel. Weshalb der Westen sich
schwertut mit dem arabischen Frühling 51

Kairo, Tahrir-Platz. Wir sind das Volk 71

Libyen. Ghaddafi und die Folgen 91

Über Inseln. Al-Jazeera in Katar
und die Gegenrevolution in Bahrain 115

Über Greise.
Saudi-Arabien zieht die Fäden, auch im Jemen 133

Religion und Revolution.
Sind am Ende Islamisten die Sieger? 143

Die heimliche Reformation.
Martin Luther, islamisch gedacht 155

Syrien in der Revolte.
Ein Augenarzt verteidigt seine Macht 163

Wir wollen rein!
Der Aufstand macht vor Israels Grenzen nicht halt 179

Ausblick. **Was nun?** 201

Abbildungsnachweis 207

SULTANDÄMMERUNG.
VORWORT

Niemand hat die arabische Revolution kommen sehen. Doch dann war sie da, eine Naturgewalt, die Regime stürzte und Gegenrevolutionen entfesselte. Die arabische Welt durchlebt einen epochalen Wandel wie Osteuropa seit 1989. Doch anders als der Fall der Berliner Mauer ruft der arabische Aufstand vielfach Skepsis hervor. Auch deswegen, weil er eigene Glaubensgewissheiten erschüttert. Muslime fordern Demokratie? Nicht den Gottesstaat? Stürzen ohne einen einzigen Schuss Mubarak den Pharao? Erheben sich gegen Ghaddafi, und die Nato hilft ihnen dabei? Wohin soll das führen?

Wie schwer sich westliche Politik tat, die Veränderungen anzunehmen, zeigten die Reaktionen in Washington, Berlin und anderswo. Zurückhaltung, Zögerlichkeit, ein verbissenes Abwägen. Öffentlich bekundete Freude über den Wandel erst, nachdem er unwiderruflich erschien. Die eigene, jahrzehntelang betriebene Politik, mit den übelsten Gewaltherrschern zu paktieren, solange sie Erdöl liefern, Terroristen jagen und Flüchtlinge von Europas Grenzen fern halten, war buchstäblich über Nacht hinfällig geworden. Zusätzlich fehlgeleitet durch eine Islamophobie, die auf komplexe gesellschaftliche Fragen einfache Antworten bereithält, haben viele Europäer lange nicht verstanden, verstehen wollen, dass die arabische Revolution nicht Gefahren heraufbeschwört, sondern neue Chancen eröffnet. Auch die Verlierer stehen fest, neben den Diktatoren. Das ist zum einen der islamische Fundamentalismus bis hin zu Al-Qaida. Und zum anderen die sogenannte «Islamkritik», die der hiesigen Öffentlichkeit seit Jahren einzuflüstern versucht, der Islam sei in erster Linie eine Bedrohung. Die Werte, für die Menschen aller Schichten und Altersgruppen zwischen Marokko und Oman eintreten, sind universelle Werte. Islam oder Nicht-Islam spielt in dem Zusammenhang keine Rolle. Vielmehr geht es um Freiheit und Glück, um Zukunft und Demokratie. Um Hoffnung und Gerechtigkeit. Das mag erklären, warum der friedliche Massenprotest Nachahmer finden wird, schon gefunden hat. Bei den Regionalwahlen in Spanien, als Tausende Jugendliche in der Innenstadt von Madrid campierten. Bei den anhaltenden, noch viel größeren Demonstrationen gegen Sozialabbau in Athen und Tel Aviv, wo ebenfalls zentrale Straßen oder Plätze wochenlang in Besitz genommen wurden. Nicht anders als auf dem Tahrir-Platz in Kairo, wo alles angefangen hatte.

Das «Wunder» der arabischen Revolution handelt vom Sturz einer historisch überlebten, vormodernen Herrschaftsform, verkörpert von sultanähnlichen Diktatoren. Von außen besehen mochten Regime wie die von Mubarak oder Ghaddafi unerschütterlich erscheinen. In Wirklichkeit waren sie schon seit längerem verletzlich und anfällig, weil sich ihre innere Antriebskraft, Machterhalt um jeden Preis, Selbstbereicherung, kaum noch mit der äußeren Wirklichkeit vertrug: Die große Mehrheit der Araber lebt in Armut, die Jugend hat wenig Perspektiven und will nicht länger nur träumen.

Eine «sultanische» Herrschaftsform entsteht, wenn ein nationaler Herrscher seine Macht auf Kosten staatlicher Institutionen ausbaut. Moderne Sultane sind keiner Ideologie verpflichtet, auch wenn sie das Gegenteil behaupten. Der einzige Sinn und Zweck ihrer Politik ist die Wahrung ihrer Autorität. Sie mag formalen Anforderungen einer Demokratie genügen, indem Wahlen stattfinden, Parteien im Parlament miteinander streiten. Mubarak, Ghaddafi & Co sorgen allerdings dafür, dass alle Schlüsselpositionen mit ihren Gefolgsleuten, meist Verwandten oder Angehörigen derselben religiösen/ethnischen Gruppe, besetzt werden. Wie das im Einzelnen aussieht, beschreibt dieses Buch. Gleichzeitig häufen sie milliardenschwere Vermögen an, die auf ausländische Konten verschoben werden oder dazu dienen, die eigenen Anhänger für ihre Loyalität zu belohnen. Washington oder den Europäern dienen sie sich als verlässliche Partner an, die als Gegenleistung für Hilfe und Investitionen für Ruhe und Ordnung sorgen: Ohne den jeweiligen Sultan drohten Chaos oder Al-Qaida. Um keinen Militärputsch zu riskieren, untersteht die Armee in der Regel keinem geeinten Oberkommando. Vielmehr hat jede Waffengattung ihre eigenen Hierarchien. Zahlreiche Geheimdienste kontrollieren sich gegenseitig und gemeinsam die Armee, von der eigenen Bevölkerung ganz zu schweigen. Diese Herrscher inszenieren sich als Väter der Nation, deren salomonischen Ratschlüssen sich Zivilisten wie Militärs in Demut zu beugen haben.

Der Keim des Zerfalls moderner Sultanate ist ihre unermessliche Gier. Je länger der Sultan an der Macht ist, umso schwerer fällt ihm die Balance zwischen Selbstbereicherung und Gunstbeweisen gegenüber den eigenen Anhängern. Die jeweiligen Volkswirtschaften sind in der Regel nicht produktiv, jenseits von Erdöl und Erdgas, und generieren zu wenig Einkommen. Subventionen für Grundnahrungsmittel, Strom und Benzin, mit denen Mubarak, Ghaddafi & Co die Gunst der einfachen Bevölkerung zu kaufen suchen, leeren zusätzlich die Staatskasse. Gleichzeitig ist in den letzten zehn, 15 Jahren eine neue Generation junger, gut ausgebildeter Internetnutzer herangewachsen, die sich als Avantgarde der Revolution bewährte. Ihr folgten Menschen aus allen Schichten der Gesellschaft, die der Lügen der Machthaber überdrüssig waren. Das Volk beschloss, sein Schicksal selbst in die Hand zu nehmen.

Seit ihrer Unabhängigkeit nach dem Zweiten Weltkrieg haben die Araber wie in einer Zeitkapsel gelebt – bevormundet von autoritären Regimen, die kein einziges der drängenden Probleme ihrer Länder gelöst haben, von der Geburtenkontrolle bis zur Umweltverschmutzung. Die arabische Welt verharrte in Stagnation und Resignation, flüchtete in fragwürdige Ideologien. Bis zum Schicksalsjahr 2011, dem Jahr Null der Zeitenwende.

Dieses Buch erzählt, wie es dazu kam. Es spannt einen essayistischen Bogen von den Anfängen in Tunesien über saudische Greise, den Islam und Israel bis zu unserem, dem westlichen Blick auf die arabische Revolution. Der Nachrichtensender Al-Jazeera spielt ebenso eine Rolle wie Martin Luther. Einen eigenen Standpunkt einzunehmen heißt auch, Glaubensgewissheiten nicht blind zu vertrauen. Die

Beschäftigung mit der arabischen Revolution geht zwangsläufig einher mit einer kritischen Selbstbefragung. Wer darauf beharrt, Islam und Moderne, Islam und Demokratie vertrügen sich nicht, kann besagte Zeitenwende nicht verstehen oder kommt zu sachlich falschen Schlussfolgerungen.

Die arabische Revolution ist widersprüchlich, verläuft in verschiedenen Bahnen, bezeichnet einen offenen Prozess. Schon über Worte ließe sich streiten. Ist es wirklich eine Revolution? Ein Aufstand? Ein Frühling? Die Antwort variiert von Land zu Land, der Autor verwendet die Begriffe vielfach synonym. Angesichts der historischen Zäsur, die unstrittig ist, erscheint der Oberbegriff «arabische Revolution» auf jeden Fall gerechtfertigt – unabhängig davon, dass auch die meisten Araber ihren Kampf als Revolution bezeichnen. Wohin sich diese entwickelt, ob ihre Resultate in jedem Fall vor der Geschichte Bestand haben werden – das ist eine ganz andere Frage.

Ein Buch zu schreiben, während die Dinge noch im Fluss sind, ist nicht ganz einfach. Stets lauern sie im Unterholz, die nicht auszuschließenden Irrtümer oder Fehleinschätzungen. Und in einem Monat, in einem halben Jahr tritt der Fluss möglicherweise an einer Stelle über das Ufer, mit der niemand gerechnet hätte.

Der besseren Lesbarkeit halber wurde auf Fußnoten verzichtet. Wichtige Quellen waren persönliche Kontakte, Erfahrungen und Recherchen des Autors, die drei Jahrzehnte umfassen. Des Weiteren tagesaktuelle Medien, die Internetarchive von Al-Jazeera, Al-Arabiya, The Guardian, Qantara.de, ein Dialog-Projekt des Auslandssenders Deutsche Welle mit der islamischen Welt, sowie zahlreiche Blogs aus verschiedenen arabischen Ländern. Ferner Nader Hashemi «Islam, Secularism, and Liberal Democracy», Oxford 2009; Luis Martinez «The Libyan Paradox», London 2007; Richard P. Mitchell «The Society Of The Muslim Brothers», New York 1993; Bruce K. Rutherford «Egypt after Mubarak», Princeton 2008; Eric Selbin «Revolution, Rebellion, Resistance. The Power of Story», London 2010.

WIE ALLES ANFING.
DER WEG ZUR REVOLUTION

Trostlose Orte gibt es überall auf der Welt. Die Trostlosigkeit der arabischen Provinz aber hat etwas Beklemmendes. Stagnation und Armut inmitten einer Architektur, die überwiegend aus unverputzten Betonquadern besteht. Kargheit prägt die Natur wie die Menschen, denen die Resignation vielfach ins Gesicht geschrieben steht. Selten nur stellt sich ein Gefühl von Aufbruch und Hoffnung ein, viel zu sehr sind die Bewohner damit beschäftigt, ihr eigenes Überleben und das der Familie zu organisieren, jeden Tag aufs Neue. Das geflügelte literarische Wort von der «Endstation Sehnsucht» findet in der arabischen Provinz, ob in Marokko oder im Jemen, seine Entsprechung in der Wirklichkeit. Nicht überall, nicht ausnahmslos, doch in aller Regel. Und vielleicht ist die arabische Provinz auch deswegen besonders unwirtlich, weil ihre Bewohner wissen, dass es ein besseres, schöneres, verheißungsvolleres Leben irgendwo da draußen gibt, weit weg, unerreichbar, doch über Satellitenfernsehen allgegenwärtig.

Sidi Bouzid ist ein solcher Ort. Tiefstes tunesisches Hinterland, 250 Kilometer südlich der Hauptstadt Tunis. Ackerflächen, Weideland und Obstbäume prägen die Landschaft. Entlang der Straßen liegt Abfall, in den Feigenkakteen haben sich Plastiktüten verfangen. Die ersten Wohnblöcke sind zu sehen, unverputzt und hässlich. Das Zentrum der ärmlichen Provinzstadt, 40 000 Einwohner, hat wenig zu bieten. Ein paar Cafés, Verwaltungsgebäude, Schulen und einfache Geschäfte. Kultureller Höhepunkt sind laut Internetauftritt der Stadtverwaltung die «Ramadan-Nächte», die jährlich in der zweiten Hälfte des Fastenmonats abgehalten werden. Ansonsten lebt die Region vom

Getreide-, Obst- und Gemüseanbau – nicht zu vergessen die Aufzucht von Lämmern und die Milchviehhaltung.

Und doch hielt in Sidi Bouzid zweimal die Weltgeschichte Einzug, mehr oder weniger aus Zufall. Im Rahmen des Tunesienfeldzuges, der den geordneten Rückzug des deutschen Afrikakorps und seiner italienischen Verbündeten nach der Niederlage bei El Alamein im November 1942 gewährleisten sollte, griffen deutsche und italienische Panzerdivisionen am 14. Februar 1943 US-amerikanische Panzerverbände bei Sidi Bouzid an («Unternehmen Frühlingswind»). Die Kämpfe rund um den Kasserine-Pass dauerten zehn Tage und kosteten 12 000 Soldaten das Leben. Über die Verluste in der tunesischen Zivilbevölkerung gibt es keine Angaben, die Stadt allerdings wurde dem Erdboden gleichgemacht. Es war eine der letzten großen Panzerschlachten in Nordafrika, bevor die Achsenmächte dort im Mai 1943 kapitulierten.

Die zweite Begegnung Sidi Bouzids mit der Historie verdankt sich dem Schicksal seines Bewohners Mohammed Bouazizi, dessen Selbstverbrennung am 17. Dezember 2010 erst die tunesische, dann die arabische Revolution und den Sturz des langjährigen tunesischen Diktators Zine al-Abidine Ben Ali auslöste.

Wie der Flügelschlag eines Schmetterlings einen Wirbelwind auslöst

Mohammed Bouazizi wurde am 29. März 1984 geboren. Sein Vater starb früh, die Mutter heiratete ein zweites Mal, einen gesundheitlich angeschlagenen, die meiste Zeit arbeitslosen Mann. Schon im Alter von zehn Jahren kam der Schüler als Gemüseverkäufer für den Unterhalt der Familie auf. Kurz vor dem Abitur wurde die Doppelbelastung zuviel, wie so viele seiner tunesischen und arabischen Altersgefährten verließ Mohammed Bouazizi die Schule ohne Abschluss. Zum Studium hätte ohnehin das Geld gefehlt. Mittlerweile hatte er fünf jüngere Halbgeschwister, für die er sich verantwortlich fühlte. Er bewarb sich auf staatliche Stellen, auch bei der Armee, wurde jedes Mal abgelehnt. Ihm blieb nur ein Leben als Gemüseverkäufer. Jeden Tag zog er früh-

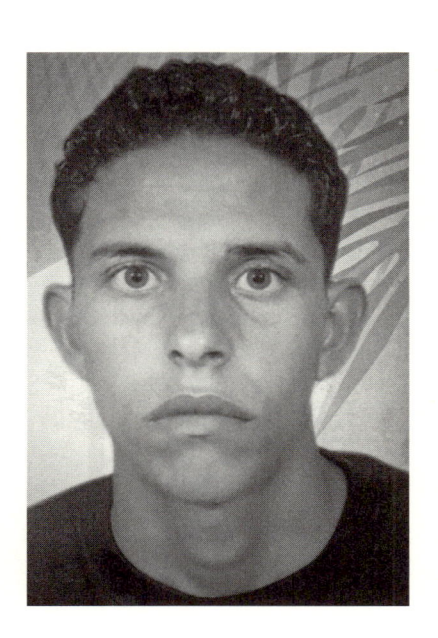

1 Mohammed Bouazizi, der sich selbst verbrannte.

morgens auf den Großmarkt für Obst und Gemüse, belud seinen Karren und schob ihn anschließend wieder die zwei Kilometer zurück zum lokalen Souk, wo die Ärmeren einkauften. Sein Tagesverdienst lag bei fünf bis sechs Euro. Allerdings hatte er keine Verkaufslizenz. Dafür reichte das Einkommen nicht. Machte die Polizei eine ihrer zahlreichen Razzien, um Bestechungsgeld zu kassieren, blieben ihm zwei Möglichkeiten. Bezahlen oder aber davonrennen, unter Verlust seines Karrens. Eine Zeit lang hatte Mohammed Bouazizi eine Freundin, mit der er eine, wie häufig unter konservativen Muslimen, platonische Beziehung führte. Sie scheiterte am Geld. Ein junger Mann, der sein Dasein als Straßenhändler fristet, hat auf dem arabischen Heiratsmarkt so gut wie keine Chance. 2008 versuchte er, über das Mittelmeer nach Sizilien zu flüchten, nach Europa zu kommen, ein besseres Leben zu führen. Die tunesische Grenzpolizei fing ihn ab, zwei Wochen saß er im Gefängnis. Ein Jahr später versuchte er sein Glück erneut, dieses Mal über Libyen. Wieder wurde er abgefangen, saß ein halbes Jahr im Gefängnis.

Im Sommer 2010 unternahm er einen letzten Versuch seinem Leben eine andere Wendung zu geben. In der Hafenstadt Sousse trat er in einem Restaurant eine Stelle als Hilfskraft an, wusch Geschirr, putzte den Boden. Als sein Arbeitgeber ihm den Lohn verweigerte, erstattete er Anzeige. Doch die Gesetze in seinem Land waren nicht für Hungerleider gemacht, sondern für Leute mit Beziehungen, die sich Polizei und Justiz gegenüber erkenntlich zeigen.

Gedemütigt und betrogen fand er sich als Gemüseverkäufer in Sidi Bouzid wieder. Offenbar war die dortige Polizei auf den Querulanten aufmerksam geworden und schikanierte ihn nach Kräften. Einige Wochen vor seinem Selbstmord erhielt er einen Strafbescheid über 250 Euro – eine Summe, die fast zwei Monatseinkommen entsprach. Am 17. Dezember schließlich tritt eine Polizistin auf dem Markt an ihn heran, verlangt seine Waage. Er weigert sich, sie auszuhändigen. Es kommt zu einem Handgemenge, die Polizistin ohrfeigt ihn, gemeinsam mit einem Kollegen wirft sie Mohammed Bouazizi zu Boden. Seine Waage wird ihm ebenso abgenommen wie sein Obst und Gemüse. Der in aller Öffentlichkeit Erniedrigte sucht Gerechtigkeit, begibt sich zur Stadtverwaltung und verlangt, einen Verantwortlichen zu sprechen. Man sagt ihm, das ginge nicht, die Beamten hätten zu tun.

Daraufhin kauft er Brennspiritus, kehrt zurück zur Stadtverwaltung, entleert den Inhalt des Kanisters über sich und entzündet ein Streichholz. Schwer verletzt wird er in ein Krankenhaus eingeliefert. Bedenkt man, mit welchen Schmerzen eine Selbstverbrennung einhergehen muss, so lässt sich das Ausmaß der zugrunde liegenden Verzweiflung erahnen.

Er war nicht der erste Tunesier, der sich selbst verbrannte. Andere hatten es vor ihm getan, aus ähnlichen Gründen. Doch wurden ihre Fälle nicht bekannt, weil die Behörden alles daran setzten, die Vorfälle zu vertuschen. Die einheimischen Medien durften darüber nicht berichten, die Angehörigen wurden unter Strafandrohung zum Schweigen gebracht. In Sidi Bouzid dagegen versammelten sich unmittelbar nach der Tat Dutzende Demonstranten vor der Stadtverwaltung, «in der einen Hand ein Handy, in der anderen einen Stein», erzählte ein

Verwandter, Abdesslem Trimech, dem Nachrichtensender Al-Jazeera. Die Polizei löste die Kundgebung auf, wie in Tunesien üblich.

Dieses Mal aber kam alles anders. Die Demonstranten stellten ihre Handy-Videos über Facebook ins Internet. Ebenso die Bilder eines weiteren Protestmarsches am 20. Dezember, angeführt von Mohammed Bouazizis Mutter. Noch am selben Tag wurden diese Aufnahmen von Al-Jazeera ausgestrahlt, auf dessen Spartenkanal Mubaschir (Live). Al-Jazeera, 1996 im Golfemirat Katar gegründet, ist neben Al-Arabiya, seit 2003 aus Dubai auf Sendung, das arabische Leitmedium schlechthin. Jeder politisch interessierte Araber, und das sind die meisten, sieht regelmäßig diese Satellitensender, die weitgehend zensurfrei sind und äußerst professionellen Journalismus betreiben. Bei Mubaschir arbeitet ein Medien-Team, das systematisch das Internet durchforstet, auf der Suche nach Storys. Über Facebook wurde es in Sidi Bouzid fündig.

Damit begann der Countdown zur Revolution. Einer Revolution, die den berühmten Lehrsatz der Chaostheorie zu bestätigen scheint, demzufolge der Flügelschlag eines Schmetterlings über Hongkong einen Wirbelsturm in New York auslösen kann. Unmittelbar nach der Ausstrahlung kam es erst in Sidi Bouzid, dann in benachbarten Provinzstädten und schließlich im ganzen Land zu spontanen Protesten, die sich schnell zu Kundgebungen gegen den Diktator Ben Ali und sein Regime ausweiteten. Der ließ auf die Demonstranten schießen, auch mit Scharfschützen. Mehrere Menschen starben. Doch wurde damit der beginnende Aufstand nicht etwa niedergeschlagen, im Gegenteil. Der Flügelschlag erwuchs zu einem Wirbelsturm, der einen Monat später den Diktator selbst in die Flucht schlug.

Das Internet spielte dabei eine wesentliche Rolle, vor allem als Sprachrohr und Resonanzboden. Doch die Saat der Revolution war schon in den Jahrzehnten zuvor gelegt worden. Sie verdankt sich maßgeblich politischer Repression, endemischer Korruption, sozialen Umbrüchen, Armut, Perspektivlosigkeit, der Sehnsucht nach Freiheit und einem Leben in Würde – ein Begriff, mit dem Nordeuropäer in der Regel wenig anfangen können. Im mediterranen Kulturraum dagegen ist er ebenso prägend für die Identität des Einzelnen oder einer Gruppe wie die bei uns ebenfalls eher zu vernachlässigende «Ehre». Was wiederum damit zusammenhängt, dass sich die Öffentlichkeit rund um das Mittelmeer sehr viel mehr entlang familiärer, privater, beruflicher oder sonstiger Seilschaften und Netzwerke organisiert als nördlich der Alpen.

Herr Präsident, Ihr Volk stirbt!

Während sich die Handy-Videos aus Sidi Bouzid mit Hilfe von Al-Jazeera in Tunesien und den arabischen Staaten explosionsartig verbreiteten, schweigen sich die zensierten tunesischen Medien über die Selbstverbrennung und die nachfolgenden Demonstrationen weiterhin aus. Zwar wurde unter Ben Ali auch das Internet zensiert, mit zwei Ausnahmen allerdings: Facebook und Twitter. Offenbar hatte das Regime beider Bedeutung gewaltig unterschätzt. Statistisch verfügt jeder dritte Tunesier über Internetzugang, das entspricht der größten Dichte an Nutzern in Afrika. Die für Ben Ali böse Ironie: Er wollte Tunesien zum «Wissenszentrum» ausbauen und setzte dabei bewusst auf das Internet. Vielleicht hätte er sich mit Modernisierungstheorien befassen sollen. Denen zufolge ist Unfreiheit plus Repression und Korruption bei gleichzeitig hohem Bildungsstandard ein geradezu perfektes Rezept für Revolte. Als auch andere Satellitensender über Mohammed Bouazizis Schicksal berichteten, war der Damm endgültig gebrochen. Am 29. Dezember griff erstmals ein tunesischer Staatssender, Nessma TV, das Thema auf und stellte eine «unabhängige Untersuchung» in Aussicht. Gleichzeitig schaltete das Regime in Sidi Bouzid und Umgebung den Strom und das Internet ab. Am 3. Januar 2011 begann eine umfangreiche «Phishing-Operation» mit dem Ziel, regimekritische Videos aus dem Internet zu entfernen. Zahlreiche Blogger, Webaktivisten und Tunesiens bekanntester Rapper, Hamada Ben Amor, genannt El Général, wurden verhaftet oder verprügelt. Sein Protestsong «Herr Präsident, Ihr Volk stirbt!» wurde via Facebook und Twitter zur Hymne der «Jasmin-Revolution».

75 Prozent der arabischen Bevölkerung, nicht allein der tunesischen, sind jünger als 30 Jahre. Das erklärt die hohe Akzeptanz neuer

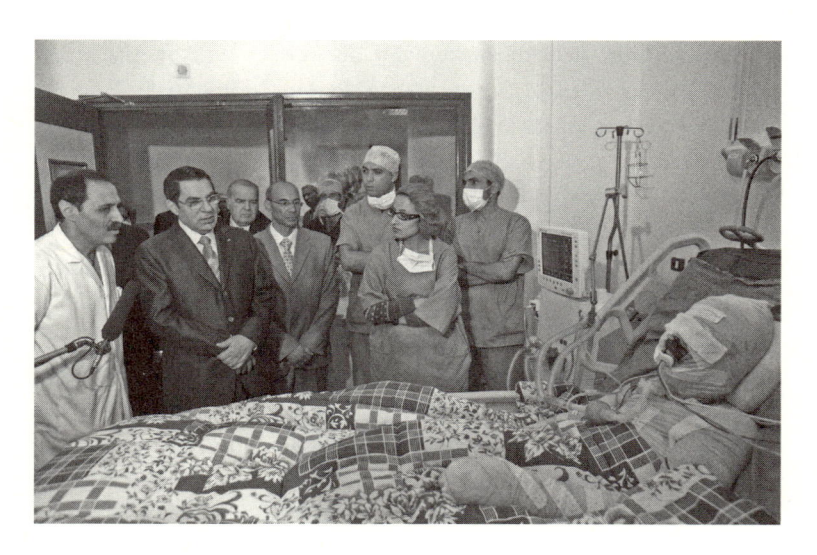

2 Ben Ali am Krankenbett von Mohammed Bouazizi, 4. Januar 2011.

Medien und sozialer Netzwerke. Darüber hinaus hat sich vor allem in Algerien und Tunesien eine politisch engagierte Generation junger Musiker etabliert, die mit Hilfe von Rap Korruption und Vetternwirtschaft der Herrschenden anprangern. In dem genannten Song kritisiert der 22-jährige El Général aus der Hafenstadt Sfax Verschwendungssucht und Selbstbereicherung der Präsidentenfamilie sowie die grassierende Armut. Ihren Anfang nahm die arabische Hip-Hop-Szene Ende der 1990er Jahre in Algerien und trat von dort ihren Siegeszug auch in die arabischen Nachbarländer an. Hip-Hop trifft das Lebensgefühl einer desillusionierten Jugend, die von der Zukunft wenig bis nichts zu erwarten hat.

Mittlerweile waren die Massendemonstrationen in der Hauptstadt Tunis angekommen. Um die Lage zu beruhigen, besuchte der Präsident Mohammed Bouazizi im Krankenhaus, kurz vor dessen Tod am 4. Januar. Von dieser Begegnung gibt es ein Bild, eine Ikone der tunesischen Revolution: Ben Ali am Krankenbett, umgeben von beflissen aussehenden Ärzten und Beamten, Mohammed Bouazizi bandagiert wie eine Mumie. Ben Ali mustert ihn, als wäre er ein Außerirdischer. Was mag der Sterbende gedacht haben, in dem Moment?

Wie erwähnt verdankt sich die tunesische Revolution nicht allein dem Internet. Andere Faktoren kamen hinzu. So spontan die ersten Demonstrationen in Sidi Bouzid und Umgebung auch waren, stießen sie doch nicht allein über die neuen Medien auf Resonanz. Von Anfang an spielte der Allgemeine Gewerkschaftsverband Tunesischer Arbeiter (UGTT) eine wichtige Rolle bei der Organisation und Verbreitung der Proteste. Tunesien verfügt, ähnlich wie auch Marokko und Algerien, über verhältnismäßig starke Berufsverbände und Gewerkschaften – eine Errungenschaft noch aus der französischen Kolonialzeit. In allen drei Ländern sind sie überaus regierungsnah, ihre Funktionäre werden vom Staat bezahlt. Revolutionen sind mit ihnen von Amts wegen kaum zu machen. In der Provinz aber, zumal in der allertiefsten, wohin sich kein Amtsträger freiwillig versetzen ließe, herrscht bisweilen ein anderer Geist. Vielleicht, weil die Menschen dort weniger zu verlieren haben. Aus Empörung. Oder aus schierer Lust, es «denen da oben» endlich mal zu zeigen.

Brot und Herrschaft

Und dann ist da der Brotpreis. Jeder dritte Tunesier ist arbeitslos, jeder zehnte lebt unterhalb der Armutsgrenze von zwei Dollar pro Tag. Unter solchen Rahmenbedingungen, die in anderen arabischen Staaten noch schlimmer ausfallen, besitzt der meist staatlich subventionierte Brotpreis eine enorme soziale und politische Sprengkraft. Wiederholt ist es in Nordafrika, vor allem in Ägypten, zu Aufständen und Unruhen gekommen, sobald die Regierung die Subventionen kürzte und das Brot teurer wurde. Meist geschieht das auf Drängen der Weltbank, im Zuge neuer Kreditvergaben oder Umschuldungen. Im Januar 1984 erhöhte die tunesische Regierung unter dem damaligen Präsidenten Habib Bourguiba die Brotpreise über Nacht um 150 Prozent. Daraufhin brachen die schwersten Unruhen seit der Unabhängigkeit 1956 aus. Landesweit kam es zu Aufständen, die Arbeiter in den Phosphat-Berg-

3 Das Baguette als Protestsymbol: Demonstration in Tunis am 18. Januar 2011.

werken im Süden des Landes legten spontan die Arbeit nieder. Bourguiba schickte die Armee, mehr als 500 Menschen wurden getötet. Die Erhöhung der Brotpreise aber musste er zurücknehmen.

2010 wurde Brot in Tunesien so teuer wie nie. Das hängt zusammen mit der Entwicklung auf den Weltmärkten, einem sinkenden Angebot an Weizen bei wachsender Nachfrage. Nach dem Platzen der Immobilienblase in den USA und dem Beinahe-Zusammenbruch des Bankensystems in mehreren westlichen Staaten 2008/09 wurden Agrarrohstoffe ein weiteres Objekt der Börsenspekulation, was die Preise zusätzlich anheizte. Baguette ist im ehemals französischen Teil Nordafrikas so beliebt wie in Frankreich selbst. Mittlerweile haben sich die Preise hier wie dort fast angeglichen. Mohammed Bouazizi hat fünf bis sechs Euro am Tag verdient. Kostet ein Baguette fast einen Euro, ist der Weg zu Hunger und Revolte nicht mehr weit. «Würde und Brot!» skandierten die Demonstranten, die Ben Ali in die Flucht schlugen. Ein weiteres ikonenhaftes Bild der tunesischen Revolution zeigt eine Menschenmenge in Tunis: Ein Mann macht mit der linken Hand das Siegeszeichen, in der rechten hält er ein Baguette.

Doch warum gelang es Bourguiba 1984, die Unruhen im Land militärisch niederzuschlagen, nicht aber seinem Nachfolger Ben Ali 2011? Banal gesagt war die Zeit damals noch nicht reif für eine Revolution. Zunächst einmal stellte sich die geopolitische Lage in der Zeit des Kalten Krieges ganz anders dar als heute. Weder die USA noch Frankreich hätten zugelassen, dass Tunesien möglicherweise an «Kommunisten» fällt – wenngleich Moskaus Einfluss in Nordafrika und im Nahen Osten begrenzt war. Nach der Abkehr des ägyptischen Präsidenten Sadat von der Sowjetunion Anfang der 1970er Jahre hatte diese nur noch zwei verlässliche Verbündete in der Region: Syrien und den Südjemen. Gute Beziehungen bestanden daneben zu Algerien und mit dem Irak. Hinzu kommt, dass die Generation Facebook damals gerade erst geboren wurde. Die Regierungssysteme der arabischen Welt, die 2011 hinweggefegt oder im Mark erschüttert wurden, hatten damals ihren historischen Zenith noch nicht überschritten, weder in Tunesien noch in Ägypten, in Libyen ebenso wenig wie im Jemen oder anderswo. Davon abgesehen sind Revolutionen immer auch Mysterien und mit rationalen Kriterien allein nicht zu ergründen. Psychologische Momente spielen ebenso eine Rolle wie die rechte Fügung zur rechten Zeit – in diesem Fall der tragische Tod eines Menschen, von dem die Welt unter normalen Umständen nie erfahren hätte, dass er überhaupt existierte. Doch mit Mohammed Bouazizis Leidensweg konnte sich jeder Tunesier und jeder Araber identifizieren, soweit er nicht durch die Gnade der rechten Geburt zur Oberschicht gehört. So sehr, dass seine Selbstverbrennung zahlreiche Nachahmer fand, in Tunesien ebenso wie in Ägypten, Algerien, Mauretanien. Das erklärt, warum sein Tod eine solche Massenmobilisierung auslösen konnte, über alle sozialen und politischen Grenzen hinweg. Studenten, Lehrer, Arbeitslose, Rechtsanwälte, Frauen mit und ohne Kopftuch, Junge, Alte, sie gingen gemeinsam auf die Straße und überwanden ihre Furcht. Angefangen in Sidi Bouzid. Schließlich hatten sie sogar die Armee auf ihrer Seite, die es angesichts der wogenden Menschenmengen vorzog, nicht länger auf das eigene Volk zu schießen.

WARUM EIGENTLICH GAB ES KEINE DEMOKRATIEN IN DER ARABISCHEN WELT?

Diese Frage ist naheliegend und nicht in einem Satz zu beantworten. Es sei denn, man behauptet der Einfachheit halber, Islam und Demokratie seien eben nicht miteinander zu vereinbaren. In dem Fall allerdings dürfte es die arabische Revolution und deren Forderung nach Freiheit und Demokratie gar nicht geben. Eine Revolution, die ja in erster Linie von Muslimen getragen wird.

Gemeinsames Schicksal der Region ist ihre blockierte Entwicklung von einer ländlich geprägten Feudal- in eine städtische Industriegesellschaft. Das gilt selbst für die Golfstaaten. Äußerlich haben sie, etwa mit Blick auf die avantgardistische Architektur, den Sprung in die Moderne längst vollzogen. Politik und Gesellschaft jedoch, einschließlich der vorherrschenden Wertesysteme und Mentalitäten, sind noch immer feudalistisch geprägt. Einzelne Familien und Clane gebieten mit Hilfe des Militärs und der Geheimdienste über ganze Staaten – am Sichtbarsten in Saudi-Arabien, wo der Name der Herrscherdynastie, Al Saud, mit dem Landesnamen eins geworden ist.

Pyramiden, zu Säulen der Standhaftigkeit geschmiedet

Die sozialen Strukturen sind in allen arabischen Staaten vergleichbar und ähneln in ihrem Aufbau einer Pyramide. An der Spitze befindet sich eine kleine Machtelite, die seit der Unabhängigkeit nach dem Zweiten Weltkrieg Zugriff auf die staatlichen Ressourcen hatte und deren Einfluss, bei teilweise ausgetauschtem Personal, auch nach den revolutionären Umbrüchen fortbesteht. Die Führungspositionen in Politik, Wirtschaft und Verwaltung wurden bis zur Revolution ausschließlich von dieser Machtelite besetzt, die untereinander vielfach versippt und verschwägert ist. Der soziale Aufstieg in diese Kaste ist so gut wie ausgeschlossen. Die Machtelite umfasst drei bis fünf Prozent der Bevölkerung und hatte nie Skrupel, die Staatskasse hemmungslos zu plündern. Die Herrscher in den Golfstaaten unterscheiden gar nicht erst zwischen öffentlichem Haushalt und Privatvermögen. Der offiziell angegebene Staatshaushalt gibt nur einen Teil der Einnahmen aus dem Öl- und Erdgasgeschäft wieder. Die Details sind Chefsache. Die Mentalität der Herrschenden, sich die Volkswirtschaft untertan zu machen, erklärt ganz wesentlich, warum die Infrastruktur in den meisten arabischen Staaten schlichtweg verrottet ist, das Bildungssystem am Boden liegt, die Analphabetenquote teilweise mehr als 50 Prozent beträgt (Jemen, Sudan), Armut und Arbeitslosigkeit grassieren und drängende Herausforderungen, allen voran die Bevölkerungsexplosion, Stadtplanung, Wassermangel und Klimawandel, nur in Ansätzen, wenn überhaupt, angegangen worden sind.

Die bürgerlichen Mittelschichten, zu denen im westlichen Europa die große Mehrheit rechnet, wenngleich bei fallender Tendenz, umfassen in der arabischen Welt 30 bis 40 Prozent der Bevölkerung. Kennzeichen der arabischen Mittelschichten, überwiegend Universitätsabsolventen, ist ihre vielfach prekäre Lage – sie verdienen wenig und sind dauerhaft vom sozialen Absturz bedroht. Der Hochschullehrer, der gleichzeitig Taxi fährt, um seine Familie zu ernähren, ist die Regel, nicht die Ausnahme. Soziale Sicherungssysteme wie Arbeitslosen- oder Krankenversicherung, Rente gibt es nur in Ansätzen. Allein die Solidarität der Großfamilie sichert das Überleben in Zeiten der Not.

In Großstädten wie Kairo oder Beirut gibt es eine wachsende Zahl gut verdienender Dotcom-Angestellter oder Startup-Unternehmer, die seit einigen Jahren eine neue soziale Gruppe bilden und als einzige an den traditionellen Eliten vorbei zu teils beträchtlichem Vermögen gekommen sind. Aufgrund ihrer Ablehnung der bestehenden politischen Verhältnisse unterstützen sie mehrheitlich die Revolution.

Die meisten Araber allerdings finden sich am unteren Rand der sozialen Pyramide wieder. 60 bis 70 Prozent zählen, je nach Land, zum sogenannten informellen Sektor. Als Tagelöhner leben sie von der Hand in den Mund, wie Mohammed Bouazizi und seine Familie. Besonders in Ägypten haben viele Arme durchaus einen Job in der Verwaltung. Der ist allerdings eine reine Arbeitsbeschaffungsmaßnahme und so schlecht bezahlt, dass niemand davon leben kann.

Nicht bürgerliche Mittelschichten also prägen Staat und Gesellschaft, sondern kleine Machteliten, die ihre Privilegien um jeden Preis zu verteidigen suchen. Vor diesem Hintergrund konnte es Rechtsstaatlichkeit, Meinungsfreiheit, Pluralismus, Gewaltenteilung nicht geben – damit hätte sich die Elite zwangsläufig selbst entmachtet. Ein Gottesgnadentum für die Selbstbereicherung einer kleinen Minderheit vermag keine Verfassung ernsthaft zu begründen. Zwar gab und gibt es in vielen vorrevolutionären arabischen Staaten Parteien und Parlamente, doch sind sie bloße Fassade. Im Kern betreiben sie Klientelismus.

Legitimation ist der Schlüsselbegriff, um arabische Politik vor der Revolution zu verstehen. Alle Herrscher sind – waren – bemüht, sich als Vollstrecker höherer Werte zu inszenieren. So hieß der Tunesier Habib Bourguiba (er regierte 1956–1987) in der staatlichen Propaganda «Oberster Kämpfer» (wider den Kolonialismus), der Libyer Muammar al-Ghaddafi (1969–2011) lief unter dem Titel «Bruder Revolutionsführer», der Syrer Hafiz al-Assad (1971–2000) galt als «Säule der Standhaftigkeit und Konfrontation» (wider den Imperialismus und Israel), wahlweise als «kämpfender Kamerad», der saudische König Abdallah firmiert als «Hüter der beiden Heiligen Stätten», nämlich von Mekka und Medina.

Bis zur Revolution gab es im Wesentlichen zwei Kategorien politischer Ordnung. Einerseits traditionelle Monarchien, deren Legitimation auf Stammesherrschaft oder religiösem Führungsanspruch beruht. Dazu zählen die Golfstaaten, Jordanien und Marokko. Die dortigen Könige Mohammed VI. (Marokko) und Abdallah II. (Jordanien) sehen sich beide als direkte Nachkommen des Propheten Mohammed. Und andererseits säkulare Einparteiensysteme, deren mit außerordentlicher Machtfülle ausgestattete Präsidenten in der Regel aus den Reihen des Militärs stamm(t)en. In Libyen verlieh das exzentrische Auftreten Ghaddafis diesem System operettenhafte Züge, im Irak das Saddam Husseins stalinistische.

Ein zusätzliches Legitimationsproblem stellten vielerorts die bruchstückhafte Nationalgeschichte und das Fehlen von Gründungsmythen dar. Die Grenzen der meisten arabischen Staaten waren von den Kolonialmächten willkürlich mit dem Lineal gezogen worden. Jordanien und die kleineren Golfstaaten gibt es überhaupt nur, weil es Briten und Amerikanern so gefiel.

Clane, Stämme, Nationen

Historiker datieren den Beginn des Kolonialismus in der arabischen Welt gemeinhin auf Napoleons Ägypten-Expedition 1798. In der Folgezeit teilten Frankreich und Großbritannien Nordafrika und den Nahen Osten unter sich auf. Paris erhielt den Maghreb (Marokko, Algerien, Tunesien, Mauretanien) und sicherte, verstärkt nach dem Ersten Weltkrieg und dem Ende des Osmanischen Reichs, seinen Einfluss im Libanon und in Syrien. London wiederum kontrollierte Ägypten und den Sudan, nach dem Ersten Weltkrieg kamen Palästina, das heutige Jordanien und der Irak hinzu. Unter Mussolini erklärte Italien seine Besitztümer in Libyen 1934 zur Kolonie. Die Kolonialmächte interessierten sich vor allem für Rohstoffe und Handelsrouten. Der 1869 mit großem Pomp eröffnete Suezkanal, der den Seeweg von Europa nach Indien um rund 10 000 Kilometer verkürzt, ist dafür das sinnfälligste Beispiel. Finanziert wurde sein Bau vom ägyptischen Staat, den Großbritannien zu diesem Zweck militärisch unterworfen hatte. Bewusst wurde er mit Hilfe von Krediten, die London großzügig gewährte, in den Bankrott getrieben. Anschließend ruinierten die Kolonialherren die im Aufbau befindliche ägyptische Textilindustrie, die für die britische zur ernsthaften Konkurrenz geworden war. Der Baumwollanbau in Ägypten brach daraufhin zusammen, die erste große Landflucht setzte ein. Frankreich wiederum betrieb in Algerien, weniger in Marokko und Tunesien, einen ausgeprägten Siedlungskolonialismus. Die französische Armee vertrieb die einheimischen Bauern zu Hunderttausenden und beschlagnahmte ihr Land, um Platz zu schaffen für französische Kolonialisten. Die französische Rechte betrachtete Algerien noch in den 1960er Jahren als einen Landesteil Frankreichs, nicht anders als die Normandie oder das Burgund. Jeder Widerstand gegen die Besatzung wurde mit äußerster Brutalität bis hin zu Massakern niedergeschlagen. Viele soziale, gesellschaftliche und politische Probleme der arabischen Welt haben ihre Wurzeln in der Kolonialzeit.

Vor diesem Hintergrund wird verständlich, warum die Loyalität des Einzelnen zunächst dem eigenen Clan, Stamm, seiner religiösen und ethnischen Gruppe galt, vielfach noch immer gilt und dann erst dem Staat. Nach der arabischen Unabhängigkeit bestand daher nicht nur auf Seiten der Regierenden, sondern auch auf Seiten der Regierten eine große Sehnsucht nach eigener Geschichte, Bedeutung, Sinn. Dieses Vakuum füllte zunächst der arabische Nationalismus, die Massenideologie der neuen Zeit. Sein Ziel war die arabische Einheit «vom Golf bis zum Atlantik» und der Kampf gegen westliche Hegemonie. Seine unbestrittene Führungsfigur war der charismatische Gamal Abdel Nasser, Ägyptens erster Präsident, der sein Land nach dem Militärputsch 1952 in die Unabhängigkeit von Großbritannien geführt hatte. Er wollte die arabische Welt unter seiner Führung einen, sie zu einer treibenden Kraft in der Bewegung der Blockfreien machen, die ihn 1955 auf der legendären Konferenz im indonesischen Bandung mit großer Geste in ihren Reihen aufnahm. Nach 150 Jahren Fremdbestimmung und Demütigung wollten die Araber endlich ihren Platz unter den Großen der Welt finden. Nasser war ihr Bannerträger, ein Volkstribun und brillanter Redner, dem die Menschen zujubelten, dem sie glaubten und ergeben waren, die Intellektuellen ebenso wie die Fellachen, die ägyptischen Bauern.

Doch blieb es beim Traum. Alle arabischen Politiker redeten von der Einheit, im Alltag allerdings fand sie jenseits von Lippenbekenntnissen nicht statt – ausgenommen der kurzlebige Zusammenschluss Ägyptens und Syriens zur Vereinigten Arabischen Republik (1958–

1961). Es konnte nicht funktionieren. Abgesehen von Sprache, Geschichte und einer mehrheitlich islamisch geprägten Identität sind die Unterschiede innerhalb der arabischen Welt gewaltig. Marokko hat mit dem Irak so viel oder so wenig gemein wie Norwegen mit dem Kosovo. Warum auch hätten sich Staaten, die gerade erst unabhängig geworden waren, wieder auflösen sollen? Welchen Anlass hätten die neuen Eliten gehabt, meist junge Offiziere und ihre Seilschaften, errungene Privilegien aufzugeben? Mit Ausnahme der Könige sympathisierten diese neuen Eliten mit Nasser und dem arabischen Nationalismus. In ihrer Mentalität aber waren sie den alten Eliten, überwiegend Großgrundbesitzern, sehr ähnlich. Soziale Gerechtigkeit interessierte sie nicht. Stattdessen betrieben sie zielstrebig die Konsolidierung ihrer Macht. Wer sich ihnen in den Weg stellte, wurde erschossen oder landete im Gefängnis. Rivalitäten innerhalb der Eliten wurden meist durch Putsche oder Gegenputsche, sogenannte «Korrekturrevolutionen» ausgetragen, die in den 1950er und 1960er Jahren vor allem in Syrien und im Irak zum politischen Alltag gehörten. Dort entwickelte sich auch eine lokale Variante des arabischen Nationalismus, der Baathismus (von arabisch «Baath», Wiedergeburt), der allerdings über den Schatten Nassers nicht hinauswuchs.

Dem Traum von Größe und Einheit folgte nach der vernichtenden arabischen Niederlage gegen Israel im Sechstagekrieg 1967 ein böses Erwachen. Die israelische Armee eroberte Ost-Jerusalem und die Westbank (das Westjordanland) von Jordanien, den Sinai von Ägypten und die Golanhöhen von Syrien. Anstatt jedoch den Tatsachen ins Auge zu sehen, sich einer kritischen Selbstbefragung zu unterziehen, erlag die große Mehrheit nun übergangslos der nächsten Illusion, dem islamischen Fundamentalismus. Bis in die Gegenwart heißt es: «Der Islam ist die Lösung!» Allerdings hat inzwischen auch der politische Islam seine Hochzeit längst überschritten. Die meisten Araber haben mittlerweile erkannt, dass er weder zu mehr Freiheit noch zu einer Verbesserung ihrer Lebensverhältnisse beigetragen hat.

Ein zweiter Hitler und der Suezkrieg

Gamal Abdel Nasser war der erste arabische Revolutionär der Neuzeit. Ähnlich wie seine Nachfahren der Generation Facebook folgte er einer Vision, die ihn beseelte und umtrieb. Er glaubte an ein neues Arabien. Doch war ihm nicht gegeben, den historischen Umbruch in eine tragfähige Realpolitik zu verwandeln. Erratisch pendelte er zwischen Utopie und Machtstreben, erlag am Ende seiner eigenen Rhetorik. Gleichzeitig ist der westliche Umgang mit Nasser ein frühes Beispiel für den kolonial geprägten, instrumentellen Blick auf die arabische Welt, der sie auf eine bloße geostrategische Verfügungsmasse reduziert. Nasser war kein antiwestlicher Politiker, wurde in Europa und den USA aber als solcher gesehen. Um Ägypten wirtschaftlich zu entwickeln, beschloss er, südlich der Stadt Assuan einen Staudamm zu bauen. Gleichzeitig ergriff er Partei für die Palästinenser im Konflikt mit Israel. Wie viele Araber seiner Zeit hielt er den jüdischen Staat für ein Implantat des Imperialismus mit dem Ziel, die arabische Einheit zu verhindern. Als Nasser 1955 die Volksrepublik China anerkannte, galt er in den USA endgültig als Kommunist. Washington sorgte dafür, dass die Weltbank Ägypten keine Kredite für den Bau des Assuan-Staudamms gewährte. Nassers Wunsch nach Waffenlieferungen aus den USA stieß auf taube Ohren. Daraufhin wandte er sich an Moskau und erhielt von dort sowohl Waffen als auch Kredite.

Angesichts der feindseligen Haltung des Westens machte Nasser seine Ankündigung wahr und verstaatliche 1956 den Suezkanal, der mehrheitlich britischen und französischen Aktionären gehörte. Der britische Premierminister Anthony Eden bezeichnete Nasser daraufhin als «zweiten Hitler» – ein Prädikat, das später auch Saddam Hussein und den iranischen Präsidenten Mahmud Ahmadinedschad ereilte. Im Falle Nassers und Saddam Husseins folgte auf die Dämonisierung der Krieg. Eden, der französische Außenminister Guy Mollet und der israelische Ministerpräsident David Ben Gurion verständigten sich in einer Geheimkonferenz im Pariser Vorort Sèvres darauf, Ägypten zu überfallen. Der Suezkrieg begann am 29. Oktober 1956 und endete mit einer militärischen Niederlage Ägyptens: Israelische Truppen rückten bis an den Suezkanal vor, die Briten bombardierten Port Said.

Doch aus der Niederlage wurde ein politischer Sieg Nassers. Die Amerikaner waren ungehalten, weil sie von den Angriffsplänen nichts wussten. Gleichzeitig sahen sich die Briten mit einem beginnenden Guerillakrieg konfrontiert. Auf Initiative des US-Präsidenten Eisenhower verabschiedeten die Vereinten Nationen eine Resolution, die alle drei Interventionsmächte zum Abzug aufforderte. Unverhohlen drohte Washington, das britische Pfund auf den Devisenmärkten abstürzen zu lassen. Noch vor Weihnachten 1956 zogen die letzten britischen Truppen aus Ägypten ab, Israel räumte den Sinai drei Monate später.

Der Suezkrieg beendete die Ära des Kolonialismus und machte die USA zur führenden Hegemonialmacht im Nahen und Mittleren Osten. Zum ersten und bislang letzten Mal übte Washington substantiellen Druck auf Israel aus. 1957 landeten erstmals seit dem Zweiten Weltkrieg wieder US-Truppen in der Region. Im Libanon unterstützten sie den prowestlichen Präsidenten Camille Chamoun gegen Nasser-freundliche Kräfte. Im Irak kam es 1958 zum Militärputsch: König Faisal II., der den Suezkrieg befürwortet hatte, wurde erschossen, die Monarchie abgeschafft. Im Sechstagekrieg 1967 besetzte Israel erneut den Sinai und gab ihn erst 1979 im Rahmen eines Friedensvertrags wieder an Ägypten zurück. 2003 stürzten Amerikaner und Briten gemeinsam das Regime von Saddam Hussein im Irak und beendeten die dortige Militärherrschaft. Alles hängt mit allem zusammen, die Vergangenheit setzt sich in der Gegenwart fort. Wiederholt haben westliche Interventionen neue Verbündete oder Verhältnisse geschaffen und Widersacher ausgeschaltet oder geschwächt. Zu mehr Demokratie und einer Verbesserung der Lebensverhältnisse haben sie allerdings nicht beigetragen, auch nicht im Irak.

Nasser wiederum verstand nicht, dass sich der Ausgang des Suezkrieges einer für Ägypten günstigen Konstellation der Weltpolitik verdankte. Er glaubte, die «arabischen Massen» hätten die Angreifer zurückgeschlagen, und berauschte sich wie auch die staatlichen Medien an einer donnernden Rhetorik, deren Opfer er schließlich wurde.

In vollkommener Verkennung der militärischen Kräfteverhältnisse sperrte er schließlich den Golf von Akaba für israelische Schiffe und lieferte damit den Israelis einen willkommenen Anlass, den verhassten Nasser und seine Verbündeten Jordanien und Syrien im Juni 1967 anzugreifen.

ENTTÄUSCHTE HOFFNUNGEN.
DAS BEISPIEL ÄGYPTEN

Nach dem Tod Nassers 1970 wurde sein Stellvertreter und langjähriger Weggefährte Anwar as-Sadat ägyptischer Präsident. Da er 1979 mit Israel Frieden schloss, gilt er im Westen allgemein als epochaler Staatsmann. Die Ermordung des Friedensnobelpreisträgers 1981 verlieh ihm einen zusätzlichen Nimbus. In Ägypten selbst wird er sehr viel kritischer gesehen – außerhalb der Machtelite.

Jede Revolution, auch die arabische 2011, hat eine Vorgeschichte, die von enttäuschten Hoffnungen handelt, von politischem und wirtschaftlichem Niedergang. Sadat kommt dabei eine Schlüsselrolle zu. In den 1960er Jahren hatte Nasser einen Großteil der ägyptischen Unternehmen verstaatlicht. Managementposten wurden überwiegend mit ranghohen Militärs besetzt. Da sie von Wirtschaft in der Regel keine Ahnung hatten und Nasser überdies den Aufbau einer aufgeblähten Bürokratie vorantrieb, um Arbeitsplätze und somit Loyalitäten unter den Armen zu schaffen, stand Ägypten nach dem Sechstagekrieg ökonomisch am Abgrund. Sadat betrieb daraufhin die Reprivatisierung enteigneter Betriebe und öffnete Ägypten für ausländische Investoren. Außenpolitisch brach er mit Moskau und wandte sich den USA zu. In gewisser Weise nahm Sadat eine Entwicklung vorweg, die ein Vierteljahrhundert später, wenngleich in ganz anderer Größenordnung, auch in den Nachfolgestaaten der Sowjetunion zu beobachten war. Aus ranghohen, vormals kommunistischen Kadern wurden Unternehmer, die sich im Zuge von Privatisierungsmaßnahmen die Ressourcen ihrer Länder aneigneten und als Oligarchen eine neue Führungsschicht bildeten.

Sadat und seine Öffnungspolitik

In einer «Korrekturrevolution» entfernte Sadat sämtliche Nasseristen aus ihren Führungspositionen. Von der Privatisierung der Staatsbetriebe profitierten in erster Linie jene Teile der Machtelite, die Sadat und seine Politik unterstützten. Der Deal war, ähnlich wie später in Russland: Reichtum gegen Wohlverhalten. Sadat monopolisierte die Macht und sorgte dafür, dass keine rivalisierenden Machtzentren entstanden. So bildete er in nur sieben Jahren elf Regierungen, denen 127 Minister angehörten. Sadat schuf damit die Basis für eine präsidiale Monarchie, von der weniger er selbst profitierte als vielmehr sein Vize Husni Mubarak, der nach Sadats Ermordung Präsident wurde. Diese Machtmonopolisierung ist nicht gleichbedeutend mit Alleinherrschaft. Auf mittlerer und unterer Ebene überließen Sadat wie auch Mubarak den Neureichen und Spitzenkadern, den Großgrundbesitzern und führenden Armeekreisen genügend Spielraum für persönliche Geschäftsinteressen. Für ihre Selbstbereicherung, mit anderen Worten. Das ganz große Geld allerdings war einer kleinen Schicht Vertrauter um Sadat und Mubarak vorbehalten. Enge Geschäftsbeziehungen wurden durch Eheschließungen zusätzlich gefestigt. So heiratete ein Sohn des reichsten und einflussreichsten Unternehmers unter Sadat, Uthman Ahmad Uthman, eine Tochter des Staatschefs. Husni Mubaraks Sohn Gamal wiederum ist mit der Tochter eines anderen Milliardärs verheiratet, Mahmud al-Gamal. Gab es unter Nasser immerhin Ansätze einer Sozialpolitik, hielt unter Sadat der Neoliberalismus Einzug. Der Staat verabschiedete sich fast vollständig aus gesellschaftlicher und sozialer Verantwortung.

Wie jede Politik, die lediglich den Interessen einer kleinen Minderheit dient, musste auch diese so verkauft werden, als verkörpere sie übergeordnete Werte. Mit dem Oktoberkrieg 1973 verschaffte sich Sadat diese Legitimation. Unter Historikern ist unbestritten, dass Sadat einen begrenzten Konflikt mit Israel plante und Washington das nach Kriegsbeginn auch wissen ließ. Er wollte aus einer Position der Stärke

Friedensverhandlungen aufnehmen, die Demütigung der Niederlage von 1967 vergessen machen. Tatsächlich gelangen der ägyptischen Armee erhebliche Geländegewinne auf dem Sinai, bevor sie von den Israelis zurückgedrängt wurde. Der Krieg endete mit einem von den Vereinten Nationen vermittelten Waffenstillstand, der militärisch bestenfalls als Remis zu bewerten war, in Ägypten aber als Sieg über Israel dargestellt wurde. Sadats Motiv entsprang nüchternem Kalkül. Ägypten konnte sich finanziell einen Rüstungswettlauf mit Israel nicht länger leisten. Auch war ihm klar, dass die Golfaraber Milliardenbeträge in Ägypten investieren würden, sobald der Frieden Einzug hielt.

1974 verabschiedete die Regierung in Kairo das «Gesetz Nummer 43». Damit wurde die «Öffnungspolitik» (Infitah) genannte neoliberale Wende zementiert. Mit diesem Gesetz wurden die Filetstücke der ägyptischen Wirtschaft zur Privatisierung freigegeben. Doch anders als von Sadat erhofft, löste die Öffnung keinen Wirtschaftsboom aus und schuf auch nur begrenzt Arbeitsplätze. Dringend erforderliche Investitionen in die meist noch aus der britischen Kolonialzeit stammende Infrastruktur blieben aus – die Oberschicht, im Volksmund «fette Katzen» genannt, legte ihr Kapital lieber im Ausland an. Inflation und Staatsverschuldung gingen Hand in Hand. Meist ging die Privatisierung einher mit Subventionierung. Da zahlreiche Kleinbauern durch Lebensmittelimporte sowie die Aufkündigung und Rückabwicklung der unter Nasser betriebenen Bodenreform ruiniert wurden, setzte eine massive Landflucht in die Städte ein. Rund drei Millionen Ägypter verdingten sich in den 1970er Jahren als Wanderarbeiter in den Golfstaaten. 1977 kam es erstmals zu Brotunruhen, die wie die nachfolgenden niedergeschlagen wurden. Nach Unterzeichnung des Friedensvertrags mit Israel 1979 erlebte Ägypten einen regelrechten Boom an Zahlungen und Investitionen aus dem Westen. Allein die USA haben seither jährlich zwei Milliarden Dollar an Militär- und Finanzhilfen überwiesen. Diese «Bonuszahlungen» für eine dem Westen dienliche Politik wurden eine wichtige und verlässliche Einnahmequelle für Ägypten, neben den Rücküberweisungen der Arbeitsmigranten, den Transitgebühren für den Suezkanal sowie dem Tourismus. Die Ölquellen im Sinai versiegten in den 2000er Jahren weitgehend.

Sadat gründete seine eigene Partei, die Nationaldemokratische Partei (NDP), die von 1979 bis 2010 alle Wahlen gewann, mit Hilfe direkter oder indirekter Wahlfälschung. Von Gouverneuren oder Bürgermeistern, die dem Präsidenten Wohltaten zu verdanken hatten, wurde erwartet, dass sie für die entsprechenden Abstimmungsergebnisse sorgten. Taten sie es nicht, verloren sie ihr Amt. Unter Mubarak mutierte die NDP zu einem Club der Superreichen und ihrer Profiteure – zutiefst verhasst in der Bevölkerung. Das erklärt, warum deren Zentrale in Kairo gleich zu Beginn der Revolution im Januar 2011 in Flammen aufging.

Nichts fürchtete Sadat mehr als die sozialistische und nasseristische Opposition an den Universitäten, in den Berufsverbänden. Um sie zu schwächen, gingen Polizei und Geheimdienste mit äußerster Brutalität gegen die Linke vor, während die Aktivitäten der Muslimbrüder und anderer islamistischer Bewegungen stillschweigend geduldet und teilweise aktiv gefördert wurden. Sadat glaubte, er könne die Islamisten auf seine Gegner hetzen und sie gleichzeitig unter Kontrolle behalten. Ein tödlicher Irrtum. Als Reaktion auf den Friedensvertrag mit Israel wurde er 1981 bei einer Militärparade erschossen. Der Täter, ein Leutnant, gehörte einer Terrorgruppe an, dem Islamischen Dschihad, der später ein Teil von Al-Qaida wurde.

Mubarak und die Mentalität der Oberschicht

Mit elf Jahren an der Macht war Sadat für arabische Verhältnisse ein Kurzzeit-Präsident. In seiner Amtszeit aber hat die künftige arabische Revolution in Ägypten ihre ersten dicken Wurzeln geschlagen. Seine Wirtschaftspolitik hat die Reichen noch reicher und die Armen noch ärmer gemacht. Auch unter Nasser wurden Oppositionelle verhaftet und hingerichtet. Sadat jedoch hat die Armee, die Polizei und die Geheimdienste systematisch als Herrschaftsinstrument eingesetzt. Sein Nachfolger Mubarak blieb dieser Linie treu. Ägypten war bis zu dessen Sturz am 11. Februar 2011 ein äußerst repressiver Polizeistaat. Nach Verhängung des Kriegsrechts als Antwort auf Sadats Ermordung schuf

Mubarak einen Sicherheitsapparat mit rund 100 000 Angestellten und einem zusätzlichen Heer an Spitzeln und Denunzianten. Die Abschaffung des Kriegsrechts und der damit einhergehenden Notstandsgesetze gehörte zu den zentralen Forderungen der Revolution 2011. Im Windschatten des 11. September 2001 wurden die Foltermethoden verschärft, stiegen die willkürlichen Verhaftungen sprunghaft an. Nicht allein politische Gefangene oder angebliche Terroristen wurden systematisch misshandelt, auch Kleinkriminelle. Wer in die Fänge der ägyptischen Polizei geriet, konnte von Glück reden, wenn er unverletzt an Körper und Seele wieder freikam oder das Privileg erfuhr, einem Richter vorgeführt zu werden. Westliche Politiker haben über diese eklatanten Rechtsbrüche, die Stasi-Methoden in nichts nachstehen, wohlwollend hinweggesehen. In einem sehr aufschlussreichen Interview mit der «Frankfurter Rundschau» eine Woche nach Mubaraks Abgang verbat sich der ehemalige deutsche Außenminister Joschka Fischer jedwede Kritik an seiner Kungelei mit dem Dieb und Despoten, denn «Mubarak war für den Nahost-Friedensprozess ein entscheidender Akteur. Das kann man nicht einfach von der Hand weisen.»

Anders gesagt: Was schert mich, dass er sein Volk unterdrückt und ausgeplündert hat. Hauptsache, der Frieden mit Israel steht. Diese Haltung ist durchaus exemplarisch für die westliche Politik insgesamt, die sich weniger für die Menschen in der arabischen Welt interessiert hat als vielmehr für eigene geostrategische und wirtschaftliche Interessen. Mubarak hatte das wohl verstanden und 30 Jahre lang jede Kritik von außen mit dem Argument weggewischt: Entweder ich oder die Islamisten. Amerikaner wie Europäer folgten dieser Logik, den Frieden mit Israel stets im Blick. Mit Hilfe ihrer Milliardenzahlungen stabilisierten sie ein System, das andernfalls entweder zu substantiellen Reformen gezwungen gewesen oder aber vermutlich schon viel früher zusammengebrochen wäre.

Als Nasser im Oktober 1970 beigesetzt wurde, strömten Millionen Ägypter in Kairo auf die Straßen, um dem Verstorbenen die letzte Ehre zu erweisen. Bei Sadats Beerdigung, fast auf den Tag genau elf Jahre später, zeigten sich überwiegend ausländische Würdenträger. Tausende Polizisten schützten sie vor nicht vorhandenen Menschenmengen.

Deutlicher hätte das Urteil über den Präsidenten kaum ausfallen können. Mochte man im Westen den Frieden mit Israel feiern, den Ägyptern brachte er weder Arbeit noch Brot. Nicht zu reden von Freiheit und Demokratie.

Aus verschiedenen Gründen, darunter die aufgeblähte, ineffiziente Bürokratie, blieb die Wirtschaftslage unter Mubarak schwierig, der soziale Abstand zwischen unten und oben gewaltig. Eine ganz entscheidende Rolle spielte dabei die Mentalität der Oberschicht. In der Türkei legten türkische Unternehmer in den 1980er und 1990er Jahren die Grundlagen für eine solide Entwicklung, indem sie ganze Wirtschaftszweige neu aufbauten und gezielt neue Exportmärkte neben der Europäischen Gemeinschaft bzw. Europäischen Union erschlossen, insbesondere in den zentralasiatischen GUS-Staaten, aber auch im Iran und in den arabischen Ländern. Vereinfacht gesagt planten türkische Unternehmer strategisch und langfristig, in Zentralanatolien vielfach unter Berufung auf ein islamisch geprägtes Wertesystem, das stark an Max Webers protestantische Ethik erinnert. Im Mittelpunkt stehen Risikoabwägung und Nachhaltigkeit, weniger ein Casino-Kapitalismus wie in Ägypten. Der dortigen Oberschicht ist unternehmerisches Kalkül in der Regel fremd. Nicht gelernte Ökonomen oder erfahrene Geschäftsleute geben den Ton an, sondern Neureiche und Rentiers, die aufgrund ihrer Nähe zur Macht die Lizenz besitzen, sich aus der Staatskasse zu bedienen. Investieren sie in ihrer Heimat, so fast ausnahmslos in Bereichen, die schnelles und leichtes Geld versprechen. Das betrifft insbesondere den Immobiliensektor und die Tourismusindustrie, die in der zweiten Hälfte der 1980er Jahre zu boomen begann. Zur gleichen Zeit konnte Ägypten seine Auslandsschulden kaum noch bedienen. Seit der Unabhängigkeit war die Außenhandelsbilanz immer negativ. In Verbindung mit der Selbstbedienungsmentalität der Elite stiegen die Staatsschulden ins Unermessliche. Alleine die Familie Mubarak – Vater Husni, Gemahlin Suzanne, die Söhne Gamal und Alaa – soll in den 30 Jahren ihrer Regentschaft je nach Quelle 40–70 Milliarden Dollar auf Auslandskonten verschoben haben. Nimmt es wunder, dass Ägypten keinerlei Produkte herstellt, die auf dem Weltmarkt konkurrieren können? Parallel entwickelte sich das Nilland zum zweitgrößten Importeur von Weizen weltweit, vornehmlich aus den USA. Weizen macht ein Fünftel der gesamten Importmenge aus. Der Grund ist die Bevölkerungsexplosion (16 Millionen Einwohner 1950, 85 Millionen 2010), die gewaltige Löcher in den Etat reißt, zumal der Brotpreis subventioniert wird.

Die Opposition nimmt Gestalt an

Allein aus geopolitischen Gründen konnte Ägypten den Staatsbankrott vermeiden. Westliche und arabische Politiker waren ebenso wie die Oberschicht in erster Linie an Stabilität im wichtigsten arabischen Land neben Saudi-Arabien interessiert. Nachdem sich Kairo auf Seiten der gegen Saddam Hussein gerichteten Koalition am Golfkrieg 1990/91 zur Befreiung Kuwaits beteiligt hatte, strich der Pariser Club, der Zusammenschluss von Gläubigerstaaten, auf Washingtons Initiative Ägypten die Hälfte seiner Auslandsschulden. Wie auch die Milliardenzahlungen seit Camp David, dem Friedensabkommen mit Israel, trugen dergleichen Prämien für Wohlverhalten erheblich dazu bei, das System Mubarak und die damit einhergehende Rentenmentalität der Oberschicht zu alimentieren. Warum sollte sie unter solchen Bedingungen Veränderungen anstreben? Von den gewaltigen Summen, die hier gehandelt wurden, kam weiter unten in der sozialen Pyramide allerdings so gut wie nichts an. Die Zahl der unterhalb der Armutsgrenze lebenden Ägypter verdoppelte sich unter Mubarak und liegt heute offiziell bei 20 Prozent, tatsächlich aber wohl eher bei 40.

Trotz aller Geldspritzen blieb die Wirtschaftslage prekär. In der zweiten Hälfte der 1990er Jahre und verstärkt nach der Jahrtausendwende verabschiedete die Regierung eine Reihe von Gesetzen, die sich gezielt an ausländische Investoren richteten. So wurden bürokratische Hürden gesenkt sowie die Besteuerung und der Devisentransfer vereinfacht. Zahlreiche internationale Großfirmen, darunter Siemens und Volkswagen, zog es an den Nil, um von dort aus den arabischen Markt zu erschließen. Für die neue Dienstleistungselite aus Dotcom-Angestellten und Startup-Unternehmern in Kairo und Alexandria entstan-

4 Generation Facebook: Graffiti auf dem Tahrir-Platz in Kairo, 6. Februar 2011. Links steht: Al-Jazeera.

den damit zusätzliche Geschäftsfelder und Arbeitsplätze. 2005 setzte ein regelrechter Wirtschaftsboom mit jährlichen Wachstumsquoten um die fünf Prozent ein, von denen in erster Linie die gut ausgebildeten Teile der Mittelschichten profitieren. Doch die Generation Facebook, wirtschaftlich erfolgreich und in ihren Lebenseinstellungen eher westlich geprägt, empfand nicht etwa Dankbarkeit für Mubarak. Ganz im Gegenteil hielt sie ihn und die ihn stützende traditionelle Oberschicht für ein feudales Relikt. Für Gutsherren, die ihre Privilegien mit Hilfe von Repression und Gewalt zu verteidigen suchten.

Aus diesem Umfeld bildeten sich zeitgleich die ersten Parteien und politischen Bewegungen, die das System Mubarak offen herausforderten, etwa «Kifaya» (Genug) oder «Ghad» (Morgen). Ghads Begründer, Ayman Nur, wurde Anfang 2005 verhaftet und verbrachte vier Jahre im Gefängnis. Die meisten Oppositionsführer landeten für kürzere oder längere Zeit im Gefängnis. Gleichzeitig traten ägyptische Filmemacher und Schriftsteller auf, die mit schonungsloser Offenheit die unhaltbaren Verhältnisse beim Namen nannten und aufgrund ihrer Künstlerrolle eine gewisse Immunität besaßen. Zu nennen ist besonders Alaa al-Aswany, eigentlich Zahnarzt von Beruf. 2002 veröffentlichte er den Roman «Das Gebäude Jacoubian», der in der arabischen Welt zum größten Bestseller nach dem Koran avancierte. Auch die Verfilmung, die bislang teuerste Produktion der bis 1927 zurückreichenden ägyptischen Filmgeschichte, wurde ein sensationeller Erfolg. Erzählt wird die Geschichte verschiedener Charaktere in einem Hochhaus der Kairoer Innenstadt, erbaut in den 1930er Jahren und benannt nach seinem ersten, armenischen, Besitzer. Der Erzählbogen reicht von der Ära Nassers bis zum Golfkrieg 1990/91. Ein Panorama Ägyptens entsteht: Zaki Bey Dessouki etwa ist ein älterer, in Paris ausgebildeter Ingenieur, der mit Vorliebe Frauen nachstellt. Er ist ein Relikt des Nasserismus und hält Religion für Hokuspokus. Taha Schazly ist der Sohn des Hausmeisters. Er hat ausgezeichnete Schulnoten, doch aufgrund seiner sozialen Herkunft bleibt ihm eine Polizeikarriere verwehrt. Enttäuscht und voller Zorn schließt er sich einer islamistischen Gruppe an. Nach einer Demonstration wird er verhaftet, von der Polizei misshandelt und vergewaltigt. Er wandelt sich zum Terroristen. Mohammed Azzam ist ein ehemaliger Schuhputzer, der durch halbseidene Geschäfte zu einem der reichsten Männer Kairos aufgestiegen ist – ein Profiteur der «Öffnungspolitik» unter Sadat. Heimlich nimmt er sich eine Zweitfrau. Als sie schwanger wird, lässt er sich von ihr scheiden und erzwingt eine Abtreibung. Gegen Bezahlung bekommt er einen sicheren Listenplatz und zieht für die Regierungspartei ins Parlament ein. Die Partei wird namentlich nicht genannt, aber jeder versteht, dass es sich um Mubaraks NDP handelt. Mubarak selbst tritt ebenfalls ungenannt kurz auf: Als ranghöchster Mafioso, ein seelen- und hirnloser Psychopath, eine Figur wie der Elfenbeinhändler Kurtz in dem Roman «Herz der Finsternis» von Joseph Conrad. Um den neuen Abgeordneten auf Linie zu halten, erpresst «der oberste Wohltäter» geheißene Präsident ihn mit der Abtreibungsaffäre.

Als der Film 2006 in die Kinos kam, versuchte die NDP ihn verbieten zu lassen, scheiterte aber überraschend vor Gericht. Buch und Film waren auch deswegen so erfolgreich, weil sie gesellschaftliche

Tabuthemen wie Sexualität, Homosexualität, die Korruption der Mächtigen, religiöse Fragen und den Terrorismus offen und teilweise zum ersten Mal überhaupt ansprachen.

VON DER FRISEURIN ZUR MILLIARDÄRIN.
MACHT UND MAFIA (NICHT NUR) IN TUNESIEN

Der mögliche Einwand, der Roman Alaa al-Aswanys sei bloße Fiktion, getragen von maßloser Übertreibung, überzeugt nicht. Im Gegenteil: Reality beats fiction, wie sich am Beispiel Leila Ben Alis zeigt. In Tunesien ist die Frau des gestürzten Präsidenten besser bekannt unter ihrem Mädchennamen Trabelsi. Die gelernte Friseurin war einige Jahre dessen Geliebte, bevor er sich von seiner ersten Frau scheiden ließ und sie 1992 ehelichte. Leila Trabelsi, geboren 1957, steht im Ruf personifizierter Gier. Sie und ihr Clan haben Tunesien regelrecht ausgeplündert, gemeinsam mit den Ben Alis. Um zu vermeiden, dass sich die beiden Sippen in die Quere kommen, haben sie das Land unter sich aufgeteilt, kabelte die US-Botschaft in Tunis am 23. Juni 2008 nach Washington. Demzufolge beschränkte sich der Ben Ali-Clan auf die zentrale Küstenregion, während sich die Trabelsi auf Tunis und Umgebung konzentrierten.

Die Einschätzungen der US-Botschaft, von Wikileaks Anfang 2011 ins Netz gestellt, lassen an Deutlichkeit nichts zu wünschen übrig. Die Zwischenüberschriften bezeugen einen unter Diplomaten ungewöhnlichen Galgenhumor. Die Einschübe in Klammern stammen vom Autor des Buches. Auszüge:

«Alles in der Familie

Ben Alis Großfamilie gilt als Herzstück der Korruption in Tunesien. Sie gilt als Quasi-Mafia, und der bloße Hinweis auf ‚die Familie' reicht um zu wissen, wer gemeint ist. Die Hälfte der tunesischen Geschäfts-

5 Präsidentengattin Leila Ben Ali, geb. Trabelsi, Inbegriff personifizierter Gier.

welt ist durch Heiratsbeziehungen mit Ben Ali verbunden, und die meisten nutzen das nach Kräften. Ben Alis Frau, Leila Ben Ali, und ihre Großfamilie, die Trabelsi, sind unter den Tunesiern verhasst. Abgesehen von den zahlreichen Korruptionsvorwürfen gelten sie als ungebildet, ungehobelt und Verschwender im großen Stil ... Die Ellbogenmentalität der Trabelsi und ihr schamloser Missbrauch des Systems empört die meisten Tunesier. Leilas Bruder, Belhassen Trabelsi, gilt als eines der berüchtigtsten Familienmitglieder. Ihm wird Korruption bis in den Vorstand der Banque de Tunisie hinein vorgeworfen, Zwangsenteignung und Erpressung ... Unter anderem besitzt Belhassen Trabelsi eine Fluggesellschaft, mehrere Hotels, eine der beiden privaten Radiostationen Tunesiens, Fabriken, in denen Autoteile hergestellt werden, eine Immobiliengesellschaft, die Lizenz, Fahrzeuge der Marke Ford in Tunesien zu vertreiben, um nur einige der wichtigsten Unternehmungen zu nennen. Und Belhassen ist lediglich einer von vermutlich zehn Geschwistern Leilas, die alle mehrere Kinder haben. Innerhalb dieser Großfamilie sind auch Leilas Bruder Moncef und ihr Neffe Imed einflussreiche wirtschaftliche Akteure ...

Ben Ali wiederum hat sieben Geschwister. Sein ältester Bruder

Moncef ist ein bekannter Drogenhändler, der in Frankreich in Abwesenheit zu zehn Jahren Gefängnis verurteilt worden ist. Mit seiner ersten Frau Naim Kefi hat Ben Ali drei Kinder, Ghaouna, Dorsaf und Cyrine. Sie sind jeweils verheiratet mit Slim Zarrouk, Slim Chiboub und Marouane Mabrouk – jeder einzelne von ihnen stellt eine eigene Wirtschaftsmacht dar.

Dieses Land ist dein Land, dieses Land ist mein Land

Der Immobiliensektor boomt, die Preise für Land steigen. Wer in der richtigen Gegend Land oder Gebäude besitzt, kann entweder sehr schnell sehr reich werden – oder aber entschädigungslos enteignet. Im Sommer 2007 erhielt Leila Ben Ali ein Filet-Grundstück in Carthage von der Regierung übertragen (unweit von Tunis). Mit dem Auftrag, dort eine internationale Schule bauen zu lassen. Dafür erhielt sie 1,8 Millionen Dinar (1,5 Millionen Dollar) ... Stattdessen hat Leila Ben Ali das Grundstück an belgische Investoren verkauft ... (und die Bausumme behalten) ...

Jacht gesucht

2006 haben Imed und Moaz Trabelsi, Neffen Ben Alis, die Jacht eines einflussreichen französischen Geschäftsmannes, Bruno Roger, Aufsichtsratsvorsitzender der Bank Lazard Paris (und Finanzberater von Jacques Chirac wie auch von Nicolas Sarkozy), (in Korsika) stehlen lassen. Der Diebstahl ... kam ans Licht, als die Jacht, frisch gestrichen und dennoch unverwechselbar, im Hafen von (der tunesischen Stadt) Sidi Bou Said auftauchte. Da Roger ein VIP im französischen Establishment ist, sorgte die Affäre für Verstimmung zwischen beiden Ländern, bis die Jacht zurückgegeben wurde. (Pro forma wurden Imed und Moaz Trabelsi 2008 in Tunesien vor Gericht gestellt und mangels Beweisen freigesprochen.)

Zeig mir mal dein Geld

Der tunesische Finanzsektor wird heimgesucht von ... Korruption und Missmanagement ... Um Kredite zu bekommen, sind persönliche Beziehungen wichtiger als ein solider Geschäftsplan ... 19 Prozent der aufgenommenen Kredite werden nicht zurückgezahlt ... In der Regel handelt es sich um wohlhabende tunesische Geschäftsleute, die ihre guten Kontakte zum Regime nutzen, um eine Rückzahlung zu vermeiden ...

Herrschaft des Mobs?

Die zahlreichen Geschichten über Korruption und Diebstahl regen viele Tunesier auf. Aber noch viel größer ist die Frustration darüber, dass für diejenigen mit guten Verbindungen das Gesetz nicht gilt. Ein Tunesier beklagte sich, Tunesien sei nicht länger ein Polizeistaat, vielmehr ein Staat, der der Mafia gehört. ‹Sogar die Polizei erstattet der Familie Bericht!›, erregte er sich.

Da diejenigen an der Spitze die größten Gesetzesbrecher sind und sich daran höchstwahrscheinlich auch nichts ändern wird, gibt es keinerlei Kontrolle innerhalb des Systems. Die Tochter eines Gouverneurs erzählte, wie Belhassen Trabelsi wutentbrannt in dessen Büro stürmte und dabei einen älteren Angestellten zu Boden warf – weil ihr Vater ihn daran erinnert hatte, dass er laut Gesetz verpflichtet war, seinen Vergnügungspark versichern zu lassen. Ihr Vater schrieb daraufhin einen Brief an Präsident Ben Ali, in dem er seine Entscheidung verteidigte und das Verhalten Trabelsis kritisierte. Er bekam nie eine Antwort und verlor kurz darauf seinen Posten. Die restriktiven Zensurbestimmungen der Medien sorgen dafür, dass Geschichten über die Korruption der Familie nicht veröffentlicht werden. Deren Korruption stellt eine rote Linie dar, die zu überschreiten nur auf eigene Gefahr möglich ist ...

Kommentar

Obwohl Korruption auf allen Ebenen grassiert, sind es die Exzesse der Präsidentenfamilie, die in Tunesien allgemein Empörung auslösen. Die hohe Inflation und eine ebenso hohe Arbeitslosenrate gießen angesichts des demonstrativ zur Schau gestellten Reichtums und der nicht enden wollenden Korruptionsgerüchte zusätzlich Öl ins Feuer. Die kürzlichen Unruhen in der Bergarbeiterregion Gafsa (Frühjahr 2008, durch Einsatz der Armee beendet) erinnern an die latent schwelende Unzufriedenheit, die sich immer wieder Bahn bricht ... Die Korruption ist gleichermaßen ein politisches und wirtschaftliches Problem ... Das ganze Gerede von dem angeblichen tunesischen Wirtschaftswunder ist mit Vorsicht zu genießen. Tunesische Unternehmer halten sich mit Investitionen im eigenen Land auffällig zurück, was für sich spricht ... Die Korruption ist wie ein Elefant, den jeder sieht, über den aber niemand sprechen darf.»

Soweit die bemerkenswert klarsichtigen Analysen der tunesischen US-Botschaft vom Sommer 2008, die Wikileaks dankenswerterweise online gestellt hat – man versteht, warum Politiker und Regierungen Wikileaks hassen.

Auf dem Höhepunkt der tunesischen Revolution floh Leila Trabelsi am 12. Januar 2011 außer Landes, zwei Tage vor ihrem Mann. Zuvor soll sie persönlich den Abtransport von 1,5 Tonnen Gold im Wert von 45 Millionen Euro von der Zentralbank zum Flughafen beaufsichtigt haben. Darüber hinaus befahl sie dessen Vorstand, 400 Millionen Euro nach Dubai zu überweisen, was der nach Rücksprache mit Ben Ali auch tat. Das private Vermögen der beiden ranghöchsten Mafiosi Tunesiens beläuft sich angeblich auf fünf Milliarden Euro.

Der gestürzte Präsident war seit längerem bereits unheilbar an Krebs erkrankt. Leila Trabelsi hatte sich intensiv mit der Lebensgeschichte der Argentinierin Eva Peron befasst, in der sie offenbar ihr großes Vorbild sah. Ebenfalls eine Frau, die es von unten nach ganz oben geschafft hatte und politisch großen Einfluss ausübte. Angeblich plante

Leila Trabelsi, nach dem abzusehenden Tod ihres Mannes das Präsidentenamt zu übernehmen und es zu einem späteren Zeitpunkt an ihre älteste Tochter weiterzureichen.

Ähnlich waren die Vorstellungen Husni Mubaraks in Ägypten. Gezielt hatte er seinen Sohn Gamal über Jahre hinweg zu seinem Nachfolger aufgebaut, gegen den Willen des Militärs. Auf dem Höhepunkt der Proteste in Kairo erwarteten die Ägypter und mit ihnen die Weltöffentlichkeit, der Präsident würde in einer vorab angekündigten Fernsehansprache am 10. Februar 2011 seinen Rücktritt erklären. Stattdessen teilte Husni Mubarak bei seinem letzten öffentlichen Auftritt mit, er werde sein Volk nicht im Stich lassen. Im Nachhinein stellte sich heraus, dass er tatsächlich an jenem Tag zurücktreten wollte. Doch Gamal und dessen Mutter Suzanne hatten ihn beschworen, das auf keinen Fall zu tun – der Gedanke, die Macht zu verlieren, war ihnen offenbar unerträglich. Daraufhin verkündete die Militärführung tags darauf das Ende der Ära Mubarak.

Der Staat als Beute raffgieriger Verbrecher im Familienverband – das gab und gibt es nicht nur in Tunesien und Ägypten. Aber nur selten haben sich arabische Herrscherfamilien dermaßen ostentativ selbst bedient. Mit Ausnahme vielleicht der Golfstaaten, wo die Potentaten jedoch klug genug waren, ihre Untertanen am Ölreichtum zu beteiligen. Revolutionen liegen stets ganze Bündel an Motiven und Ursachen zugrunde, nicht zuletzt das Prinzip Zufall. Das obszöne Gangstertum der Ben Alis und Mubaraks mag allerdings erklären, warum die arabische Revolution ausgerechnet in diesen beiden Ländern ihren Anfang nahm, vielleicht nehmen musste. Leo Trotzki meinte, wenn Revolutionen allein als Folge von Armut entstünden, würde es sie öfter geben. Mohammed Bouazizi hat sich nicht verbrannt, weil er arm war. Möglicherweise hätte er sich damit arrangieren können, und mit ihm Millionen andere. Doch Unrecht und Demütigung in Verbindung mit Hassfiguren an der Macht – das ist eine explosive Mischung, erst recht in Zeiten neuer Medien und einer aufbegehrenden Jugend. Menschen ertragen Unfreiheit und Willkür nicht endlos. «Der Sklave, der sein Leben lang Befehle erhielt, findet plötzlich einen neuen unerträglich», schreibt Albert Camus gleich zu Beginn von «Der Mensch in der Revolte». Verschlechtern sich zusätzlich die sozialen und/oder wirtschaftlichen Rahmenbedingungen, wird es für die Regierenden gefährlich. Nicht anders verhielt es sich 1989 in Osteuropa.

Am 27. Februar 2011 musste die französische Außenministerin Michèle Alliot-Marie zurücktreten. Sie hatte noch am 11. Januar, also drei Tage vor dem Sturz Ben Alis, der tunesischen Regierung angeboten, französische Polizisten nach Tunesien zu entsenden, um «die Sicherheitslage zu regeln». Mehrmals soll sie auf Einladung des Geschäftsmannes Aziz Miled, eines Vertrauten Leila Trabelsis, nach Tunesien gereist sein, in dessen Privatjet. Sie logierte in einem Luxushotel Mileds, machte dort Urlaub und vermittelte nach Angaben der tunesischen Zeitung Tunis-Hebdo Immobiliengeschäfte zwischen ihren hochbetagten Eltern und dem Präsidentenclan.

Bei ihrem Rücktritt erklärte die Dame, sie habe sich nichts vorzuwerfen.

Da dieses Kapitel den Sympathieträgern gewidmet ist, sollte auch Frank Wisner nicht fehlen. US-Präsident Barack Obama hatte lange gezögert, bis er Husni Mubarak indirekt zum Rücktritt aufforderte. Anfang Februar 2011 schickte er einen Sondergesandten nach Kairo, besagten Frank Wisner, um hinter den Kulissen Mubaraks Ende zu beschleunigen. Stattdessen erklärte Wisner jedoch auf der Münchener Sicherheitskonferenz: «Es ist wichtig, dass Präsident Mubarak seine Präsidentschaft fortsetzt. Nur so hat er Gelegenheit, sich vor der Geschichte zu beweisen.»

Offenbar war weder Obama noch Außenministerin Clinton bekannt, dass der langjährige Ex-Diplomat Frank Wisner, Sohn des gleichnamigen CIA-Mitbegründers, für eine ganz besondere Anwaltskanzlei in New York und Washington tätig ist. Diese Kanzlei, Patton Boggs, warb in ihrem Internetauftritt offen damit, «für das ägyptische Militär und die ägyptische Agentur für wirtschaftliche Entwicklung zu arbeiten sowie die rechtlichen Interessen der Regierung (Mubarak) in Europa und den USA wahrzunehmen».

DIE ANGST VOR DEM WANDEL.
WESHALB DER WESTEN SICH SCHWERTUT MIT DEM ARABISCHEN FRÜHLING

1987 forderte US-Präsident Ronald Reagan in seiner Rede vor dem Brandenburger Tor in Berlin den damaligen Generalsekretär der kommunistischen Partei der Sowjetunion unter dem Jubel ausgewählter Zuhörer auf: «Herr Gorbatschow, reißen Sie diese Mauer nieder!» Als die dann zwei Jahre später tatsächlich fiel, war der Jubel bekanntlich grenzenlos. Allenthalben wurden große Reden geschwungen, die vom Sieg der Freiheit über die Unfreiheit handelten. Westliche Regierungen scheuten weder Kosten noch Mühen, den entstehenden osteuropäischen Demokratien unter die Arme zu greifen (und den Einfluss des russischen Rivalen etwa durch die Osterweiterung der Nato nach Kräften zu beschneiden). Der Sieg des Kapitalismus über den Kommunismus sei gleichbedeutend mit dem «Ende der Geschichte», behauptete der US-Politologe Francis Fukuyama in seinem gleichnamigen Bestseller und wies den USA eine «exzeptionelle Rolle» bei der Verbreitung liberalen und marktwirtschaftlichen Denkens zu. Der Vordenker der Neokonservativen gehörte 1997 zu den Mitbegründern des «Projektes für das neue amerikanische Jahrhundert» (Project for the New American Century), das die arabische Welt mit Hilfe von Militärinterventionen wie im Irak 2003 zu demokratisieren empfahl.

Vielleicht liegt hier der Schlüssel, um die ganz und gar unterschiedliche Wahrnehmung der Revolutionen in Osteuropa 1989 und in der arabischen Welt 2011 auf Seiten westlicher Politik und Teilen der hiesigen Öffentlichkeit zu verstehen. Das Ende des Kommunismus und der Zusammenbruch der Sowjetunion waren nicht allein ein friedlich errungener Sieg über den jahrzehntelangen Erbfeind. Gleichzeitig vermittelten sie das Gefühl, auf der richtigen Seite der Geschichte zu stehen. Schon immer das Richtige getan, gelebt, gedacht zu haben. Von nun an ließ sich jede noch so kurzsichtige Machtpolitik als Ausdruck einer höheren Moral, von westlichen Werten, von Freiheit, Demokratie und Menschenrechten, darstellen. Nach dem 11. September 2001, als der Islam endgültig zum neuen Feindbild avancierte, kam noch eine weitere Gewissheit hinzu: Die mit Säkularisierung und Aufklärung verbundenen Errungenschaften einer pluralistischen Gesellschaft gegen Ajatollahs, Terroristen, Kopftuch und «Ehrenmord» verteidigen zu müssen.

Gut und böse, richtig und falsch

Die arabische Revolution ist falsch formatiert. Sie passt nicht auf die vorherrschende «mentale Festplatte», entspricht nicht den Wahrnehmungen und Gewissheiten der Mehrheit. Wie kann es sein, dass Millionen laut Thilo Sarrazin genetisch defektöser Muselmanen auf die Straße gehen und innerhalb weniger Wochen jahrzehntealte Diktaturen stürzen, ohne selbst, in Tunesien und Ägypten, auch nur einen Schuss abzufeuern, ohne Gotteskrieger, ohne Hasskappe? Wie kann es sein, dass tief verschleierte Frauen, von denen nur die Augen zu sehen sind, vor laufender Kamera in fließendem Englisch Demokratie und Freiheit fordern? Wie kann es sein, dass diese dumpfe Masse Mensch, verfallen einer mittelalterlichen Religion, nach Weltherrschaft strebend, zu einer Solidarität fähig ist, die Geschichte schreibt?

Was ja, führt man den Gedanken weiter, in Deutschland auch die schmerzliche Frage nahelegt, warum ausgerechnet denen etwas gelungen ist, was den Deutschen in den 1930er Jahren nicht ansatzweise gegeben war. Wie einfach und übersichtlich erschien doch die Welt, als etwa Hans-Magnus Enzensberger nach dem irakischen Überfall auf Kuwait 1990 in einem langen Essay in der ZEIT ausführte, warum Saddam Hussein ein «zweiter Hitler» sei und eine militärische Intervention das Gebot der Stunde. Das brachte ihm sehr viel Beifall und

Anerkennung ein, da er aus der jüngeren deutschen Geschichte gelernt und die richtigen Schlüsse gezogen habe. Gut und böse, richtig und falsch hatten ihren festen Platz, nicht anders als bei den späteren Islamkritikern.

Als Reaktion auf die Terroranschläge am 11. September 2001 führten und führen die USA und ihre Verbündeten zwei Kriege, in Afghanistan und im Irak. Mit dem Ziel, Al-Qaida und die Taliban zu besiegen und den langjährigen Geschäftspartner Saddam Hussein zu stürzen, dessen Gewaltherrschaft niemanden gestört hatte, bis er westliche Ölinteressen in Kuwait herausforderte. Neokonservative Weltenlenker vor allem in den USA waren entschlossen, aus dem Irak einen demokratischen Modellstaat zu machen, dessen Leuchtkraft die gesamte Region sukzessive zur Freiheit erzöge. Und wie von magischer Hand würde auch der Nahostkonflikt en passant gelöst werden, weil ja der hauptsächliche Terrorsponsor, Saddam Hussein, entfiele.

Hunderttausende Menschen sind gestorben, vor allem im Irak. In Kabul wie auch in Bagdad sind pseudodemokratisch legitimierte Marionettenregierungen an der Macht, die reine Klientelpolitik betreiben und sich die Taschen füllen. Die Kosten beider Kriege haben längst die Billionen-Dollar-Grenze überschritten. Weder Al-Qaida, geschweige denn die Taliban sind besiegt worden, der Irak steht am Rande von Staatszerfall und Anarchie, Hamas und Hisbollah sind stärker denn je, Teheran ist im Irak wie auch in Afghanistan so einflussreich wie nie zuvor. Selbst Francis Fukuyama räumte 2006 im New York Times Magazine ein, dass der Irakkrieg ein furchtbarer Fehler war. Den Neokonservatismus, die alles beherrschende Ideologie der Ära George W. Bush, setzte er gar mit dem Bolschewismus unter Lenin gleich.

Klare Worte der Selbstkritik und eben darin eine große Ausnahme. Aus dem Krieg im Irak hat sich die Bundesrepublik unter der Regierung Schröder/Fischer wohlweislich herausgehalten. Nicht aber aus dem in Afghanistan, der die deutsche Politik bis heute belastet. Die Mehrheit der Bevölkerung lehnt ihn ab. Dennoch wird er fortgesetzt, mit Sicherheit noch Jahre. Das hat zu tun mit Bündnisverpflichtungen und damit, dass dort Soldaten gestorben und gewaltige Summen investiert worden sind. Eine Regierung, die einräumte, Menschenleben und

Ressourcen sinnlos geopfert zu haben, würde nicht wiedergewählt werden. Mehr noch, es stellte sich die Systemfrage. Nichts weniger als der Grundkonsens westlicher Politik, nämlich für Freiheit, Demokratie und Menschenrechte zu stehen, in einem Wort: werteorientiert zu sein, stünde auf dem Spiel. Natürlich weiß jeder, der es wissen will, dass Politik in erster Linie Interessen verfolgt. Gleichwohl bedarf Herrschaft, auch eine demokratisch legitimierte, des schönen Scheins, der großen Worte, der hehren Ideale. Mit offen zur Schau gestelltem Eigennutz ist auf Dauer kein Staat zu machen.

Stopp!

Die arabische Revolution ist eine Provokation. Sie erschüttert vermeintliche Gewissheiten. Wenn es den Arabern gelingt, aus eigener Kraft Diktatoren zu stürzen – warum dann die Kriege in Afghanistan und vor allem im Irak? Warum mit brachialer Gewalt Türen einschlagen, wenn die Einheimischen doch den Schlüssel besitzen? Hartnäckige Apologeten des Irakkrieges argumentieren genau anders herum. Sie behaupten, die Politik von George W. Bush habe überhaupt erst die Voraussetzung geschaffen für die jetzigen Umwälzungen. Oder aber sie versuchen nachzuweisen, dass die arabische Revolution gar keine Revolution sei. Vielmehr ein Aufstand der Habenichtse, die es an die Fleischtöpfe ziehe. Mit Demokratie oder Demokratisierung habe das alles nichts zu tun. Nutznießer seien zwangsläufig die Islamisten, was vor allem für Israel eine ernsthafte Bedrohung darstelle. (So zum Beispiel John B. Judis, Stop Calling It Egypt's Revolution, in: The New Republic, 16.2.2011.)

Als sich die Ägypter über Tage und Wochen hinweg zu den größten Demonstrationen, die es jemals in der Geschichte der arabischen Welt und der immerhin 7000-jährigen Geschichte des Landes gegeben hat, zusammenfanden, und zwar friedlich, erklärte Nato-Generalsekretär Anders Fogh Rasmussen, der als dänischer Ministerpräsident zu den Befürwortern des Irakkrieges gehört hatte, auf der Münchener Sicherheitskonferenz, die Umstürze in Tunesien und Ägypten würden die

6 Einst ein gern gesehener Gast: Nicolas Sarkozy empfängt den syrischen Präsidenten Baschar al-Assad im Élysée-Palast in Paris am 9. Dezember 2010.

Nato vor neue und zusätzliche Aufgaben stellen. Ein erstaunliches Urteil: Millionen Araber verlangen Freiheit und ein besseres Leben, und der Generalsekretär der Nato sieht darin in erster Linie ein Sicherheitsproblem? Die eigentliche Herausforderung für die Nato ist eine ganz andere. Nehmen wir an, die arabischen Staaten entwickeln sich tatsächlich in Richtung Demokratie und Rechtsstaatlichkeit, woraufhin radikale Strömungen innerhalb des Islam an Einfluss verlieren. Dann kommt der Nato zwangsläufig das Feindbild abhanden. Die Bekämpfung von Al-Qaida, den Taliban, allgemein islamistischen Terroristen, die Kontrolle Irans – darin besteht, unter Europäern und Amerikanern unbestritten, seit 9/11 die Geschäftsgrundlage westlicher Verteidigungspolitik. Das ist keine «Wertefrage», sondern eine handfest politisch-ökonomische. Nicht zuletzt geht es um den «militärischindustriellen Komplex» – einen Begriff, den US-Präsident Dwight D. Eisenhower, selbst ein ehemaliger General, in seiner Abschiedsrede am 17. Januar 1961 populär machte. Der Umbau der Bundeswehr beispielsweise von einer Wehrpflichtigenarmee zu einer Berufsarmee verdankt sich maßgeblich der Einsicht, dass Deutschland keine Armee zur Sicherung seiner Landesgrenzen mehr braucht. Wohl aber eine schlagkräftige, hoch spezialisierte Truppe, die «unsere Freiheit am Hindukusch verteidigt», wie der ehemalige Verteidigungsminister Peter Struck glaubte. Das hat Folgen für die verwendeten Waffensysteme, für die Ausrüstung der Truppe, für die Vergabe entsprechender Aufträge an die Rüstungsindustrie. Das rechnet sich, bei 28 Nato-Staaten.

Doch nicht allein die Bedürfnisse der Rüstungsindustrie spielen in diesem Zusammenhang eine Rolle. Ebenso die unstillbare Gier der Industriestaaten nach Erdöl und Bodenschätzen und die Bilanzen der Großbanken, die seit Jahrzehnten ebenso diskret wie bereitwillig die den arabischen Völkern (und nicht nur denen) gestohlenen Milliardenbeträge anlegen und verwalten. Der Gegensatz zwischen dem Enthusiasmus und dem bewundernswerten Mut der Araber einerseits und der geradezu lethargischen, oft genug zynischen Zurückhaltung westlicher Politiker andererseits hätte deutlicher kaum ausfallen können. Während die Araber Geschichte schrieben, zeigten sich Amerikaner und Europäer besorgt um die Sicherung wirtschaftlicher Interessen und die Entwicklung des Ölpreises. Anstatt den Nachbarn im Süden die Hand zu reichen, sich mit ihnen gemeinsam zu freuen und sie tatkräftig zu unterstützen, beherrschte zunächst einmal die Sorge vor unkontrollierten Flüchtlingsströmen aus Nordafrika Politik und Medien. Rund 20 000 Flüchtlingen aus Tunesien ist nach der Revolution der gefährliche Weg übers Mittelmeer nach Italien geglückt. Rom und Paris fiel dazu wenig mehr ein als das Schengen-Abkommen vorübergehend außer Kraft zu setzen und damit die Axt an die europäischen Verträge zu legen. Der deutsche Innenminister zeigte Verständnis, Dänemark setzte noch einen drauf und führte wieder flächendeckende Grenzkontrollen ein. Zum Vergleich: Tunesien hat rund 300 000 Flüchtlinge aus Libyen aufgenommen und der größte Teil der Bevölkerung zeigt sich mit den Opfern Ghaddafis solidarisch.

7 Bundeskanzlerin
Angela Merkel begrüßt
Husni Mubarak
in Berlin,
22. September 2010.

Die Bilder im Kopf

Wirtschaftliche und geopolitische Begehrlichkeiten vermischen sich mit einem subtilen Rassismus, der die Allmacht der Diktatoren kritiklos hinnahm und das lange Schweigen ihrer Völker nicht etwa als Folge von Unterdrückung verstand, verstehen wollte, sondern als kulturelle Gegebenheit. Der Araber braucht eben die harte Hand. Von Demokratie versteht er sowieso nichts, mental kann er nur Koran und Kopftuch.

Die arabischen Herrscher haben mehrheitlich die vom Westen gesetzten Spielregeln akzeptiert. Je nachdrücklicher, umso tiefer die Freundschaft zu beiden Seiten des Mittelmeeres. Selbst dann noch, als die Revolution bereits im vollen Gange war, wie am Beispiel der zurückgetretenen französischen Außenministerin gezeigt. Die zurückhaltenden Reaktionen auf den historischen Umbruch reihen sich ein in die langjährige Komplizenschaft westlicher Politiker mit ihren arabischen Kollegen. Mit kaum noch zu steigernder Realitätsverleugnung erklärte der damalige französische Staatspräsident Jacques Chirac bei einem Staatsbesuch in Tunis 2003: «Das wichtigste Recht des Menschen ist das auf Nahrung, medizinische Versorgung, Bildung und Wohnung ... So gesehen ist Tunesien im Vergleich mit anderen Ländern sehr fortschrittlich.» Nachdem die Bundesregierung 2003 ein Auslieferungsabkommen mit Tunesien abgeschlossen hatte, das die Abschiebung abgelehnter tunesischer Asylsuchender erleichterte, lobte der damalige Innenminister Otto Schily die «liberalen und rechtsstaatlichen Traditionen» im Land Ben Alis.

Die arabische Revolution verschiebt die Bilder, die wir vom Orient im Kopf haben. Das schafft Unsicherheiten und Ängste. Aus der Perspektive von Nützlichkeitserwägungen, wie sie in westlichen Kulturen vorherrschen, hat eine Revolution etwas zutiefst Verstörendes. Sie trägt existentielle Züge, was sich von unserem Alltag nicht behaupten lässt. Die Menschen dort erfinden sich politisch neu, riskieren ihr Leben, während wir zunächst einmal unsere Besitzstände verwalten. Oder Sinnsuche betreiben, in Verbindung mit Wellness. Wer seine eigene Identität daraus bezieht, sich von anderen abzugrenzen, in der festen Überzeugung, einer Nation, Wertegemeinschaft, Kultur, Zivilisation anzugehören, die anderen überlegen sei, besser, höherwertiger – der sieht sich jetzt mit schmerzhaften Einsichten konfrontiert.

Ein chinesisches Sprichwort sagt: Wenn der Wind des Wandels weht, bauen die einen Mauern und die anderen Windmühlen.

Islam und Demokratie

In westlichen Gesellschaften krankt die Auseinandersetzung mit dem Islam, seiner Geschichte und Kultur, seinen vielen Gesichtern und Erscheinungsformen, häufig an einer projektiven Wahrnehmung. Die Wirklichkeit wird ausgeblendet zugunsten eines aus Ängsten, Vorurteilen, Ablehnung zusammengesetzten Islambildes, das vielfach in der offenen Ablehnung alles Islamischen mündet. Oberflächlich besehen handelt es sich dabei um eine Reaktion auf Terror und Gewalt, die von

Muslimen ausgeübt werden und die unsere freiheitlichen Gesellschaften gefährden. Aus dieser Sicht gilt der Islam spätestens seit dem 11. September 2001 als Religion, die angetreten ist, die Welt zu erobern. Dementsprechend genießt, wer sich um ein differenzierendes Bild bemüht, den Ruf eines Verharmlosers, Apologeten, «Islamverstehers». In Europa wie auch in den USA ist die Islamophobie mittlerweile der kleinste gemeinsame Nenner von Gesellschaften, die im Zuge der Globalisierung ihre ökonomischen Sicherheiten und weltanschaulichen Gewissheiten verlieren. Politisch ist sie ein Machtfaktor geworden, der vom rechten Rand bis in die bürgerliche Mitte reicht.

Über den Islam lässt sich endlos streiten, sofern nicht zunächst die zugrunde liegenden Wahrnehmungsmuster geklärt sind. Wer dem Islam gegenüber generell ablehnend oder feindselig eingestellt ist, wer Muslime für Neandertaler der Moderne hält, wer nie gelernt hat, eigene Perspektiven in Frage zu stellen, wer sich in der Welt eigener Gewissheiten heimisch fühlt, beurteilt auch die arabische Revolution anders als ein – sagen wir: Weltbürger. Ein Freund von Windmühlen in Zeiten des Wandels. Ein Mensch, der gelernt hat, den eigenen Standpunkt als einen von mehreren möglichen zu betrachten. Der Wahrheit nicht mit den Lügen der Macht verwechselt und sich einer Mehrheitsmeinung nicht zwangsläufig anschließt.

Die Frage, ob Islam und Demokratie miteinander zu vereinbaren seien, ist bereits angesprochen worden. Im Grunde jedoch ist sie absurd. Ausdruck einer Haltung, in der sich vermeintliches Wissen, ein ausgeprägtes Überlegenheitsgefühl, Stereotypisierung und schlichte Denkfaulheit begegnen. Warum sollten Muslime denn nicht zur Demokratie fähig sein, sofern sie die Gelegenheit dazu erhalten? Was sagt die Religionszugehörigkeit eines Menschen über dessen Demokratiefähigkeit oder -unfähigkeit aus? Liegt die Ursache für den blockierten Übergang der arabisch-islamischen Welt von einer Feudal- zur Industriegesellschaft in der Religion? Wenn ja, worin genau? Ist der Offenbarungstext verantwortlich? Oder sind es die im Alltag praktizierten Sitten und Gebräuche einfacher Gläubiger? Sind die Sunniten schuld, die Mehrheitsströmung im Islam, oder sind es die Schiiten? Die Aufklärer und Reformer innerhalb des Islam? Konservative Theologen?

Die Mystiker, die Orthodoxen? Sind im Koran Clan- und Stammesstrukturen festgeschrieben? Ist die Marginalisierung von Frauen in islamischen Gesellschaften vom Propheten gewollt oder Ausdruck einer patriarchalisch erstarrten Moral?

Zu den Grundüberzeugungen westlicher Politik vor der Revolution gehörte die Gewissheit, Diktatoren würden Sicherheit und Stabilität gewährleisten. Als sich diese Überzeugung als Irrtum erwies, folgte nicht Selbstkritik, vielmehr die Vorausschau in Angst und Sorge: Was, wenn nun die Muslimbrüder die Macht in Ägypten übernehmen? Werden sie dann gemeinsam mit der Hamas, der Hisbollah und dem Iran Israel bedrohen, den Friedensvertrag aufkündigen, eine antiwestliche Haltung einnehmen?

Apropos Hamas: Die palästinensischen Islamisten (aus den Muslimbrüdern hervorgegangen!) haben bei freien und geheimen Wahlen, überwacht von der Europäischen Union, 2006 die absolute Mehrheit der Stimmen erhalten. Das ist doch der Beweis, folgt man der im Westen vorherrschenden Logik, dass Muslime, kaum lässt man sie an die Urne, nichts Besseres im Sinn haben, als erklärte Feinde unserer Werte und/oder Feinde Israels zu wählen. Was einmal mehr die Frage aufwirft, ob Islam und Demokratie tatsächlich zusammengehen. Denn natürlich treten wir für Freiheit und Demokratie überall auf der Welt ein – solange uns die Wahlergebnisse passen. Ist das nicht der Fall, haben wir auch keine Einwände gegen einen Militärputsch wie 1992 in Algerien, um den Wahlsieg der «Islamischen Heilsfront» zu verhindern. Auch nicht gegen die Blockade des Gazastreifens, um die dortige Bevölkerung für ihr Wahlverhalten abzustrafen, inklusive Krieg gegen die Hamas zum Jahreswechsel 2008/09. Demokratie hin, Freiheit her – alles hat seine Grenzen. Die Frage nach dem Warum solcher Wahlergebnisse wird gar nicht erst gestellt – oder mit Hilfe feststehender Glaubenssätze beantwortet: Weil der Islam zu Gewalt und Fanatismus neigt. Man sagt Islam und meint Muslime. Das hört sich unverfänglicher, politisch korrekter an.

Die Islamophobie vergiftet nicht allein das Zusammenleben von Menschen mit unterschiedlichen Biographien in einer globalisierten Gesellschaft. Sie verhindert auch, in der Innen- wie der Außenpolitik, eine sachliche Auseinandersetzung mit bestehenden Problemen und verlagert Interessengegensätze auf die Ebene eines «Kampfes der Kulturen», der gut und böse klar zu unterscheiden weiß. Insoweit ist nicht verwunderlich, dass Islam und islamischer Fundamentalismus, auch Islamismus oder politischer Islam genannt, in der hiesigen Wahrnehmung gerne gleichgesetzt werden. Diese Begriffe bezeichnen eine späte Sonderentwicklung der islamischen Religion, keine 100 Jahre alt, der es um die Erringung von Macht und ihre Ausübung auf Grundlage (vermeintlicher) islamischer Werte geht, meist in Form des islamischen Gesetzes, der Scharia. Religiöse Glaubensinhalte werden dabei politisch instrumentalisiert und massenwirksam eingesetzt. Fundamentalismus ist kein islamisches Phänomen allein, es gibt ihn in allen Religionen. Fundamentalisten vertreten andere Ideale der Lebensführung und gesellschaftlicher Ordnungsprinzipien als beispielsweise Modernisten. In erster Linie verteidigen sie eine als bedroht angesehene patriarchalische Autorität in Wirtschaft, Politik und vor allem in der Familie. Fragen der Stellung der Frau und der Moral sind demzufolge nicht Ersatzthemen für «eigentliche» Ursachen, sondern stehen tatsächlich im Zentrum der Auseinandersetzung.

Was wollen islamische Fundamentalisten?

Der islamische Fundamentalismus ist zu unterscheiden von der Orthodoxie, wie sie vor allem die Al-Azhar-Universität in Kairo verkörpert, die höchste Autorität im sunnitischen Islam. Er ist auch zu unterscheiden vom Volksislam mit seiner religiösen Mystik (Sufismus) und Heiligenverehrung, seinen Wanderpredigern und Wahrsagern. Vor allem aber ist er zu unterscheiden vom traditionellen Islam, dem die überwältigende Mehrheit der Muslime folgt. Also von jenem Islam, wie er seit alten Zeiten von seinen Bekennern gelebt worden ist, vorgelebt und interpretiert von Theologen und Rechtsgelehrten, von Philosophen und Wissenschaftlern, von Künstlern und Dichtern. Recht und Kultur, soziale Strukturen, das Werteempfinden allgemein sind zutiefst von diesem traditionalistischen religiösen Verständnis beeinflusst. Die Grenzen zwischen den verschiedenen Welten des Islam verlaufen durchaus fließend.

Der Islamismus ist gleichermaßen sozialer und politischer Protest. In der Regel bietet er kein Modell zur Überwindung bestehender Probleme, vielmehr ist er ein Krisensymptom. Ein ideologisches und identitätsstiftendes Modell vor allem für sozial Deklassierte. Nicht zu vergessen allerdings eine bedeutsame Minderheit aus «narzisstisch gekränkten» Angehörigen der Mittel- und Oberschichten, die sich angesichts des rasanten gesellschaftlichen Wandels, etwa in den Golfstaaten, nach «Nestwärme» sehnen. Häufig bewundern und verachten sie den Westen gleichermaßen, vor allem seine freizügigen Lebensformen, und fragen sich, warum nicht sie selbst die Weltgesellschaft prägen, wie ihre Vorfahren im frühen Mittelalter, dem goldenen Zeitalter des Islam. Auf der Führungsebene finden sich viele Hochschulabsolventen, die anderswo keine Karrierechancen für sich sahen. Ausgehend von ihrem Unbehagen an der Moderne, abgesehen von technischen Errungenschaften wie dem Internet, flüchten islamische Fundamentalisten gerne in eine idealisierte Vergangenheit, die als vollkommen angesehene Frühzeit des Islam: Als der Prophet Mohammed mit nur wenigen Getreuen auszog, ein Weltreich zu begründen.

Einem jungen Grundschullehrer blieb es vorbehalten, im 20. Jahrhundert die enttäuschten Hoffnungen islamischer Größe neu zu beleben. Hassan al-Banna (1906–1949) gilt als der erste namhafte Ideologe des islamischen Fundamentalismus. 1928 gründete er in Ägypten die Muslimbruderschaft, die Urform aller islamistischen Bewegungen und bis heute in mehreren arabischen Staaten aktiv. Hassan al-Banna war überzeugt, dass der Islam eine umfassende Lebensordnung sei, einzigartig und unvergleichlich, weil von Gott selbst offenbart. Islamische Fundamentalisten lehnen Exegese der kanonischen Texte in der Regel ab, denn sie bedeute Gottes Wort zu erklären. Die islamische Orthodoxie ist ihr erbitterter Gegner, weil diese Haltung deren Deutungshoheit und somit deren Machtanspruch in Frage stellt. Islamisten gleich welcher Ausrichtung waren sich lange Zeit in zwei Zielen einig: Die Bekämpfung der eigenen, unfähigen und korrupten Machthaber und die Befreiung der arabisch-islamischen Welt vom Westen und seinem

Einfluss. Damals in Ägypten ging es um den Kampf gegen die britischen Kolonialherren, heute ist Amerika der große Islamfeind: Die USA und ihr nahöstlicher Verbündeter Israel.

Die Muslimbrüder beließen es jedoch nicht bei Ideologie. Seit ihren frühesten Tagen bieten sie kostenlose soziale Dienste an, etwa Armenspeisungen oder medizinische Versorgung. Das erklärt ihren großen Rückhalt in der Bevölkerung, die vom Staat keine Unterstützung zu erwarten hat. Bei allen islamistischen Gruppen gehen «Missionierung» und Nachbarschaftshilfe Hand in Hand, auch bei Hamas und der (schiitischen) Hisbollah.

Nachfolger Hassan al-Bannas, der vermutlich einem Anschlag des britischen Geheimdienstes zum Opfer fiel, wurde der Publizist und Sozialaktivist Sayyid Qutb (1906–1966), der wie al-Banna aus Oberägypten stammte. 1950, nach einem Aufenthalt in den USA, schloss er sich der Muslimbruderschaft an. Er sah in der Trennung von Religion und gesellschaftlichem Leben, wie im Westen vollzogen, die Ursache für soziale Spannungen, für Rassendiskriminierung und fehlende Solidarität. Gleichzeitig lehnte er die einsetzende kulturelle Verwestlichung der arabischen Welt ab. Nasser bot Sayyid Qutb einen Regierungsposten an, den dieser jedoch ablehnte. Nach einem mutmaßlichen Attentatsversuch der Muslimbrüder auf Nasser landete er mit vielen anderen im Gefängnis. Dort schrieb er ein politisches Pamphlet mit dem Titel «Wegmarken». Seine Kernthese: Nur mit Hilfe der Revolution lasse sich soziale Ungleichheit überwinden. Unter Revolution verstand er, dass sich der Islam als ganzheitliche, allumfassende Lebensform in allen Bereichen der Gesellschaft durchsetze. Aus seiner Sicht benötigt der islamische Staat weder Präsident noch König, vielmehr sei Gott der Herrscher und das alleinige Gesetz die Scharia. Nach dem Erscheinen der «Wegmarken» wurde Sayyid Qutb, zwischenzeitlich freigelassen, erneut verhaftet und schließlich hingerichtet. Parallel wurde die Muslimbruderschaft verboten. Sie ging in den Untergrund, ihre Kader und zahlreiche Anhänger flohen nach Saudi-Arabien, wo sie bereitwillig aufgenommen wurden. Der Wüstenstaat, der über die weltweit größten Erdölressourcen verfügt, stand am Vorabend eines beispiellosen Wirtschaftsbooms.

Macht und Religion

Saudi-Arabien entstand erst im Jahr 1932, aber die moderne Geschichte des Landes hatte bereits im 18. Jahrhundert mit der Allianz zwischen dem Stammesführer Mohammed Ibn Al Saud und dem Erweckungsprediger Mohammed Ibn Abd al-Wahhab (1703–1791) begonnen. Die von ihm begründete Lehre des Wahhabismus, bis heute Staatsdoktrin in Saudi-Arabien und letztlich eine frühe Variante des islamischen Fundamentalismus, beruft sich ausschließlich auf Rechtsnormen und politische Modelle aus dem siebten Jahrhundert, der Zeit des Propheten Mohammed und seiner ersten Nachfolger. Es war ein Bündnis zu beiderseitigem Nutzen. Der Wahhabismus hatte nunmehr Rückhalt durch eine starke Stammesdynastie gefunden, umgekehrt konnten die Al Sauds ihre alsbald beginnende Unterwerfung der übrigen arabischen Stämme bis hin zur Machtübernahme in dem nach ihnen benannten Königreich Saudi-Arabien religiös legitimieren. Bis heute bilden die wahhabitischen Theologen und Rechtsgelehrten das Rückgrat der saudischen Dynastie. Deren Rückwärtsgewandtheit erklärt, um nur ein Beispiel zu nennen, warum Frauen dort nicht Auto fahren dürfen.

Ohne den Zusammenschluss mit dem Clan der Al Saud wäre der Wahhabismus eine unbedeutende und kurzlebige sektiererische Bewegung geblieben, eine Fußnote der Geschichte. Durch den Ölreichtum jedoch entwickelte er sich seit den 1960er Jahren zum wichtigsten Geldgeber islamisch-fundamentalistischer Bewegungen weltweit, einschließlich der Taliban. Mit seiner schlichten Botschaft, seinem Sendungsbewusstsein und seiner rigiden Moral ist der Wahhabismus, in Verbindung mit seinen unbegrenzten finanziellen Ressourcen, bis in die hintersten Winkel der islamischen Welt vorgedrungen und hat auch in Europa zahlreiche Moscheebauten finanziert. Liberale und aufgeklärte Lesarten des Islam hatten es angesichts solcher Wirkungsmacht zusätzlich schwer, in der muslimischen Gesellschaft Wurzeln zu schlagen.

Wie bereits erwähnt, markiert die vernichtende arabische Niederlage gegen Israel im Sechstagekrieg 1967 eine epochale Zäsur. Die vor allem von Gamal Abdel Nasser verkörperte Ära des arabischen Nationalismus ging abrupt zu Ende, stattdessen begann der Aufstieg des politischen Islam als eine die Massen mobilisierende Ideologie. Dessen Siegeszug wurde im Westen zunächst wenig Beachtung geschenkt. Erst die schiitische Revolution und die Machtübernahme Ajatollah Khomeinis 1979 im Iran machte aus dem Islamismus einen Machtfaktor internationaler Politik – ebenso die Ermordung Sadats in Ägypten 1981. Zwar ließ sich das schiitische Revolutionsmodell nicht in die sunnitischen Staaten exportieren, doch wirkte Khomeinis Charisma weit in die arabische Welt hinein.

Als Reaktion auf die Ereignisse im Iran rief das saudische Herrscherhaus, das für sich die Führung innerhalb der islamischen Welt beansprucht, zum Heiligen Krieg auf, um Afghanistan von der im Jahr der iranischen Revolution erfolgten sowjetischen Besatzung (1979–1989) zu befreien. Ein Instrument saudischer Eigenlegitimation und US-amerikanischer Machtpolitik im Wettstreit mit Khomeini und mit Moskau. Radikale Islamisten von Algerien bis Pakistan, darunter Osama bin Laden, strömten zu Tausenden nach Afghanistan, finanziert durch Riad, militärisch ausgerüstet von Washington, und kämpften am Hindukusch gegen das Böse.

Nach dem Golfkrieg 1990/91 zur Befreiung des irakisch besetzten Kuwait richtete sich die Ventilfunktion des Dschihad jedoch gegen seine Urheber. Die «Heiligen Krieger», größtenteils in ihre Heimatländer zurückgekehrt, betrachteten nunmehr die erstarkte Weltmacht USA und das saudische Königshaus als Hauptfeinde des Islam. Teilweise gingen sie in den Untergrund und bekämpften die prowestlichen Regierungen ihrer Heimatländer mit terroristischer Gewalt: in Algerien, Ägypten, Saudi-Arabien, im Jemen, in Pakistan. 1993 wurde das World Trade Center in New York erstmals Ziel eines Attentats.

Dennoch richtete sich die Gewalt der Islamisten anfangs fast ausschließlich gegen die verhassten arabischen Regime oder gegen die israelische Besatzungsmacht (Hamas, Hisbollah). Terroranschläge auf westliche, US-amerikanische Einrichtungen waren, von Ausnahmen abgesehen, erst in der zweiten Hälfte der 1990er Jahre zu verzeichnen und erlebten ihren Höhepunkt am 11. September 2001.

Zunächst fanden islamische Fundamentalisten gleichermaßen

Rückhalt in den Unterschichten wie auch in den Mittelschichten. Der Grund für ihre Popularität war in der Regel *nicht* die Sehnsucht nach dem Gottesstaat, sondern die unerträglichen sozialen und politischen Verhältnisse. Die Moschee war der einzige öffentliche Ort, der nicht vollständig unter staatlicher Kontrolle stand. In vielen arabischen Ländern wurde der sakrale Raum zum Refugium für den Protest. Allen voran in Algerien, wo der sichere Wahlsieg der «Islamischen Heilsfront» 1992 durch einen blutigen Militärputsch verhindert wurde. Für die Wähler waren die Bärtigen die einzige Alternative innerhalb eines politischen Systems, das einer kleinen Machtelite unbegrenzte Privilegien gewährte, während die Mehrheit der Bevölkerung in Armut lebte, trotz eines immensen Reichtums des Landes an Erdöl und Erdgas. Die algerische Machtelite rekrutiert sich überwiegend aus dem Umfeld ehemaliger Widerstandskämpfer der FLN, die nach der Unabhängigkeit Algeriens von Frankreich 1962 nichts Besseres im Sinn hatten, als den Staat und seine Ressourcen unter sich aufzuteilen. Ihre Privilegien wurden anschließend an die eigenen Kinder vererbt. Die Algerier waren ihre Mafia leid und wollten sie bei den ersten und – wie sich herausstellen sollte – letzten relativ freien Wahlen abgewählt sehen.

Nach dem Putsch kam es zu einem furchtbaren Bürgerkrieg, von beiden Seiten, Militär und Islamisten, mit unerbittlicher Grausamkeit und ohne Rücksicht auf Verluste geführt. Mindestens 200 000 Menschen starben in den darauffolgenden Jahren. Nicht nur in Algerien, sondern in der gesamten arabischen Welt führten Gewalt und Terror der Islamisten zu deren rapidem «Imageverlust». Die Mittelschichten, weniger die Unterschichten, gingen auf Distanz zu den gewaltbereiten Gruppen. Sie hatten Angst vor einer «Talibanisierung» ihrer Länder. Stattdessen versuchten sie, über Wahlen Einfluss auf die politische Entwicklung zu nehmen. Ohne Erfolg, aber Bürgerkrieg und Anarchie wollte das städtische Bürgertum erst recht nicht. Gemäßigte Islamisten, etwa die Muslimbrüder in Ägypten, die bereits unter Sadat der Gewalt entsagt hatten, oder die «Islamische Aktionsfront» in Jordanien, suchten sich ihrerseits mit der Macht zu arrangieren. Um die Jahrtausendwende war der gewaltbereite Islamismus politisch wie «militärisch» auf dem Rückzug. Mit wenigen Ausnahmen, darunter Al-Qaida.

Halten wir fest: Der islamische Fundamentalismus ist ursprünglich eine Protestbewegung, die sich gegen die eigenen Regime wie auch gegen westliche Hegemonie richtet. Islamismus ist nicht gleichbedeutend mit Terror, Islamisten sind keineswegs grundsätzlich gewaltorientiert. Vielfach sind aus ihren Reihen staatstragende Parteien hervorgegangen. Das gilt insbesondere für die in der Türkei mit großem Erfolg regierende «Wohlfahrts- und Gerechtigkeitspartei», AK-Partisi, gewissermaßen eine islamische CDU.

Ein Islam zum Kuscheln

Parallel dazu gibt es etwa seit der Jahrtausendwende eine neue Entwicklung, die einige westliche Beobachter als «Neofundamentalismus» bezeichnen. Nachdem der Aufstand gegen die Herrschenden gescheitert war, entstand eine neue «Bewegung». Gläubige Muslime vor allem aus den Mittelschichten fanden sich mit dem Gedanken ab, die Macht nicht politisch erobern zu können. Stattdessen setzten sie darauf, die Gesellschaft insgesamt mit Hilfe von moralischen Appellen zu läutern. Die Kritik an den Machthabern verstummte. Stattdessen erging ein Weckruf an alle, einschließlich der Regierenden, sich islamisch zu verhalten, «das Gute zu tun und das Böse zu meiden». Nicht der Gottesstaat war das Ziel, sondern eine islamische Gemeinschaft aus Brüdern und Schwestern, die einander die Hand reichen. Die «Neofundamentalisten» sind keine homogene Gruppe. In ihren Reihen gibt es althergebrachte Islamisten ebenso wie Traditionalisten oder konservative Muslime.

Fernsehprediger traten auf, die sich schnell ein Millionenpublikum erschlossen, vor allem mit Hilfe der neuen Satellitensender. Ihre ebenso schlichte wie frohe Botschaft lautet: Gott liebt dich. Einer der erfolgreichsten dieser Zunft ist der Ägypter Amr Khaled, ein charismatischer Schwiegersohn-Typ, der mühelos ganze Fußballstadien füllt und auch von den Mächtigen gerne gehört wird, weil er niemandem wehtut: Füge dich in dein Schicksal, es macht ohnehin was es will. Hauptsache du bist glücklich und denkst an Gott. Dieser Wohlfühl- und Kuschelislam kommt bei der Jugend gut an und hat maßgeblich zu einer Entpolitisierung der religiösen Sphäre beigetragen. Für die Generation Facebook ist der Islam weniger Ideologie, teilweise nicht einmal mehr religiöser Alltag, als vielmehr Lifestyle. Man isst Halal-Food («koscher» zubereitet), trägt das Kopftuch modisch bis sexy, trinkt Zam-Zam Cola (benannt nach mekkanischer Quelle), findet seinen Partner über ein islamisches Dating-Portal, interessiert sich für islamisches Banking mit Zinsverbot, fastet im Ramadan, weil es cool ist, und steht auf Amr Khaled, weil alle auf ihn stehen.

Arabische Soziologen verwenden den Begriff «Neofundamentalismus» nicht. Sie sprechen stattdessen von «Salafismus» und spannen einen noch größeren Bogen. Darin steckt das arabische Wort für Ahnen oder Altvordere. Im 19. Jahrhundert waren die Salafisten Vordenker, die Islam und Moderne zu versöhnen suchten. Sie plädierten für eine «geistig-moralische Wende», für moderne Lesarten des Koran und forderten die Gläubigen auf, den Wissensrückstand islamischer Gesellschaften gegenüber dem Westen aufzuholen. Heute hat sich der Begriff in sein Gegenteil verkehrt. «Salafisten» meint Islamisten, denen es nicht um «Kuschelislam» geht, sondern um Dogma und die strikte Umsetzung der Scharia, wie sie sie verstehen. Männer tragen Vollbärte, Frauen zeigen sich tief verschleiert und verlassen das Haus nur, wenn sie einen guten Grund dafür haben. Der Salafismus ist meist ein Phänomen der Unterschichten und steht dem saudischen Wahhabismus nahe, von dem er ideell und finanziell nach Kräften unterstützt wird.

Dies ist insoweit ein Paradox, als Millionen Araber in Saudi-Arabien als Gastarbeiter gelebt haben und vom dortigen rigorosen Lebensstil, gepaart mit Scheinheiligkeit und Heuchelei, wenig angetan sind. Auch die (schiitische) Islamische Republik Iran halten die wenigsten Araber für ein nachahmenswertes Erfolgsmodell. Die Erfahrungen mit dem politischen Islam waren in den meisten Fällen ernüchternd. Weder der arabische Nationalismus noch die Religion haben den Menschen den Weg in eine bessere Zukunft gewiesen. Jetzt geht es darum, pragmatische Lösungen für konkrete Probleme zu finden. Angefangen damit, Diktatoren zu verjagen.

Was nicht heißt, dass die Menschen ihrem Glauben entsagen würden, im Gegenteil. Vor 20 Jahren waren 90 Prozent der ägyptischen Frauen unverschleiert. Heute sind es nicht mehr als zehn Prozent. Diese Entwicklung hat viele Ursachen, oft hat es zu tun mit Protest, mit Abgrenzung, mit der Suche nach einer eigenen Identität. Es wäre ein Fehler, die tiefe Religiosität vieler Ägypter und der Araber allgemein mit Politisierung zu verwechseln. Die bei uns geführte Kopftuch-Diskussion, die um Frauenunterdrückung und Demokratieunverträglichkeit kreist, hat mit der Lebenswirklichkeit arabischer Frauen wenig bis gar nichts zu tun.

Fazit: Der politische Islam ist einem ständigen Wandel unterworfen, er existiert nicht außerhalb gesellschaftlicher Rahmenbedingungen, die im Kontext der Globalisierung ihrerseits immer kurzlebiger werden. Die Hochzeit islamistischer Ideologien ist vorbei. Gewalttätige Islamisten agieren vor allem in den Anarcho-Staaten Somalia, Irak, Jemen, Pakistan, Afghanistan, in denen auch Al-Qaida Zuflucht gefunden hat. Der Kampf von Hamas und Hisbollah gegen israelische Besatzung ist ein Sonderfall. Islamistische Terroristen sind in der Lage, weltweit Anschläge zu verüben. Teil einer gesellschaftlichen Bewegung sind sie nicht. Allerdings prägen sie maßgeblich das Bild vom Islam als einer fanatischen, gewaltbereiten Religion. Diese Wahrnehmung greift zu kurz. Ebenso die Annahme, arabische Diktatoren würden Staat und Gesellschaft gegen religiösen Fanatismus verteidigen. Das war nie der Fall. Im Gegenteil, sie haben radikalen Islamisten sogar einen Freibrief gewährt, solange sich deren Gewalt gegen säkulare Regimekritiker, islamische Reformer, unliebsame Intellektuelle richtete. Bis hin zum politischen Mord. Anders gesagt ist der Islamismus Ausdruck eines historischen Umbruchs. Er sucht, auch mit Gewalt, nach einem Weg in die Moderne, der sich als tragfähig erweist.

Vergleichbare Umbrüche hat auch Europa in den vergangenen zwei Jahrhunderten durchlaufen. Und hat dabei deutlich blutigere Spuren hinterlassen als selbst der schlimmste islamistische Terror. Erinnert sei alleine an die Toten des Ersten und Zweiten Weltkrieges.

KAIRO, TAHRIR-PLATZ.
WIR SIND DAS VOLK

Kaum war Ben Ali in Tunesien gestürzt, setzte sich die arabische Revolution wie in einem System miteinander kommunizierender Röhren in Ägypten fort. Warum dort? Sicher auch deswegen, weil rund 20 Millionen Ägypter im Alter zwischen 18 und 29 Jahren auf den Arbeitsmarkt drängen, vielfach gut ausgebildet, mit wenig Chancen – soziologisch die idealen «Agenten des Wandels». Sie verlangen Arbeit und Freiheit, sie verabscheuen die allgegenwärtige Korruption, und sie wollen, dass man ihnen zuhört und sie respektiert. Das gilt letztendlich für sämtliche arabische Staaten. Doch bei aller Ähnlichkeit der gesellschaftlichen und politischen Strukturen gibt es doch von Land zu Land wesentliche Unterschiede, die immerhin nahelegen, warum die Revolution von Tunesien auf Ägypten übergreifen konnte – und nicht etwa auf Algerien. Dort sind die Menschen durch den langjährigen Bürgerkrieg traumatisiert. Fast jeder Algerier, einschließlich der Jugend, ist mit dem Anblick von Leichen auf der Straße vertraut.

Ähnlich wie in Tunesien hatte sich auch in Ägypten über Jahre hinweg Unzufriedenheit und Protest angestaut, nicht allein in der Generation Facebook, ebenso unter Arbeitern und Angestellten. Im September 2007 kam es in den Nildelta-Städten Kafr ad-Dawar, Al-Mahalla, Tanta und Zelfta zu spontanen Arbeitsniederlegungen und Demonstrationen unter den dortigen Textilarbeitern. Die tagelangen Unruhen waren spontan ausgebrochen, wurden von lokalen Komitees organisiert und erzielten Teilerfolge, zum Beispiel verbesserte Arbeitsbedingungen. Obwohl die Streiks gewaltsam beendet wurden, setzten sie doch einen Maßstab. Im Jahr darauf legten Beamte in Kairo die Arbeit nieder, darunter die Finanzbeamten, die zwei Monate lang keine Steuern eintrieben. Den Streikenden ging es vor allem um mehr Gehalt und Sozialleistungen. Auch sie zogen protestierend durch die Straßen, zeigten dabei teilweise ihre Mitgliedsausweise der Regierungspartei NDP. Das machte es schwieriger, die Proteste niederzuknüppeln.

Generation Facebook

In Ägypten wie auch in Tunesien lag die Revolte bereits in der Luft, bevor es schließlich zur Explosion kam. Der Aufstand begann in Kairo ohne Anführer oder Organisation, getragen von den neuen Medien. Am 25. Januar 2011 gingen Tausende auf die Straße, nachdem verschiedene Gruppen im Internet zu einem «Tag des Zorns» aufgerufen hatten. Es kommt zu ersten Zusammenstößen mit der Polizei, die Unruhen greifen auf andere Städte über. Das Regime versucht, durch den Einsatz von Polizei und Geheimdienst Ruhe und Ordnung gewaltsam wiederherzustellen. Die Armee rückt mit Panzern aus, schießt aber nicht. Es gibt die ersten Toten und Verletzten, doch die Volkserhebung ist nicht mehr aufzuhalten. Obwohl das Innenministerium Internet und Mobilfunk abschaltet, strömen nach der Freitagspredigt am 28. Januar Zehntausende auf den zentral gelegenen Tahrir-Platz («Befreiungsplatz»), der seit dem Sturz der Monarchie 1952 durch Nasser und dem Ende der britischen Kolonialzeit so heißt. Damit beginnt der Countdown zum Rücktritt Mubaraks. Die meisten Polizeidienststellen werden in Kairo in Brand gesteckt, ebenso die Parteizentrale der Regierungspartei NDP. Ministerien und Behörden werden geschlossen. Die für ihre Brutalität und Korruption gefürchtete und verachtete Polizei wird auf Befehl des Innenministers aus Kairos Straßen abgezogen. In der Hoffnung, anschließend brächen Chaos und Anarchie aus – um so einen Keil zwischen die Demonstranten und eine Mehrheit der Bevölkerung zu treiben. Doch die Bevölkerung nimmt die Sicherung ihrer Wohngebiete vor Plünderern und Dieben selbst in die Hand.

Zunächst war die Generation Facebook die treibende Kraft, die

8 Ein Tag des Zorns: Wütende Proteste gegen Mubarak nach den Freitagsgebeten am 4. Februar 2011.

städtische Mittelschichtjugend. Deren Eltern hatten unter Nasser den Sprung aus ländlicher Armut in meist bescheidene städtische Beamtenkarrieren geschafft. Unter Mubarak erhielt sie eine leidlich akzeptable Ausbildung, allerdings kaum Chancen auf einen Job. Diese Jugend wuchs auf in einem konservativen und sozialdarwinistischen Umfeld, aus dem sie in die virtuelle Welt des Internets floh, auf der Suche nach einer Perspektive und nach Werten. Die Generation Facebook ist eine Minderheit – die Mehrheit der Bevölkerung in Ägypten besteht aus Armen und Besitzlosen, meist mit ländlichem Hintergrund. Aber es ist ihr gelungen, auch deren Hoffnungen zum Ausdruck zu bringen und die meisten Gleichaltrigen hinter sich zu vereinen. Ihr Mut und die technischen Hilfsmittel Facebook, Twitter und Mobiltelefon besorgten den Rest. Binnen weniger Tage schlossen sich der Revolution landesweit Menschen aller Altersgruppen und sozialer Schichten an, Arbeiter wie Hochschullehrer, Männer und Frauen, Muslime und Christen, Städter und Bauern, Banker wie Gewerkschaf-

9 Demonstranten auf dem Tahrir-Platz, 5. Februar 2011.

ter. Der komatöse politische Ruhezustand, die endlose, ungebrochene Abfolge autoritärer Regierungen mit einem Pharao an der Spitze, verwandelte sich in kürzester Zeit in einen ungeahnten Strom aus Entschlossenheit und Kraft. Die ägyptische Revolution bahnte sich einen Weg, der jede politische oder soziale Theorie sprengt. Aus dem Chaos heraus entstand ein bemerkenswert ethisches Handeln. Einander unbekannte Menschen zeigten sich im Angesicht der Staatsgewalt solidarisch. Bäuerinnen reichten Demonstranten Zwiebeln, um die Schmerzen nach Tränengasangriffen zu lindern, junge Männer diskutierten mit Gleichaltrigen, um sie von Vandalismus abzuhalten, Demonstranten bildeten einen Sicherheitskordon vor dem Nationalmuseum, um Plünderungen zu verhindern. Auf dem Tahrir-Platz, wo sich bis zu zwei Millionen Menschen versammelten, entstanden Komitees, die für Nachschub an Lebensmitteln und Getränken sorgten, Verletzte bekamen Erste Hilfe, auch Latrinen wurden eingerichtet. Muslime und Christen beteten gemeinsam, Muslimbrüder tanzten mit

Schwulen, Frauen übernachteten im Freien – Tabus schienen bedeutungslos geworden zu sein. Und wie zuvor schon in Tunesien spielten islamische oder islamistische Slogans keine Rolle.

Eine anerkannte Führung gab es weder in Kairo noch anderswo in Ägypten. Entscheidungen wurden spontan getroffen, von den Betroffenen selbst, was der Revolution ein erstaunliches Maß an Dynamik und Leichtigkeit verlieh. Die Ägypter, Weltmeister in Phlegma und Gleichgültigkeit, erfanden sich neu. Der berühmte Witz «Was bedeutet IBM auf ägyptisch? Inscha'Allah, Bukra, Malesch» (So Gott will, Morgen, Macht nichts = Ist mir doch alles so was von egal) hatte sich mir nichts, dir nichts überlebt.

Herr Mubarak und seine Abschiedsrede

Nicht allein der Verlauf der Revolution war spontan, in Kairo bis in die hinterste Provinz, auch ihre Forderungen wurden ständig verändert und erweitert. Am 25. Januar verlangten die Demonstranten grundlegende Reformen. Nachdem der Staat reagiert hatte wie gewohnt, nämlich mit Gewalt, ertönte wenig später erstmals der Ruf «Irhal!», «Hau ab!» – der Ruf nach Mubaraks Rücktritt. Der reagierte mit kosmetischen Zugeständnissen, bis am Ende die Forderung stand, ihn vor Gericht zu stellen.

Wie andere arabische Despoten auch hatte Mubarak nicht ansatzweise verstanden, welcher Vulkan in seinem Land ausgebrochen war. Im Laufe jahrzehntelanger Amtszeiten, unbehelligt von jeder echten Opposition, haben sie den Kontakt zur Wirklichkeit verloren und geglaubt, durch ein Herrschaftssystem aus Angst und Repression ihre Untertanen in Schach halten zu können. Am 28. Januar äußerte sich Mubarak erstmals öffentlich zu den Unruhen. Die meisten Ägypter hatten erwartet, er würde Selbstkritik erkennen lassen, Fehler einräumen, einen Zeitplan für ernsthafte Reformen benennen. Hätte er das getan, hätte er möglicherweise sein Volk noch erreichen können. Stattdessen hielt er eine an Selbstgefälligkeit und Ignoranz kaum zu überbietende Fernsehansprache, die genau das Gegenteil bewirkte. Muba-

10 Eine Menschenmenge verlangt, Mubarak den Prozess zu machen, Tahrir-Platz, 3. Juni 2011.

rak erklärte, er könne auf keinen Fall zurücktreten, da er allein Garant für Sicherheit und Stabilität sei, das Land andernfalls im Chaos versinken würde.

Ein Witz machte in jenen Tagen die Runde: «Herr Mubarak, Sie müssen heute noch Ihre Abschiedsrede an die Ägypter halten.»

«Wieso? Wo wollen die denn alle hin?»

Doch das Chaos, das zu bekämpfen der Präsident vorgab, hatte das politische System, das er verkörperte, selbst geschaffen. Mubaraks Anhängern fiel, am 2. Februar, nichts Besseres ein, als Reiter auf Pferden und Kamelen auf den Tahrir-Platz zu schicken, wo sie blindwütig auf die Demonstranten einschlugen. Ein geradezu archetypisches Bild: Berittene Schläger, die gegen Bezahlung eine feudale Ordnung zu verteidigen suchen. Der Blutzoll, den die friedlichen Demonstranten zu zahlen hatten, war hoch. Laut Untersuchungsbericht der ermittelnden Justizbehörden eröffneten Polizisten nach Belieben das Feuer, mordeten Scharfschützen von Hausdächern, rasten gepanzerte Polizei-

11 Der Pharao ist weg: Ein Ägypter umarmt einen Soldaten nach dem Rücktritt Mubaraks, 12. Februar 2011.

fahrzeuge in die Menge, folterten Geheimagenten Verdächtige zu Tode, hieben angeheuerte Provokateure mit Macheten auf Demonstranten ein. Landesweit kamen mindestens 846 Menschen zu Tode, darunter 26 Polizisten. Die meisten Opfer hatten Schusswunden im Kopf oder in der Brust. 6467 Menschen wurden verwundet, «sehr viele von ihnen haben Augenverletzungen, Hunderte verloren ihr Augenlicht», heißt es im 400-seitigen Untersuchungsbericht, auf den sich das im April eingeleitete Verfahren gegen Mubarak und seine Söhne maßgeblich stützt.

Fast pathologisch wirkte Mubaraks letzte Fernsehansprache am 10. Februar, die an den Auftritt von Stasi-Chef Erich Mielke in der DDR-Volkskammer im November 1989 erinnerte: «Ich liebe euch doch alle!» Aschfahl verlas Mubarak seine Sicht der Dinge: Er sei der Vater, die Ägypter seine Kinder, die er nie im Stich lassen werde. Am Tag darauf verkündete das Militär Mubaraks Rücktritt.

Der einflussreiche US-Kolumnist Thomas Friedman hielt in der

New York Times verwundert fest, im Verlauf der ägyptischen Revolution sei nicht eine einzige US-amerikanische oder israelische Fahne verbrannt worden. Das gilt auch für Tunesien und die übrigen «Revolutionsstaaten» mit Ausnahme des Jemen. Seit der Zeitenwende weitet sich der westliche Blick auf die Region, weg vom Koran hin zur Generation Facebook. Vielleicht zum ersten Mal genießt die arabische Welt einen «Sympathiebonus». Auf Kosten nicht zuletzt der Islamkritiker, die über Jahre hinweg missionarisch zu vermitteln suchten, Islam und Moderne, Islam und Demokratie gingen nun einmal nicht zusammen. Offenbar doch, wie die Ereignisse vor Ort bezeugen.

Das System opfert den Pharao

Wie geht es nun weiter? Die große Stärke der ägyptischen wie auch der tunesischen Revolution, nämlich ihre Spontanität, ist gleichzeitig auch ihre große Schwäche. In beiden Ländern gibt es keinen Václav Havel, keinen Lech Walesa. Keine glaubwürdigen Führungspersönlichkeiten, die breiten Rückhalt genießen – wie im Fall Polens durch die katholische Kirche und die Gewerkschaftsbewegung Solidarnosc. Ebenso gibt es keine Unterstützung von außen, wie in Osteuropa durch die Europäische Union. In Ostdeutschland standen nach der Wiedervereinigung nahezu unbegrenzte Mittel für Infrastruktur- und Modernisierungsmaßnahmen zur Verfügung. Das alles gilt weder für Tunesien noch für Ägypten. Es fehlen die Grundlagen, das Geld und die Rahmenbedingungen, die Revolution institutionell dauerhaft zu verankern. Die historische Leistung, einen Diktator zu stürzen, ist das Eine. Ein Anderes, die Zeit danach politisch zu gestalten. Rechtsstaatlichkeit, Menschenrechte und Meinungsvielfalt zu garantieren. Demokratisch verfasste Parteien aufzubauen, die nicht auf einen Pascha an der Spitze ausgerichtet sind. Die Gleichberechtigung der Frauen voranzutreiben. Das Verhältnis von Staat und Religion zu klären. Wie die gewaltigen sozialen Gegensätze entschärfen? Korruption und Vetternwirtschaft bekämpfen? Mentalitäten verändern? In der Oberschicht, die gewohnt ist, auf Kosten der Allgemeinheit zu leben? Unter den

Sicherheitskräften, die es als Naturrecht ansehen, jedermann straflos zu foltern, zu prügeln und zu schlagen?

Jahrzehntelang galt in Ägypten ein stillschweigendes Einvernehmen unter den Eliten, den militärischen ebenso wie den zivilen. Politische und wirtschaftliche Macht war grundsätzlich monopolisiert, die jeweiligen «Claims» wurden gegenseitig anerkannt. Das galt selbst für religiöse Führer, Kopten und Muslime gleichermaßen. Mochten sie auch nicht über weltlichen Einfluss oder Reichtum verfügen, so sahen sie sich doch als Vertreter einer überlegenen Moral oder höheren Gerechtigkeit und verlangten Loyalität von ihrer Gefolgschaft. Nun aber geht es darum, bestehende Hegemonien mit den Forderungen einer Zivilgesellschaft in Einklang zu bringen, die Mitsprache verlangt.

Das System Mubarak hatte unter dem Druck der Öffentlichkeit keine andere Wahl, als den Pharao zu opfern. Seinen obersten Repräsentanten. Das System selbst ist aber weder in Ägypten noch in Tunesien entmachtet. Die alten Seilschaften bestehen weiter, und sie werden ihre Privilegien verteidigen. Die Gefahr einer (schleichenden) Konterrevolution ist durchaus real. Auch deswegen, weil die gesellschaftliche Basis für eine neue Ordnung dünn ist. Im Wesentlichen besteht sie aus der Generation Facebook plus den «neuen Dienstleistern». Jener urbanen Mittelschicht, die in den letzten zehn, 15 Jahren vor allem in der IT-Branche zu Wohlstand und Geld gekommen ist. Aus diesem Umfeld rekrutiert sich maßgeblich die viel beschworene «Zivilgesellschaft», auf der in den meisten arabischen Staaten die größten Hoffnungen ruhen. Gemeint ist eine idealtypisch verstandene Gemeinschaft verantwortungsbewusst handelnder Bürger, die, zunächst außerparlamentarisch via Internet oder durch Massenproteste, für Rechtsstaatlichkeit und Demokratie streiten und die Entmachtung des Feudalstaates zugunsten eines leistungswilligen, pragmatisch orientierten Bürgertums vorantreiben. Bislang genießt die Zivilgesellschaft die Unterstützung eines Millionenheeres aus gutwilligen und hoffnungsvollen Armen, deren Begeisterung für den Wandel aber durchaus in Gleichgültigkeit und Enttäuschung umschlagen kann, sollte sich an ihren bescheidenen Lebensverhältnissen nichts ändern.

Letztendlich entscheidet die Armee. Sie ist die Säule des Systems

Mubarak und gleichzeitig das Rückgrat von Staat und Gesellschaft. Und die einzige Institution, die den Zusammenhalt des Landes garantiert. Vor allem aber stellt sie ein veritables Wirtschaftsimperium dar und ist der größte Arbeitgeber überhaupt. Bei den meisten Ägyptern genießt die Armee, überwiegend aus emotionalen Gründen, ein hohes Ansehen. Sie hat in mehreren Kriegen gegen Israel gekämpft und dafür einen hohen Blutzoll entrichtet. Auch hat sie, abgesehen von einigen Spezialkommandos im Rahmen wiederholter Brotunruhen, nie auf das eigene Volk geschossen.

Zu Beginn der Revolution war keineswegs abzusehen, ob sie gegen die Demonstranten vorgehen würde oder nicht. Vermutlich wurde über diese Frage innerhalb des Oberkommandos lebhaft gestritten. Doch spätestens am 28. Januar war die Entscheidung gefallen. Es waren schlicht zu viele Menschen auf den Straßen. Ein Blutbad hätte geradewegs in den Bürgerkrieg führen können. Außerdem wäre ein Schießbefehl möglicherweise von den Truppen missachtet worden, da sich viele Soldaten mit den Demonstranten verbrüdert hatten.

Ohnehin dürften sich die Sympathien der militärischen Führung für Mubarak in Grenzen gehalten haben, wenngleich die Generäle und Offiziere ihm zahlreiche Privilegien verdanken. Doch hatte er gegen ein ungeschriebenes Gesetz verstoßen, wonach der Präsident stets ein General in Zivil sein musste. Stattdessen wollte Mubarak, selbst ein hoch dekorierter Luftwaffengeneral, seinem Sohn Gamal das Präsidentenamt vererben. Vorgesehen war, den studierten Ökonomen über seinen einflussreichen Posten in der Regierungspartei NDP an die Spitze des Staates zu hieven. Als Investmentexperte hatte er bei einer US-Bank in London gelernt, was den Militärs überhaupt nicht gefiel: Schnelle Privatisierung und Liberalisierung, Reformen nach Wall-Street-Muster. Ebenso wenig behagte ihnen die ausfernde Korruption der Minister, die schrankenlose Bereicherung des Mubarak-Clans und dessen undurchsichtige Beteiligungen an US-Firmen – das alles kollidierte mit den Geschäftsinteressen der Militärs.

Nichts geht ohne die Armee

Die enge Verflechtung zwischen Wirtschaft und Armee reicht zurück in die Zeit Nassers, der verdienten Militärangehörigen Führungsposten in der staatlich gelenkten Industrie übertrug. Unter Sadat zog sich die Armee aus der Politik zurück und erwuchs im Gegenzug zur Wirtschaftsmacht, verstärkt nach dem Friedensschluss mit Israel 1979. Die Rüstungswirtschaft wurde zu einem großen Teil auf zivile Produkte umgestellt. Die Armee gründete eine eigene Holdinggesellschaft, die «Organisation für arabische Industrialisierung». Zu den ersten Geschäftspartnern gehörte der US-Autobauer Chrysler, der in den 1980er Jahren Produktionsstätten für Panzer in Fertigungshallen für Autos und Waschmaschinen umfunktionierte.

Gesicherte Informationen über die ägyptische Armee und ihre Wirtschaftsunternehmungen sind rar. Alles, was mit dem Militär zu tun hat, gilt als Staatsgeheimnis. Ägyptens Armee ist die größte der arabischen Welt, doch schwanken die Angaben zu ihrer Truppenstärke zwischen 350 000 und 500 000 Mann. Seit Nasser legt allein der jeweilige Präsident ihr Budget fest, ohne Einbeziehung des Parlaments. Im Staatshaushalt wird es nicht ausgewiesen. Nur ein kleiner Kreis von Eingeweihten kennt seine genaue Höhe und Verwendung. Laut Angaben des Stockholmer Instituts für Internationale Friedensforschung (SIPRI) belief sich der ägyptische Verteidigungshaushalt 2010 auf rund vier Milliarden Dollar. Das ist das höchste Budget in ganz Afrika, aber gemessen an den Rüstungsausgaben Israels (13 Milliarden) und Saudi-Arabiens (38 Milliarden) eine überschaubare Größe. Hinzu kommen noch einmal jährlich eine Milliarde Dollar Militärhilfe aus den USA. Wie in Ägypten allgemein üblich ist auch das Gehalt eines Armeeangehörigen ganz von der Gunst der Vorgesetzten abhängig. Ein Offizier kann 800 Dollar im Monat verdienen – aber auch 50 000.

Die ägyptische Wochenzeitung Al-Yawm as-Sabia schätzt den Jahresumsatz der «Organisation für arabische Industrialisierung» für 2007/08 auf rund 450 Millionen Dollar. Neben dieser Organisation gibt es noch einen zweiten Wirtschaftsgiganten des Militärs, die «Nationale Organisation für Dienstleistungsprojekte». Das Spektrum ihrer Produktions- und Vertriebspalette reicht von Lebensmitteln über Dünger bis zu Industrieanlagen. Gleichzeitig ist das Verteidigungsministerium der größte Grundbesitzer im Land. Ihm gehören ganze Stadtteile in Kairo, fruchtbare Landstriche im Nildelta, weitläufige Küstenlandschaften auf dem Sinai und entlang des Roten Meeres. Das Militär ist der größte einheimische Investor der Tourismusindustrie und dominiert gleichfalls die Baubranche. Umsätze und Gewinn werden in keiner Statistik ausgewiesen. Schätzungen zufolge entfallen zehn bis 40 Prozent des Bruttoinlandsproduktes auf Militärunternehmungen. Die Armee ist, mit anderen Worten, ein Staat im Staat und zahlt – selbstverständlich – keine Steuern.

Für die Militärangehörigen wird gut gesorgt. Die Armee besitzt eigene Kaufhäuser, Krankenhäuser, Clubs, Hotelanlagen und bietet ihren Führungskadern sowie deren Familien eine Rundumbetreuung einschließlich Krankenversicherung und Rente. Gewöhnliche Ägypter können davon nur träumen. Anders als der türkischen Armee, mit der sie nach dem von ihr erzwungen Rücktritt Mubaraks oft verglichen wurde, fehlt ihr jedoch jedwedes politische Projekt, zu schweigen von einer Vision. Die türkische Armee sieht sich als Lordsiegelbewahrer des laizistischen Erbes von Staatsbegründer Kemal Atatürk. Die ägyptische Armee sieht in erster Linie sich selbst und ihre Privilegien. Sie denkt nicht daran, den Staat von Grund auf zu erneuern: die Zivilgesellschaft zu stärken, für soziale Gerechtigkeit einzutreten oder die Demokratie zu fördern. Wer das Land regiert, ist ihr solange egal, wie ihre Geschäftsinteressen nicht berührt werden. Eine aus freien Wahlen hervorgegangene Regierung, die auf die Idee käme, von der Armee Bilanzen und Geschäftsberichte zu fordern oder gar das Finanzamt einzuschalten, würde vermutlich einen Putsch riskieren.

Hinter den Kulissen

Aus Sicht der Armeeführung sind die Demonstranten und Revolutionäre ein lästiges Übel. Sie werden nach Kräften schikaniert und verfolgt, damit endlich wieder Ruhe einkehrt. Gleichzeitig sind die Generäle bereit, Mubarak und führende Vertreter seines Regimes den Gerichten zu überstellen und ihre Vermögen einziehen zu lassen – ein Königsopfer, um die Volksseele zu beruhigen, um Zeit zu gewinnen. Man mache sich keine Illusionen: Nicht Wahlen entscheiden über die Zukunft Ägyptens, ganz gleich, wer sie gewinnt. Die eigentlichen Akteure hinter den parlamentarischen Kulissen bleiben auf lange Zeit a) die Armee, in Zivil oder Uniform, als stärkste Kraft, b) die alte Oberschicht, mit den Militärs ohnehin geschäftlich bestens verbunden, ohne Lust auf Experimente, und schließlich c) handverlesene Juniorpartner, Neureiche und Newcomer aus dem Dotcom/Startup-Umfeld. Diese drei Gruppierungen werden den Rahmen setzen, innerhalb dessen sich eine künftige Regierung bewegt. Welche Freiräume die sich zu erobern vermag, wird wesentlich von dem Engagement, dem Mut und der Entschlossenheit ägyptischer Demonstranten und Revolutionäre abhängen, ihre Rechte wieder und wieder in Form von Massenprotesten einzufordern und sich weder einschüchtern noch entmutigen zu lassen. Andernfalls wird die Armee keine substantiellen Zugeständnisse machen.

Vor diesem Hintergrund wird verständlich, warum der «Hohe Militärrat» eher widerstrebend am 11. Februar die Macht übernahm und zweierlei erklärte. Zum einen würden sämtliche bestehenden und völkerrechtlich bindenden Verträge, namentlich der Friedensvertrag mit Israel, eingehalten. Zum anderen werde man innerhalb kurzer Zeit, die Rede war zunächst von sechs Monaten, die politische Verantwortung an eine gewählte Regierung abgeben. Weniger aus Respekt vor dem Souverän. Doch je länger die Armee im Rampenlicht steht, umso größer wird die Gefahr, dass ihre Schattengeschäfte ebenfalls beleuchtet werden. Gleichzeitig ließ sie keine Eile dabei erkennen, die politischen Forderungen der Revolutionäre umzusetzen. Insbesondere lehnte sie es monatelang ab, die Notstandsgesetze abzuschaffen, und stimmte einer Verfassungsreform nur in Teilen zu.

Die nach der Ermordung Sadats 1981 eingeführten Notstandsgesetze, die in ähnlicher Form in fast allen arabischen Ländern bestehen, erlaubten den Sicherheitskräften, jeden staatsfeindlicher Umtriebe verdächtigten Untertan, im Klartext jeden Oppositionellen und Regierungskritiker, ohne Anklage und zeitlich unbefristet zu verhaften. Ausdrücklich waren Demonstrationen und politische Versammlungen untersagt. Die Tätigkeit von Nichtregierungsorganisationen wurde eingeschränkt, finanzielle Unterstützung aus dem Ausland durften sie nicht annehmen. Die Zensur war gesetzlich sanktioniert. Offiziell dienten die Notstandsgesetze der Bekämpfung des Terrorismus und richteten sich in erster Linie gegen radikale Islamisten. Tatsächlich aber waren der Willkür keinerlei Grenzen gesetzt, konnte jeder ins Visier der berüchtigten «Mabahith Amn ad-Dawla» («Untersuchungen der Staatssicherheit», SSI), der ägyptischen Stasi, geraten. Bis zu 30 000 Menschen wurden unter Maßgabe der Notstandsgesetze ins Gefängnis geworfen, auch nach der Revolution blieben Tausende zunächst inhaftiert.

Die SSI, die dem Innenministerium unterstand, errichtete ein wahres Terrorregime mit geheimen Friedhöfen, auf denen ermordete Oppositionelle verscharrt wurden, mittelalterlich anmutenden Folterzellen und Verliesen in eigenen Gefängnissen. Oft wurden Verdächtige auf offener Straße gekidnappt. Es dürfte keinen Gefangenen der SSI gegeben haben, der nicht brutal gefoltert worden wäre. Zu den Routinepraktiken bei Verhören gehörte der sexuelle Missbrauch. An vielen ägyptischen Universitäten bestimmten Offiziere der SSI, welcher Hochschullehrer eingestellt oder gefeuert, wer Dekan und wer Rektor wurde, welche Studenten zur Prüfung zugelassen wurden und welche nicht. Genau wie die Stasi verfügte auch die SSI über ein landesweites Netz an Spitzeln und Informanten, das bis in die höchsten Kreise der Gesellschaft reichte. Dazu zählten religiöse Führer, Schauspieler, Chefredakteure, Fernsehmoderatoren, vermeintliche Oppositionsführer. Die Machenschaften der SSI waren bekannt und wurden von Menschenrechtsgruppen auch dokumentiert. Das Thema in die Öffentlichkeit zu tragen, blieb aus naheliegenden Gründen ein Tabu. Ausgebildet wurden die SSI-Agenten hauptsächlich vom amerikanischen FBI, das mit der ägyptischen Stasi eng zusammengearbeitet hat, verstärkt nach dem 11. September 2001.

Aus Sorge, die SSI könnte sie belastende Dokumente vernichten, stürmten aufgebrachte Demonstranten in der Nacht vom 4. auf den 5. März landesweit die regionalen Hauptquartiere der Geheimpolizei. Nicht anders als die ostdeutschen Demonstranten, die am 15. Januar 1990 die Stasi-Zentrale in Berlin in Besitz nahmen. Tatsächlich hatte der letzte Chef der SSI, General Hassan Abd ar-Rahman, Befehl gegeben, sämtliche Akten zu schreddern, was die Demonstranten verhinderten. Wie die Ägypter mit dieser Vergangenheit umgehen, ob sie ihrerseits eine «Gauck-Behörde» einrichten, die Verantwortlichen vor Gericht stellen oder eine Amnestie erlassen, möglicherweise eine Versöhnungskommission nach südafrikanischem Vorbild einrichten, bleibt abzuwarten. Am 15. März wurde die SSI vom Innenministerium aufgelöst, doch ist eine Neugründung unter anderem Namen und mit anderen Befugnissen geplant.

Aufgrund der sichergestellten Dokumente wurde Mubaraks langjähriger Innenminister Habib al-Adli verhaftet. Er soll die Polizei angewiesen haben, auf die Demonstranten am Tahrir-Platz zu schießen. Darüber hinaus wird ihm Geldwäsche im großen Stil vorgeworfen. Ferner hat er angeblich die Wahlmanipulationen unter Mubarak beaufsichtigt und koordiniert. Zu den Anklagepunkten der Staatsanwaltschaft gehört auch, dass er in der Ära Mubarak wiederholt Terroranschläge veranlasst haben soll, um die Spannungen zwischen Muslimen und Kopten, den ägyptischen Christen, anzuheizen.

Dieses Herrschaftsinstrument, ethnische oder religiöse Konflikte gewaltsam zu schüren, ist eines der ältesten überhaupt. In der Neujahrsnacht 2011 explodierte in einer koptischen Kirche in Alexandria eine Bombe, die 22 Menschen tötete und Dutzende verletzte. Der Anschlag sorgte weltweit für Empörung und Entsetzen. Zahlreiche westliche Politiker brachten ihre Besorgnis über die Lage der Christen in der islamischen Welt zum Ausdruck. Die Staatsanwaltschaft beschuldigt Habib al-Adli, den Anschlag in Auftrag gegeben zu haben.

Die Übergangsregierung enttäuscht

Anders als von den Revolutionären gefordert, war der «Hohe Militärrat» nicht bereit, die viel kritisierte Verfassung von 1971 abzuschaffen und durch eine neue zu ersetzen. Stattdessen setzte er eine zehnköpfige Expertenkommission ein. Sie empfahl Veränderungen an acht Artikeln, die am 19. März en bloc mit der gesamten Verfassung in einer Volksabstimmung bestätigt wurden. Der umstrittene Artikel zwei, der die Scharia als wesentliche Quelle der Gesetzgebung benennt und Ägypten als einen islamischen Staat definiert, blieb unangetastet. Die praktische Bedeutung des Artikels ist gering, da die Scharia ausschließlich im Bereich des Familien-, Ehe- und Erbrechtes unter Muslimen gilt. In allen anderen Fällen kommt das Zivilrecht zur Anwendung, das sich stark am französischen Code Civile orientiert. Dennoch ist der Artikel ein Affront gegen die Kopten und gegen säkular eingestellte Muslime. Offenbar war es den Militärs zu heikel, dieses Thema anzugehen.

Die wichtigste Änderung betrifft Artikel 77, der die Amtszeit des Präsidenten auf maximal zwei Legislaturperioden und somit acht Jahre begrenzt. Gleichzeitig werden seine Machtbefugnisse stark beschnitten – Mubarak ernannte den Ministerpräsidenten, die Minister, Gouverneure, Richter in führenden Positionen, Offiziere, Generäle und hatte ein Vetorecht bei allen Gesetzen. Überdies konnte er per Dekret regieren und das Parlament ohne Angabe von Gründen auflösen.

Besonders kritisiert wurde Artikel 75. Darin heißt es, dass niemand für das Präsidentenamt kandidierten darf, der mit einer Nichtägypterin verheiratet ist. Der Artikel richtet sich eindeutig gegen die Oppositionsbewegung, in deren Reihen viele Aktivisten ausländische Ehefrauen haben. Als problematisch galt auch, dass laut Artikel 189 erst Parlamentswahlen erfolgen und dann, in einem zweiten Schritt, eine verfassungsgebende Versammlung einberufen wird. Die Oppositionsbewegung hätte es lieber anders herum gesehen. Sie fürchtet, dass vor allem die Reste der Mubarak-Partei NDP und die Muslimbrüder gut aufgestellt bei den Wahlen antreten und anschließend die Verfassung in ihrem Sinn zu beeinflussen suchen.

12 Fünf Frauen zeigen ihre mit Tinte gekennzeichneten Daumen nach ihrer Teilnahme am Referendum über die Verfassungsänderungen, Kairo, 19. März 2011.

Trotz aller Einwände stimmten die Ägypter mit 77,2 Prozent der Stimmen mit «Ja». Teilweise stellten sie sich stundenlang an, um beim ersten Referendum ihrer Geschichte dabei zu sein. Gleichwohl nahmen nur 14,1 von 45 Millionen Wahlberechtigten an der Abstimmung teil, nicht einmal jeder dritte. Sicher ein erster Hinweis, dass die Mühen der politischen Ebene bei vielen Revolutionären dem Broterwerb und der Sorge um die eigene Familie weichen mussten. Die Untersuchung der Wahlergebnisse ergab, dass vor allem Gebildete und Bessergestellte gegen die Verfassungsreform gestimmt hatten, weil sie ihnen nicht weit genug ging. Darunter auch die Präsidentschaftskandidaten Amr Mussa, langjähriger Generalsekretär der Arabischen Liga, und Mohammed al-Baradei, der ehemalige Chef der internationalen Atomenergiebehörde IAEA.

Wie gut das System Mubarak auch ohne Mubarak auskommt, hat

das Militär hinlänglich bewiesen. Ein Beispiel von vielen: Rami Issam. Der 23-jährige Student und Sänger ist ein typischer Vertreter der Generation Facebook. Er komponierte den Song «Irhal», der zur inoffiziellen Hymne der Revolution wurde und auf YouTube mehr als eine halbe Million Mal aufgerufen wurde. Mitte März geriet Rami Issam in die Fänge der Armee, wie er dem Nachrichtensender Al-Jazeera erzählte: «Ich war unterwegs zu einem Konzert in der Innenstadt. Auf dem Tahrir-Platz wurden Passanten von Soldaten angegriffen. Ich bin da hin, um zu sehen, was los ist. Die Soldaten schlugen auf die Leute ein, begleitet von einer Gruppe Halbstarker, die nach Belieben Menschen aus der Menge herausgriffen. Erst wurden die Leute verprügelt, dann verhaftet. Ich auch. Ich versuchte Ruhe zu bewahren und auf der Verhörstation mit ranghohen Soldaten zu reden. Sie befand sich ausgerechnet im Nationalmuseum. Kaum hatte unsere Gruppe das Museum betreten, schlugen die Soldaten wie von Sinnen auf uns ein. Vier Stunden lang. Sie zogen uns aus, misshandelten uns mit Teaser-Pistolen und versetzten uns massive Stromschläge. Meine zu einem Pferdeschwanz gebundenen Haare schnitten sie mir ab. Als ich am Boden lag, sprang mir ein Offizier mit beiden Füßen ins Gesicht.»

Am 9. April hatten sich erneut Tausende Demonstranten auf dem Tahrir-Platz versammelt und verlangten, Mubarak und seiner Familie endlich den Prozess zu machen, die Demokratisierung zu beschleunigen. Die Armee ließ den Platz gewaltsam räumen und schoss in die Menge, zwei Menschen wurden getötet. Der koptische Blogger Michael Nabil Sanad schrieb daraufhin, der «Hohe Militärrat» und die Armee stünden nicht auf Seiten der Revolution, sondern führten die Gewaltherrschaft Mubaraks mit alten Methoden fort: Massenverhaftung, Folter, Einschüchterung. Daraufhin wurde er von einem Militärgericht wegen Beleidigung der Armee zu drei Jahren Gefängnis verurteilt. Tausende Oppositionelle sind allein in den ersten beiden Monaten nach dem Sturz Mubaraks von Militärgerichten abgeurteilt worden, meist in Schnellverfahren. Auf dem Tahrir-Platz demonstrierende Frauen wurden verhaftet und in einer demütigenden Prozedur medizinisch darauf untersucht, ob sie noch Jungfrauen seien. Waren sie keine mehr und nicht verheiratet, wurden sie wegen «Unmoral» angezeigt.

Gleichwohl ließ die Armee die Anklageerhebung gegen Husni Mubarak und seine beiden Söhne zu. Ein Königsopfer, wie erwähnt. Im Gegensatz zu den Demonstranten müssen sie sich nicht vor einem Militär-, sondern vor einem Zivilgericht verantworten. Zu den Hauptvorwürfen gehören Korruption und die Todesschüsse auf Demonstranten.

Erst wird es schlimmer, dann besser?

Während eine Partei nach der anderen entsteht und die Generation Facebook die Errungenschaften der Revolution verteidigt, wartet die überwiegende Mehrzahl der Ägypter erst einmal ab. Zu den größten Problemen gehört die immer wieder aufflammende Gewalt zwischen Christen und Muslimen, die zumindest teilweise von den rund 200 000 mittlerweile arbeitslosen Schlägern des Mubarak-Regimes zu verantworten ist. Bestimmte, meist ärmere Stadtteile Kairos wie Embaba oder Bulaq galten zeitweise als zu gefährlich, um sie als Fremder zu betreten. Die Kriminalität ist sprunghaft angestiegen. Die ägyptische Wirtschaft ist im ersten Halbjahr 2011 um die Hälfte eingebrochen, im Staatshaushalt klaffen Rekordlöcher. Ohne Milliardenkredite aus den Golfstaaten und vom Internationalen Währungsfonds wäre das Land zahlungsunfähig geworden. Der Tourismus, einer der wichtigsten Devisenbringer, ist 2011 fast zum Erliegen gekommen. Das alles sind vorübergehende Probleme und Engpässe. Aber sie zeigen doch, dass eine Revolution ihren Preis hat.

Ähnlich schwierig gestaltet sich der Neuanfang in Tunesien. Dort allerdings hatte die Militärführung dem Präsidenten schon frühzeitig die Unterstützung entzogen. Die tunesische Armee, gerade einmal 30 000 Mann stark, hatte einige Rechnungen offen mit Ben Ali. Er hatte sie zugunsten der verschiedenen Geheim- und Sicherheitsdienste marginalisiert und ihrer Führung nicht ansatzweise die Privilegien gewährt, die Offiziere und Generäle in Ägypten oder Algerien genießen. Drei Tage nach der Flucht BenAlis nach Saudi-Arabien nahm am 17. Januar eine Übergangsregierung in Tunis die Arbeit auf. Da sie zur

Hälfte aus ehemaligen Ministern Ben Alis bestand und dessen Premierminister nunmehr zum Präsidenten aufgerückt war, gingen die landesweiten Proteste weiter. Die meisten Weggefährten Ben Alis traten daraufhin zurück. Doch die Übergangsregierung blieb schwach und instabil. Auch in Tunesien hielt man es für besser, erst zu wählen und dann eine Verfassung auszuarbeiten. Wie die gewaltigen Probleme des Landes lösen, vor allem die wirtschaftlichen? Darauf weiß im Augenblick noch niemand eine Antwort.

Zu den wichtigsten Errungenschaften der tunesischen Revolution gehört die Auflösung und Abschaffung von Staatssicherheit und Politischer Polizei im März. Zeitgleich wurde die RCD, die Regierungspartei Ben Alis (Demokratische Konstitutionelle Versammlung), aufgelöst, ihr Vermögen eingezogen. Viel Zeit und Energie wurde aufgewendet, um die Konten der Präsidentenfamilie im In- und Ausland aufzuspüren und nach Möglichkeit einzufrieren sowie deren mafiöse Verwandtschaft aus Führungspositionen zu entfernen. Dennoch bleibt die Gefahr einer Konterrevolution auch in Tunesien bestehen. Vor allem in der Wirtschaft finden sich noch immer zahlreiche gut vernetzte Vertreter des Ancien Régime.

LIBYEN.
GHADDAFI UND DIE FOLGEN

Es hätte ein Gesetz der Serie werden können. Im Januar 2011 stürzt das Regime Ben Ali in Tunesien, im Februar folgt Mubarak in Ägypten, im März Ghaddafi in Libyen. Doch leider kam es anders, wurde Libyen zum Fanal der Gegenrevolution. Ein Fanal, aus dem andere Regime ihre Lehren zogen, im Jemen ebenso wie in Bahrain und Syrien: Wer an der Macht bleiben oder sie um jeden Preis verlängern will, muss Krieg führen gegen sein eigenes Volk.

Eine Woche nach Mubaraks Sturz, am 17. Februar, begann der Aufstand der libyschen Bevölkerung gegen Machthaber Muammar al-Ghaddafi, in der östlichen Provinz Cyrenaika. Zentrum war zunächst die Küstenstadt Al-Bayda, kurz darauf kam es auch in Tobruk und Bengasi, der größten Stadt im Osten des Landes, zu Massenprotesten und Demonstrationen. Die Unruhen setzten sich im Westen fort, vor allem in der Hafenstadt Misrata und sogar in Randbezirken der Hauptstadt Tripolis. Anders als in Tunesien und Ägypten gingen die Sicherheitskräfte sofort mit Panzern und Elitetruppen gegen die Demonstranten vor und versuchten die Erhebung militärisch niederzuschlagen. Stattdessen aber führte die Eskalation zum offenen Krieg zwischen Anhängern und Gegnern des Ghaddafi-Regimes. Hatte es zunächst den Anschein, den Aufständischen könnte der Durchmarsch bis nach Tripolis gelingen, schlug das Regime nach einer kurzen Phase der Verwirrung und Desorientierung mit äußerster Brutalität und Entschlossenheit zurück. Ghaddafi konnte offenbar nicht fassen, dass sein Volk sich gegen ihn erhebt. Die Bilder, die ihn mit Regenschirm im Golf Caddie zeigen, wenig später seine Fernsehansprache vor schlecht

13 Der Mann mit dem Schirm: Ghaddafi im libyschen Staatsfernsehen am 22. Februar 2011.

beleuchteter Ruinenkulisse, in der er immer wieder «Thawra! Thawra!» mehr brüllt als ruft, die Hände zur Faust geballt («Revolution! Revolution!»), sind gleichermaßen Ikonographie einer untergehenden Diktatur und Menetekel einer mit Wahnsinn gepaarten Allmachtsphantasie. Wenn ich untergehe, geht mein Land mit mir unter.

Ratten in der Wüste

Die Aufständischen wurden bis in die Vororte Bengasis zurückgeworfen. Ghaddafi drohte, «die Ratten» auszurotten und die Bewohner der Stadt Haus für Haus zur Rechenschaft zu ziehen. Um ein absehbares Massaker abzuwenden, verabschiedete der Sicherheitsrat der Vereinten Nationen am 17. März die Resolution 1973. Darin stellte er im Einklang mit der Arabischen Liga fest, dass die libyschen Behörden die Resolution 1970 vom 26. Februar ignoriert hätten, namentlich die

14 Graffiti in Bengasi, der Hochburg der Aufständischen, aufgenommen am 11. Mai 2011.

Aufforderung, die Zivilbevölkerung zu schützen. Gleichzeitig verurteilte der Sicherheitsrat die systematischen Verletzungen der Menschenrechte unter Ghaddafi: willkürliche Verhaftungen, Verschleppung, Folter, Vergewaltigungen, standrechtliche Hinrichtungen. Das bereits verhängte Waffenembargo wurde um eine Flugverbotszone ergänzt. Die Resolution 1973 ermächtigte die Mitgliedstaaten der Vereinten Nationen, «alle notwendigen Maßnahmen» zum Schutz der Zivilbevölkerung zu ergreifen. Noch in der Nacht zum 18. März bombardierten französische und britische Flugzeuge erstmals Stellungen von Ghaddafis Truppen und verhinderten deren Einmarsch in Bengasi. Im Verlauf monatelanger Luftangriffe versuchte die Nato unter symbolischer Beteiligung Katars, die militärische Infrastruktur Ghaddafis so weit wie möglich auszuschalten. Gleichzeitig stießen die Aufständischen immer wieder in Richtung Westen vor, entlang der Küstenstraße, wurden zurückgeworfen, stießen erneut vor – ein Katz-und-Maus-Spiel, bei dem die Aufständischen über die bessere Moral, die Truppen

Ghaddafis aber über die besseren Waffen verfügten. Im Verlauf der Kämpfe starben mehr als 12 000 Menschen. Rund 800 000 Ausländer, überwiegend afrikanische und asiatische Wanderarbeiter, flüchteten aus Libyen.

Als einziger Nato-Staat hatte sich Deutschland im Uno-Sicherheitsrat bei der Abstimmung über Resolution 1973 der Stimme enthalten und damit für erhebliche Irritationen unter den Verbündeten gesorgt. Nicht einmal an der Überwachung zur Einhaltung des Waffenembargos mochte sich Berlin beteiligen und zog seine Fregatten aus dem entsprechenden Einsatzgebiet im Mittelmeer zurück. Für die Bundesregierung ein diplomatisches Desaster, das sich in erster Linie der Unentschlossenheit und Fehleinschätzung des Außenministers verdankte. Er hatte gehofft, Russland oder China würden bei der Abstimmung ihr Veto einlegen. Kurz vor den Landtagswahlen in Baden-Württemberg und Rheinland-Pfalz mochte die Bundesregierung überdies keinen bei den Wählern unpopulären Kriegseinsatz befürworten.

Libyen ist ein Wüstenstaat, fünfmal größer als Deutschland. Doch nur drei Prozent der Fläche sind landwirtschaftlich nutzbar, überwiegend entlang des Küstenstreifens am Mittelmeer. Dort leben die meisten der rund sechs Millionen Einwohner. Neben Algerien verfügt Libyen über die wichtigsten Erdöl- und Erdgasvorkommen in Nordafrika. Ähnlich wie der Jemen ist Libyen ein ausgeprägter Stammesstaat. Der Wüstencharakter des Landes erklärt, warum die beduinische Lebensweise bis weit ins 20. Jahrhundert hinein dominierte. Seit Menschengedenken prägen Stämme das soziale und politische Gefüge im Land. Heute gibt es rund 140 einflussreiche Stämme und Großfamilien, von denen unter Ghaddafi aber nur ein kleiner Teil im Machtapparat vertreten war. Die gesellschaftlichen Rahmenbedingungen unterscheiden sich somit grundlegend von denen in Tunesien und Ägypten. Eine Avantgarde wie die Generation Facebook, eine Zivilgesellschaft gar, war in Libyen nur in Ansätzen vorhanden. Die Unterdrückung der Bevölkerung hatte eine ganz andere Dimension.

Die Vergangenheit lebt weiter

Der Name «Libyen» leitet sich vom altägyptischen Wort «Lebu» ab, das ursprünglich die Berberstämme westlich von Ägypten bezeichnet. Um 2000 vor Christus begannen sie die Region zu besiedeln. 1000 Jahre später gründeten die Phönizier entlang der Westküste des heutigen Libyens erste Siedlungen, darunter Sabratha, Leptis Magna und Oia, den Vorläufer von Tripolis. Daher die Bezeichnung «Tripolitanien», «Drei-Städte-Land». 814 folgte Karthago, das sich zur führenden Handelsmacht im westlichen Mittelmeer und zum Rivalen Roms entwickelte. Fast zeitgleich kamen von Kreta aus Griechen ins Land und gründeten um 630 mehrere Städte, darunter Cyrene an der Ostküste. Ihr Herrschaftsbereich, den sie Cyrenaika nannten, geriet aber schnell unter den Einfluss Ägyptens. 146 zerstörte Rom Karthago. Das fruchtbare Tripolitanien wurde ebenso wie die Cyrenaika fortan von Rom beherrscht. Mit der Teilung des Römischen Reiches 395 nach Christus wurde auch Libyen aufgeteilt. Die westliche Hälfte verblieb bei Rom, der Osten fiel an Byzanz. Ungeachtet der nachfolgenden Islamisierung und mehr als 1500 weiteren Jahren Geschichte blieb der Gegensatz zwischen Tripolitanien und der Cyrenaika bestehen. Der Westen orientierte sich eher am Maghreb, der Osten an Ägypten, vereinfacht gesagt. Italien, das in Libyen seit 1911 Siedlungskolonialismus betrieb, ähnlich dem französischen Vorgehen in Algerien, machte das Land 1934 offiziell zu seiner Kolonie und entwickelte Tripolis zu einer Wirtschaftsmetropole. Der libysche Freiheitsheld Omar Mukhtar hatte in der Cyrenaika, dem traditionelleren, tief im Islam verwurzelten Landesteil, den Widerstand organisiert, bis er 1931 von den Italienern ergriffen und hingerichtet wurde. 20 Jahre später schlossen sich die drei seit dem 15. Jahrhundert autonomen Provinzen Tripolitanien, Cyrenaika und Fezzan, eine dünn besiedelte Wüstenregion im Süden, im nunmehr unabhängigen Libyen zusammen.

Es ist kein Zufall, dass der Aufstand gegen Ghaddafi in Al-Bayda begann und die Frontlinie lange Zeit entlang der Grenzgebiete der Cyrenaika mit Tripolitanien verlief. Die Erklärung liegt in der Geschichte.

1837 begründete der aus Algerien stammende Wanderprediger Mohammed as-Sanussi (1787–1859) in Mekka die Sanussi-Bruderschaft, eine puritanische Erweckungsbewegung. Sechs Jahre später folgte die erste Ordensniederlassung in der Cyrenaika, in Al-Bayda, damals eine entlegene und rückständige Provinz im Osmanischen Reich fernab jeder Zentralmacht. Durch den Fleiß und die straffe Organisation der Bruderschaft entstanden in der Folgezeit 80 weitere Niederlassungen allein in der Cyrenaika, später auch in Ägypten und weiter bis nach Timbuktu. Die guten Beziehungen zu den lokalen Stämmen und der wachsende Einfluss der Bruderschaft sorgten für Unruhe im fernen Konstantinopel. 1895 vertrieb die osmanische Armee die Sanussis aus Al-Bayda. Unter Führung von Mohammed as-Sanussi (1859–1902), dem Sohn des Ordensgründers, errichteten sie in der Oase Al-Jaghbub, rund 500 Kilometer südöstlich von Al-Bayda, einen Ordensstaat, der auf dem Höhepunkt seiner Macht um die Jahrhundertwende die gesamte Ostsahara dominierte. Den Italienern gelang es nicht, den Einfluss der Sanussis zu brechen. Nach der Unabhängigkeit Libyens setzten die Briten 1951 Mohammed Idris as-Sanussi (1890–1983), den Enkel des Ordensgründers, als König ein. Bis zu dessen Sturz am 1. September 1969 durch einen Militärputsch Ghaddafis war Al-Bayda die Hauptstadt Libyens. Die Flagge der heutigen Aufständischen ist die der Monarchie. Weniger aus Nostalgie, vor allem als Abgrenzung zum libyschen Staatsapparat, der mit dem Ghaddafi-Clan eins geworden war.

Zur Verklärung der Vergangenheit besteht kein Anlass. Zur Zeit der Monarchie betrug die Analphabetenquote 94 Prozent, die Kindersterblichkeit lag bei 40 Prozent, im ganzen Land gab es keinen einheimischen Arzt. Libyen galt als einer der ärmsten Staaten der Welt. Haupteinnahmequelle war der Verkauf von Altmetall, das aus der Zeit der Panzerschlachten im Zweiten Weltkrieg vor allem in der Region um Tobruk reichlich vorhanden war. Die Machtbasis der Sanussis beruhte wesentlich auf ihren guten Beziehungen zu den Stämmen in der Cyrenaika und ihrer selbstverliehenen Autorität als religiöse Führer. Gleichzeitig sahen sie sich als Mittler zwischen den Stammeschefs und den städtischen Notabeln. Der Beginn der Erdölförderung Anfang der 1960er Jahre leitete den Untergang der Monarchie ein. Anders als seine Amtskollegen in den Golfstaaten hatte König Idris keinerlei Vision, Libyen zu entwickeln. Stattdessen festigten sich Korruption und Vetternwirtschaft, wovon in erster Linie Seilschaften und Netzwerke im Osten des Landes profitierten. In der Bevölkerung kam vom neuen Ölreichtum kaum etwas an.

Der Einfluss der Stämme

Als sich Oberst Muammar al-Ghaddafi 1969 an die Macht putschte, war er gerade einmal 27 Jahre alt. Das Volk bejubelte ihn wie einen Messias. Der glühende Verehrer Gamal Abdel Nassers versprach soziale Gerechtigkeit und suchte die Stammesstrukturen zunächst mit Hilfe der schon etwas angestaubten Ideologie des arabischen Nationalismus zu überwinden. Aus diesem Grund verlegte er auch die Hauptstadt nach Tripolis. Doch aller revolutionären Rhetorik zum Trotz hat seine mehr als vierzigjährige Herrschaft wenig mehr bewirkt, als die Stämme in der Cyrenaika weitgehend zu entmachten und stattdessen die in Tripolitanien aufzuwerten. Vor allem auf drei Stämme stützte Ghaddafi seine Macht:

Die Ghaddafa, ein kleiner Stamm, der im 19. Jahrhundert aus der Cyrenaika in das Gebiet um die Küstenstadt Sirte östlich von Tripolis emigrierte.

Die Warfalla, mit rund einer Million Angehöriger der größte Stamm in Libyen. Sein Haupteinzugsgebiet liegt südlich von Tripolis.

Die Magarha, die in der Region um Sebha angesiedelt sind, dem wirtschaftlichen und politischen Zentrum des Fezzan. Aus ihren Reihen kamen die Attentäter, die 1988 einen Sprengsatz an Bord eines Pan Am-Linienfluges deponierten. Die Explosion brachte das Flugzeug über dem schottischen Ort Lockerbie zum Absturz.

Ghaddafi verstaatlichte die Erdölindustrie und verschrieb sich einem anti-imperialistischen, anti-kolonialen Kurs. Gleichzeitig suchte er die arabische Welt unter seiner Führung zu einen, doch ohne Erfolg. 1977 ersetzte er die Arabische Republik Libyen durch die «Jamahiriya», eine neue arabische Wortschöpfung, sinngemäß «Republik der

Volksmassen». Der vollständige neue Name des Landes lautete gar «Große Libysche Arabische Sozialistische Republik der Volksmassen». Offiziell lag nunmehr alle Macht beim Volk, vertreten im «Allgemeinen Volkskongress», dessen Generalsekretär Ghaddafi zunächst war. 1979 trat er von allen politischen Ämtern zurück und entwickelte seine «Dritte Universaltheorie», eine vermeintliche Alternative zu Kommunismus und Kapitalismus, festgehalten im «Grünen Buch», einer kruden Mischung aus Vulgärmarxismus, Denkversuch und Poesiealbum. Darin behauptete er etwa, Demokratie sei Betrug am Volk, Parteien manipulierten ihre Wähler, Unternehmer seien Schmarotzer. Landesweit entstanden «Volkskongresse» und «Revolutionskomitees», vermeintliche Sprachrohre des Volkswillens, in Wirklichkeit aber Stasi-ähnliche Überwachungs- und Unterdrückungsapparate. In der «Jamahiriya» wurden fast alle staatlichen Institutionen abgeschafft, weil das Volk sich ja angeblich selbst regierte und verwaltete. Jenseits von Propaganda war die «Jamahiriya» jedoch wenig mehr als das Herrschaftsinstrument eines einzigen Stammes, der Ghaddafa, mit Ghaddafi und seinem Clan an der Spitze. Das erklärt, warum der Aufstand gegen sein Regime sofort zum Krieg führte, anders als in Tunesien und in Ägypten. Dort gab es Institutionen und staatliche Strukturen, die den jeweiligen Diktator überlebten und den Neuanfang begleiteten. Nicht so in Libyen. Das System Ghaddafi war ebenso wenig wie die «Jamahiriya» zu reformieren oder zu erneuern. Libyen war Ghaddafi. Es gab keine Parteien, kein Parlament, keine unabhängige Justiz, keine Verfassung, keine Gewaltenteilung, keine Meinungsfreiheit, keine Gewerkschaften, keine geheimen Wahlen, nicht einmal auf lokaler Ebene – nichts dergleichen. Es gab allein die Akklamation, die bedingungslose Unterwerfung unter den «Volkswillen», verkörpert von Ghaddafi. Ein demokratischer Neuanfang Libyens setzte die Zerstörung dieses Systems voraus. Die Vorstellung, die Oppositionellen hätten sich mit Ghaddafi an einen runden Tisch setzen sollen/können, um eine friedliche Lösung des Konflikts herbeizuführen, ist bestenfalls naiv. Aus der Perspektive eines Stammeskriegers wie Ghaddafi gibt es nur Freund oder Feind. Und der Feind wird vernichtet.

Die Machtkonzentration in den Händen Ghaddafis und seiner

15 Aus glücklichen Tagen: Ghaddafi umgeben von seinen Söhnen Saif al-Islam (rechts) und Saadi (links).

Günstlinge stieß auf Ablehnung und Widerstand. In den 1980er und 1990er Jahren kam es wiederholt zu Putschversuchen. Daraufhin gründete Ghaddafi eigene Milizen, eingeschworen auf seine Person und besser ausgestattet als die Armee. Ihre einzige Aufgabe bestand darin, Revolten und oppositionelle Bewegungen niederzuschlagen. Rekrutiert wurden sie fast ausschließlich aus Ghaddafis Stamm, den Ghaddafa, angeführt von seinen Söhnen. Loyalität wurde entweder erkauft oder erzwungen. Als 1993 Offiziere aus dem Warfalla-Stamm erfolglos gegen ihn putschten, zwang er die Warfalla, die Putschisten eigenhändig hinzurichten. Andernfalls würden sämtliche Warfalla ihre Jobs in der staatlichen Verwaltung verlieren, dem größten Arbeitgeber.

Mit Einführung der «Jamahiriya» untersagte Ghaddafi jede Form von Privatwirtschaft, die schon 1973 stark eingeschränkt worden war. Mehr als 100 000 Libyer verließen daraufhin das Land, fast die gesamte schwach ausgeprägte Mittelschicht. Mit den Geschäftsleuten gingen auch die Intellektuellen. Libyen wurde geistig zur Wüste. Obwohl es nicht an Geld fehlte, wurden unter Ghaddafi nur fünf Prozent des Bruttoinlandsproduktes in Bildung investiert, in Schulen und Universitäten. Ghaddafi, selbst ein Emporkömmling aus einfachen Verhältnissen, sah in der Zivilgesellschaft ganz offenkundig ebenso eine Bedrohung wie in gebildeten und kultivierten Menschen. Gleichzeitig schottete er das Land nach außen hin ab. Für Journalisten und Wissenschaftler war es fast unmöglich, ein Visum zu erhalten – sofern sie nicht zu «Internationalen Symposien» über das Buch der Bücher, die «Dritte Universaltheorie», geladen wurden oder geneigt waren, über die alljährlichen Jubelfeiern am 1. September zu berichten, in Erinnerung an Ghaddafis Machtergreifung. Neben dem Irak unter Saddam Hussein war Libyen unter Ghaddafi die furchtbarste arabische Diktatur, auch und vor allem wegen der unheiligen Allianz aus Dummheit und Brutalität.

Der Selbstmord des Astronauten

Ghaddafi, getrieben von Größenwahn, zeigte sich gerne in operettenhaften Phantasieuniformen und sah sich vor Beginn des Aufstands allen Ernstes in einer Liga mit Politikern von Weltrang wie Mikhail Gorbatschow oder Nelson Mandela. 1996 versuchte er sich auch als Schriftsteller. In seinem Roman mit dem Titel «Das Dorf, das Dorf, die Erde, die Erde und der Selbstmord des Astronauten» thematisierte er die Einsamkeit eines ungenannt bleibenden Staatschefs. Nachdem der vom Dorf in die Stadt zieht, verliert er seine Wurzeln, die Bodenhaftung und die Tradition, neigt stattdessen zu Ängsten und Depressionen. Der Astronaut, Sendbote einer fernen Galaxie, der sich unverhofft in der Romanhandlung wiederfindet, ist empört über das Ungemach, dem sich der Staatschef ausgesetzt sieht, und begeht, verzweifelt, entsetzt über dessen Lage, Selbstmord. Das Werk lag keine zwei Wochen in den wenigen libyschen Buchhandlungen aus, dann wurde es auf Veranlassung des Autors aus dem Verkehr gezogen und seine Lektüre untersagt.

Das Verbot der Privatwirtschaft traf die Sanussis in der Cyrenaika schwer, versierte Unternehmer und Großhändler, die dadurch ein zweites Mal entmachtet wurden. Hier liegt einer der Gründe, warum der Osten Libyens in der Folgezeit eine Hochburg radikaler islamistischer Bewegungen wurde, die nach 1995 wiederholt mit Waffengewalt gegen

Ghaddafi vorgegangen sind und sein Regime ernsthaft gefährdeten. Darunter befanden sich auch Aktivisten, die in den 1980er Jahren in Afghanistan gegen die Sowjets gekämpft hatten, zum Teil an der Seite von Osama bin Laden. Erst im Windschatten des 11. September 2001 gelang es Ghaddafi, den islamistischen Widerstand gegen seine Herrschaft endgültig niederzuschlagen.

Nachdem Ghaddafi die arabische Welt nicht zu einen vermochte, wandte er sich in den 1980er Jahren Afrika zu und propagierte eine «Afrikanische Union», gerne unter seiner Führung. Geld hatte er genug, um sich die Gunst vor allem der Sahelstaaten zu erkaufen. Parallel richtete er in Tripolis 1982 ein «Anti-Imperialistisches Zentrum» ein, das bald schon im Ruf einer Schaltzentrale des internationalen Terrorismus stand. Libysche Agenten trainierten Rebellen in Südostasien, Afrika und Lateinamerika. Aber auch die irische IRA erhielt Waffen und Geld. Nach dem Anschlag auf die Berliner Diskothek La Belle 1986, in der überwiegend US-Soldaten verkehrten (zwei Tote, 230 Verletzte), beschuldigte US-Präsident Ronald Reagan Ghaddafi, den Anschlag veranlasst zu haben. Wie sich später herausstellte, wurde das Attentat von der libyschen Botschaft in Ost-Berlin geplant. Als Vergeltung ließ Reagan Ghaddafis Wohnkomplex Al-Asisiya in Tripolis bombardieren, wobei die Adoptivtochter des Diktators ums Leben kam. Die Ruine blieb als Monument und Mahnmal «imperialistischer Aggression» bestehen. Dort hatte Ghaddafi seinen denkwürdigen «Revolution! Revolution!»-Auftritt im Staatsfernsehen, gleich zu Beginn des Aufstands. Nach Lockerbie (mehr als 250 Tote) und dem Abschuss eines französischen Verkehrsflugzeuges über dem Tschad (170 Tote) verhängten die Vereinten Nationen 1992 Wirtschaftssanktionen gegen Libyen, die erst 2003 wieder aufgehoben wurden. Bezeichnenderweise blieben Erdölexporte davon ausgenommen.

Nicht die Sanktionen, vielmehr der dramatische Fall der Ölpreise Mitte der 1980er Jahre brachte das Regime wirtschaftlich in Bedrängnis. Es fehlte das Geld, um auch weiterhin unbegrenzt Konsumgüter und Dienstleistungen im Ausland einzukaufen. Als Reaktion wurde den Libyern wieder privates Unternehmertum erlaubt. Innerhalb kürzester Zeit boomte der Privatsektor, der sich allerdings zu einer regelrechten Banditenwirtschaft auswuchs. Libysche Händler schmuggelten Waren, die zuvor staatlich subventioniert eingekauft worden waren, in großem Stil ins Ausland, kamen dadurch an Devisen und teilten sie anschließend mit korrupten Beamten und Ghaddafi-Gefolgsleuten. Ganz Westafrika wurde auf diese Weise mit Lebensmitteln aus Libyen versorgt, darunter Reis, Pasta, Mehl, Sojaöl, Milchpuder, Tomatenmark oder Kekse. Aber auch langlebige Produkte überwiegend aus China fanden ihren Weg über Libyen nach Schwarzafrika, zum Beispiel Stoffe und Bekleidung, Autoersatzteile, elektronisches Spielzeug, Baumaterialien, Matratzen, Decken, Teppiche, Möbel. In Tunesien, Ägypten oder Algerien gestohlene Geländefahrzeuge und LKW wurden nach Niger, Mali, Tschad und Mauretanien verschoben. Schließlich entstand ein schwunghafter Handel mit geschmuggelten amerikanischen Zigaretten, die über Benin und Niger Libyen erreichten. Nutznießer dieser Banditenwirtschaft in jährlich zweistelliger Millionenhöhe, in Dollar gerechnet, waren abgesehen von den Händlern in erster Linie die «Revolutionskomitees», neben den Milizen das Rückgrat von Ghaddafis Macht. Folglich ließ er sie gewähren, auf Kosten der Staatskasse. Für die Mehrheit der libyschen Bevölkerung aber, die bei eingefrorenen Löhnen und horrender Inflation in der staatlichen Verwaltung arbeitete, war diese Entwicklung eine Katastrophe.

Die Jugend geht ihren eigenen Weg

60 Prozent der Libyer sind jünger als 20 Jahre. Obwohl es ihnen finanziell besser geht als ihren Altersgenossen in Ägypten oder Tunesien, war ihre berufliche Zukunft unter Ghaddafi stets ungewiss. Dessen erratische Politik, allen voran sein Faible für Terrorgruppen weltweit, blockierte die gesellschaftliche Entwicklung und isolierte das Land, während die Milliardeneinnahmen aus dem Erdöl- und Erdgasgeschäft in sinnlose Großprojekte wie die Förderung fossiler Wasserreserven in der Wüste investiert wurden oder in den Hinterzimmern der Macht verschwanden. Im potentiell reichen Libyen wurde das Geld knapp, weil Loyalität nach dem Gießkannenprinzip gekauft wurde. Die junge

Generation suchte nach einem Ausweg. Sofern sie nicht in der Banditenwirtschaft unterkam, entdeckte sie die Macht des Marktes für sich selbst. In Malta, Tunesien und Ägypten kauften die Teens und Twens Waren ein, Sanktionen hin oder her, die sie anschließend in ihrer Heimat verkauften. Nicht wenige kamen zu bescheidenem Wohlstand und griffen ihren Familien, Sippen und Clans finanziell unter die Arme. Cafés, Restaurants und sogar Bars schossen in der für ihre Langeweile gefürchteten Hauptstadt wie Pilze aus dem Boden. Ghaddafi war klug genug, dieser Entwicklung keinen Einhalt zu gebieten, obwohl sie die Weisheiten des «Grünen Buches» regelrecht karikierte. Seine «Jamahiriya» war zur Kleptokratie verkommen, die Sicherheitskräfte sorgten für politische Grabesruhe und die Jugend ging ihre eigenen Wege. Die Sanktionen hatten die Schattenwirtschaft zusätzlich gefördert, nicht aber das Regime geschwächt. Landesweit huldigte die Jugend einem neuen Lebensgefühl, in dem der «Revolutionsführer» keine Rolle mehr spielte. Allerdings gehört diese Jugend anders als in den Nachbarländern sehr viel weniger zur Generation Facebook als vielmehr zur Generation «Bizness» – besser vergleichbar jungen Unternehmern in Osteuropa nach 1989.

Niemand nahm mehr Ghaddafis Visionen einer «gerechten Gesellschaft» ernst, nicht einmal seine Anhänger. Eigens eingesetzte «Reinigungskomitees», die allzu dreiste Gangster in Schnellverfahren zum Tode verurteilten und hinrichten ließen, änderten nichts am rapiden Image- und Legitimitätsverlust der «Jamahiriya» in der eigenen Bevölkerung. Wie verunsichert das Regime war, wie sehr es sich geradezu verzweifelt bemühte, einen letzten Rest an Glaubwürdigkeit zu bewahren, illustriert keine Episode so sinnfällig wie die Affäre um HIV-verseuchte Blutkonserven. 1997 und 1998, zur Zeit der Sanktionen, infizierten sich mehr als 400 Kinder in einem Kinderkrankenhaus in Bengasi mit HIV, 43 starben. Der Skandal erschütterte die libysche Öffentlichkeit und erwies sich für das Regime als propagandistischer Glücksfall. Ghaddafi beschuldigte die amerikanischen und israelischen Geheimdienste CIA und Mossad des Komplotts. Fünf bulgarische Krankenschwestern und ein palästinensischer Arzt wurden angeklagt, den Kindern vorsätzlich HIV-verseuchtes Blut verabreicht zu haben.

Nach jahrelangen Schauprozessen wurden sie 2007 zum Tode verurteilt, gegen Zahlung millionenschwerer «Entschädigungen» aber freigelassen und abgeschoben.

Den Vorwurf fehlender Hygiene und der Schlamperei hatten die Behörden stets zurückgewiesen. Die Angeklagten mussten als Sündenböcke eines gescheiterten politischen Systems herhalten, das «unbestechlich» «die Würde der Libyer» gegenüber einer zutiefst ungerechten Weltordnung verteidigte.

Ghaddafi lenkt ein

Es klingt paradox, aber der 11. September 2001 und der «Krieg gegen den Terror», insbesondere der Einmarsch in den Irak, verlängerten das Überleben der «Jamahiriya». Ghaddafi hatte panische Angst wie Osama bin Laden oder Saddam Hussein ins Fadenkreuz der USA zu geraten und vollzog einen Kurswechsel um 180 Grad. Er bot der US-Regierung die Normalisierung der Beziehungen an und zahlte den Hinterbliebenen der Opfer libyscher Terroranschläge Entschädigungen in dreistelliger Millionenhöhe. Die Erdöl- und Erdgasverträge wurden zu Vorzugsbedingungen neu ausgehandelt, wovon vor allem Westeuropa profitierte, das Libyen seither 80 Prozent seiner Lieferungen abnimmt. Russland, China, Indien und Brasilien hatten das Nachsehen. Den Amerikanern lieferte Terrorexperte Ghaddafi detaillierte Informationen über Al-Qaida und andere gewalttätige Gruppen. Gleichzeitig stellte er alle Programme zur Entwicklung von Massenvernichtungswaffen ein. US-Unternehmen erhielten Großaufträge für den Ausbau der daniederliegenden Infrastruktur. Im Gegenzug setzte sich Washington für ein Ende des Embargos ein und lieferte Ghaddafi Waffen, mit denen er die islamistische Opposition in der Cyrenaika ausschaltete. Den Europäern wiederum diente er sich als zuverlässiger Partner an, um Flüchtlinge aus Schwarzafrika von Europas Küsten fernzuhalten. Eine ihrer Hauptrouten verläuft über Niger und Libyen. Der Einfachheit halber wurden sie meist in die Wüste zurückgeschickt, wo Tausende von ihnen verdursteten.

Kaum war das Embargo 2003 wieder aufgehoben, gaben sich europäische Politiker in Tripolis die Klinke in die Hand. Vor allem Franzosen und Italiener waren sich für keine Anbiederung zu schade. Paris versuchte gar, Ghaddafi ein Atomkraftwerk zu verkaufen. Der genoss die ihm zuteil werdende Aufmerksamkeit und hielt sich, wie erwähnt, zunehmend für einen der großen Staatsmänner dieser Welt. Nach Europa reiste er stets mit Zelt, das theatralisch vor Bilderbuchkulissen errichtet wurde. Die Botschaft an die Heimat lautete: Unsere Stammeskultur ist Versailles und dem Kolosseum ebenbürtig.

An der Banditenwirtschaft änderte sich wenig, allerdings trugen ihre Akteure nunmehr Nadelstreifenanzüge und deponierten ihre Gewinne sowie die der Staatskasse entwendeten Ölmilliarden selbstbewusst im Ausland. Gleichzeitig bemühte sich das Regime nach außen um ein neues, weltoffenes, «liberales» Image. Personifiziertes Sinnbild dieses vermeintlichen Wandels wurde vor allem Saif al-Islam, der zweitälteste Sohn Ghaddafis, der bald schon als Nachfolger seines Vaters gehandelt wurde und den Eindruck erweckte, er stehe für eine Art Perestroika. Tatsächlich aber war er wenig mehr als ein gewöhnlicher Politgangster, der sich für Kino und Oper interessierte und dadurch bei seinen westlichen Freunden und Förderern den trügerischen Eindruck erweckte, er sei letztendlich doch ein berechenbarer Geschäftspartner. In Libyen selbst änderte sich nichts zum Besseren. Die «Jamahiriya» protegierte weiterhin ihre wenigen Nutznießer vom Stamm der Ghaddafa und deren Verbündete. Zugriff auf die Ölmilliarden hatten allein Ghaddafi, seine Familie und ein kleiner Kreis von Entscheidungsträgern. Die «Öffnung» des Regimes, der nach 2001 vollzogene Kurswechsel, ging zu keinem Zeitpunkt einher mit einer auch noch so bescheidenen Demokratisierung.

Bis zum 17. Februar 2011.

Ethik in der Politik?

Man muss kein Freund westlicher Militäraktionen sein, um den Nato-Einsatz in Libyen für richtig und angemessen zu halten. Interventionen sind in der Regel nicht geeignet, eine Demokratisierung von außen zu erzwingen. Das ist weder im Irak noch in Afghanistan gelungen. Es gibt aber Fälle, in denen ein Eingreifen zwingend erforderlich erscheint. Vor allem dann, wenn Gefahr im Verzug ist und ein Blutbad droht. Der Völkermord in Ruanda 1994 und das Massaker an 8000 Bosniaken in Srebrenica ein Jahr später haben innerhalb der Vereinten Nationen zu einer Neubewertung militärischer Interventionen geführt. Der eiserne Grundsatz, sich nicht in die inneren Angelegenheiten eines souveränen Staates einzumischen, wurde 2005 auf kanadische Initiative relativiert. Seither gilt die «Schutzverantwortung» als zusätzliche Norm internationalen Rechts. Souveräne Staaten dürfen demzufolge nicht länger willkürlich gegen die eigene Bevölkerung vorgehen. Die Regierungen sind verpflichtet, ihr Volk vor exzessiver Gewalt zu bewahren. Sind sie dazu nicht willens oder in der Lage, übernimmt die Staatengemeinschaft die Schutzverantwortung. Sie kann Maßnahmen zur Beendigung der Gewalt auch gegen den erklärten Willen der jeweiligen Regierung durchsetzen.

Diese radikale Neuerung stieß bei Russland und China, aber auch bei Entwicklungs- und Schwellenländern auf viel Widerstand. Sie befürchteten einen westlichen Freibrief für Interventionen. Da sie zudem vielfach zu Unterdrückungsmaßnahmen im eigenen Land neigen, mochten sie keine «Strafexpeditionen» riskieren. Russland und China setzten daher durch, dass sich die Schutzverantwortung auf Völkermord, Kriegsverbrechen, ethnische Vertreibungen und schwere Verbrechen gegen die Menschlichkeit beschränkt. Zusätzlich wurde eine Intervention von außen an ein Mandat des Sicherheitsrates gebunden, das durch ein Veto leicht verhindert werden kann.

Im Fall Libyens erflehten die Aufständischen das Eingreifen von außen, weil Ghaddafis Truppen schon in den Vororten Bengasis standen. Die Islamische Konferenz wie auch die Arabische Liga, beides

16 Eine Frau mit der Flagge des Königreichs Libyen vor einem Anti-Ghaddafi-Graffiti in Bengasi, aufgenommen am 13. Juni 2011.

Papiertiger, aber doch die Interessensvertreter der Regierungen in der islamischen bzw. arabischen Welt, forderten den Sicherheitsrat der Vereinten Nationen auf, das Blutvergießen in Libyen zu beenden – wozu sie selbst nicht in der Lage oder bereit waren.

Vor diesem Hintergrund verabschiedete der Sicherheitsrat die Resolutionen 1970 und 1973 und machte den Weg frei für eine Militärintervention, die Paris und London am 19. März 2011 durch Luftangriffe auf Ghaddafis Truppen einleiteten und die zwei Tage später der Nato unterstellt wurde. Nie zuvor hat es eine vergleichbare Intervention gegeben, die a) von den Vereinten Nationen einstimmig (bei Enthaltung Deutschlands, Chinas, Russlands, Brasiliens und Indiens) mandatiert worden wäre, unter Berufung auf die Schutzverantwortung, und b) rechtzeitig genug erging, um ein angekündigtes Massaker zu verhindern. Anders als im Fall Iraks oder Afghanistans erscheint es abwegig, US-Amerikanern und Europäern imperiale Motive vorzuhalten. Wie erwähnt gehen 80 Prozent der Ölexporte aus Libyen nach

Europa. Unter diesem Gesichtspunkt hätte sich die Nato auf Seiten des Ghaddafi-Regimes gegen die Aufständischen stellen müssen. Gleichwohl war nicht Edelmut das treibende Motiv in Paris, London, Rom oder Washington. Eher die Sorge, Ghaddafi könne mittelfristig Nordafrika destabilisieren und ein Sicherheitsrisiko für den Süden Europas darstellen. Der britische Premier David Cameron sah die Chance, das durch den Irakkrieg lädierte Image seines Landes in der Region aufzuhellen. Der französische Präsident Nicolas Sarkozy wollte die blamable Politik seiner Regierung gegenüber den Maghrebstaaten vor und zu Beginn der Revolution vergessen machen – ganz abgesehen von seinem ausgeprägten Ego und miserablen Umfragewerten. Washington wiederum übertrug die Verantwortung für den Einsatz innerhalb der Nato Großbritannien und Frankreich und hielt sich selbst militärisch im Hintergrund. Auf keinen Fall wollte sich Präsident Obama in einen neuen Krieg hineinziehen lassen, nach den Desastern in Afghanistan und im Irak.

Mit seiner Enthaltung bei der Abstimmung über Resolution 1973 hat Deutschland die Freunde und Bündnispartner überrascht und sich ohne Grund isoliert. Darüber hinaus gab die Bundesregierung mit ihrem Abstimmungsverhalten zu erkennen, dass sie den epochalen Wandel in der arabischen Welt noch immer nicht verstanden hatte. Die Bundeskanzlerin wie auch der Außenminister verurteilten zwar die Gewalt in Libyen und forderten Ghaddafi zum Rücktritt auf. Gleichzeitig aber wurden deutsche Fregatten vor der libyschen Küste abgezogen. Als die Kritik an diesem Affront gegenüber der Nato zu laut wurde, winkte Berlin stattdessen den lange abgelehnten Einsatz deutscher Awacs-Flugzeuge über Afghanistan durch: Politischer Gestaltungswille sieht anders aus.

Das Verhalten der Bundesregierung ist selbst dann inakzeptabel, wenn die Frage nach der Zukunft Libyens gestellt wird. Wer sind denn diese Rebellen? Kann man denen trauen? Gegenfrage: Selbst wenn es sich bei den Aufständischen ausschließlich um Massenmörder und Vergewaltiger handeln würde – hätte Ghaddafi dann das Recht, sie zu massakrieren? Kann es Sicherheit und Stabilität für Europa und Demokratie für die libysche Bevölkerung mit Ghaddafi geben? Nach allem, was

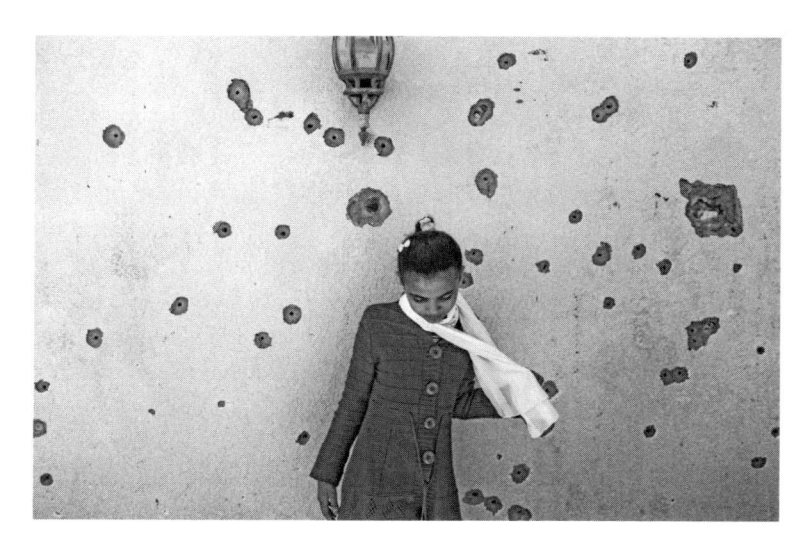

17 Kollateralschäden? Ausländischen Journalisten wird von Regimevertretern ein fotogenes libysches Mädchen vor einer von Schrapnellen getroffenen Hauswand präsentiert, um zu zeigen, wie die Zivilbevölkerung unter den alliierten Luftschlägen leidet, Tripolis, 25. März 2011.

wir über die «Jamahiriya» wissen, kann die Antwort nur negativ ausfallen. Ghaddafi ist nicht allein ein libyscher Exzess. Er ist auch unsere Kreatur. Die Willfährigkeit des Westens gegenüber diesem Psychopathen hat seine Herrschaft nach 2001 unnötig verlängert. Wenn die vielbeschworene westliche «Wertegemeinschaft» mehr sein will als selbstbezogene Rhetorik, begeben wir uns in das Spannungsverhältnis von Ethik und Macht. Wie umgehen mit «Schurkenstaaten» vom Schlage Libyens, Weißrusslands, Zimbabwes? Der Politik Moskaus und Pekings gegenüber ethnischen, religiösen oder sonstigen Minderheiten? Und ist es nicht pure Heuchelei, wenn die Nato in Libyen interveniert, nicht aber in Bahrain, Syrien oder im Jemen?

Die ebenso ehrliche wie unbefriedigende Antwort lautet: Der Einzelfall entscheidet. Zimbabwe ist geopolitisch zu unwichtig, um sich dort die Finger zu verbrennen. China und Russland wiederum sind zu mächtig. Der Jemen ist zu kompliziert. Hinter Bahrain steht Saudi-

Arabien, der größte Erdölproduzent. Weißrussland gehört zum Hinterhof Moskaus. Syrien – ein regionales Pulverfass. Im Zweifel geben wirtschaftliche Interessen den Ausschlag. Politik hat mit Ethik wenig zu tun. Manchmal aber durchlebt sie lichte Momente, worunter auch die «Schutzverantwortung» fällt.

Militärische Interventionen aus humanitären Gründen werden mit Sicherheit die Ausnahme bleiben. Letztendlich sind die Unterdrückten auf sich selbst angewiesen. Sie müssen die Dynamik entfalten, die sie befreit. Die Aufständischen in Libyen hatten Glück, wenn man so will. Die Dinge haben sich für sie günstig gefügt. Nicht mehr und nicht weniger.

Was aber war das Kriegsziel der Nato? Offiziell der Schutz der Zivilbevölkerung. De facto jedoch ging es um den Sturz Ghaddafis, allen Dementis zum Trotz. Man wollte gewissermaßen schwimmen, ohne ganz ins Wasser einzutauchen. Auch deswegen hat sich der Krieg hingezogen – der Einsatz von Bodentruppen erschien zu riskant und wurde von den Aufständischen ausdrücklich abgelehnt, um nicht als Handlanger des Westens dazustehen. Stattdessen erhielt die Opposition in begrenztem Umfang Waffen, eigentlich ein Verstoß gegen das Waffenembargo, wurden ihre Kämpfer teilweise militärisch ausgebildet. In der steten Hoffnung, die anhaltenden Luftangriffe auf Ghaddafis Truppen würden diese nachhaltig schwächen, die Stämme Tripolitaniens sich schließlich von ihm abwenden. Gleichzeitig versorgten Russland und China Ghaddafi noch monatelang diskret mit Waffen und Söldnern. Der hatte angekündigt, im Falle seines Sieges die Ölverträge neu auszuhandeln.

Wie geht es weiter?

Nach dem Ende des Ghaddafi-Regimes wird sich der libysche Staat neu erfinden müssen. Die Gefahr besteht, dass sich das Machtzentrum erneut verschiebt, zurück in die Cyrenaika, auf Kosten Tripolitaniens. Die Ghaddafa, die Magarha und Teile der Warfalla dürften an Einfluss verlieren. Sollten sie bei der Verteilung von Macht und Ressourcen zu sehr an den Rand gedrängt werden, besteht die Gefahr eines Guerillakrieges. Doch sind die Stämme keine homogenen Gruppen, Abrechnungen zwischen Anhängern und Gegnern Ghaddafis auch innerhalb der jeweiligen Stämme sind nicht ausgeschlossen. Das gilt vor allem für die Warfalla. Und schließlich haben die Stammesstrukturen in den Großstädten Tripolis, Bengasi und Misrata, wo rund ein Drittel der Bevölkerung lebt, stark an Einfluss verloren. Vor allem die Jugend fühlt sich von den traditionellen Stammesführern längst nicht mehr vertreten. Unter den oppositionellen Gruppen verfügen allein die Muslimbrüder über einen nennenswerten Organisationsgrad, insbesondere in den Städten der Cyrenaika. Sie vertreten einen gemäßigten politischen Islam und stehen für soziale Gerechtigkeit. Schon Anfang Februar 2011 hatten sie zu Protesten gegen Ghaddafi aufgerufen und spielten eine wichtige Rolle beim Ausbruch des Aufstands. Die Muslimbrüder sind die größte stammesübergreifende Partei und sind auch im «Nationalen Übergangsrat» vertreten, der Nachfolgeregierung des Ghaddafi-Regimes.

Getragen wurde der Aufstand aber von politisch nicht organisierten Akteuren. Arbeitslose oder unterbeschäftigte junge Männer steckten in den Städten des Nordostens und den Nafusa-Bergen im Nordwesten, entlang der tunesischen Grenze, Polizeistationen und Amtsstuben in Brand und lösten damit eine Dynamik aus, die schnell außer Kontrolle geriet. Die Generation Facebook spielte, wie erwähnt, nur eine untergeordnete Rolle. Stattessen waren vor allem in Bengasi Anwälte, Ärzte, Hochschullehrer, Frauen am Aufstand beteiligt und werden vermutlich neue politische Parteien und zivilgesellschaftliche Gruppen anführen oder organisieren. Desertierte Spitzenfunktionäre Ghaddafis finden sich ebenfalls im Übergangsrat, sehr zum Missfallen der Ghaddafi-Gegner.

Die größte Herausforderung liegt erst einmal darin, das neue Libyen institutionell aufzubauen, von der Verfassung bis zum Wahlgesetz, vom Parlament bis zum friedlichen Interessensausgleich der Stämme untereinander. Jenseits der Forderung nach dem Sturz Ghaddafis, nach Freiheit und Demokratie sowie einem Ende der Korruption fehlt es den Aufständischen an einer politischen Vision und an Führungsfiguren. Im schlimmsten Fall endet der Neuanfang bei der Neuverteilung der Ressourcen: In Verteilungskämpfen über die Einnahmen aus dem Erdölsektor. Sobald eine künftige Regierung darauf Zugriff erhält, wird sie Koalitionen mit den wichtigsten Stämmen bilden und so ihre Macht zu konsolidieren versuchen. Die bloße Fortsetzung des Patronagesystems zwischen Regierung und Stämmen, unter veränderten Vorzeichen, würde allerdings die liberalen und islamistischen Gruppen in den Großstädten und die jungen Revolutionäre weitgehend ausschließen. Substantielle Reformen oder gar eine Dezentralisierung der Macht zugunsten der Regionen wären in diesem Fall unwahrscheinlich und würden die nächsten Unruhen nach sich ziehen.

Mit großer Wahrscheinlichkeit werden Rückschläge und Gewaltausbrüche die libysche Demokratisierung begleiten. Ein Staatszerfall ist nicht grundsätzlich auszuschließen. Ähnlich wie Rumänien nach dem Sturz Ceausescus oder Albanien nach dem Ende Hoxhas steht Libyen erst einmal vor einem schwarzen Loch, einer mehr als ungewissen Zukunft. Allerdings ohne wohlwollende Europäer im Hintergrund, die den Neuanfang politisch und wirtschaftlich zu begleiten geneigt wären.

Warum eigentlich nicht? Libyen fehlt es nicht an Geld, wohl aber an Expertise in Sachen Nationbuilding. Gerade die Bundesregierung wäre, nach ihrem erratischen Verhalten gegenüber den Aufständischen, gut beraten, den nordafrikanischen Staat zu einem Schwerpunkt ihrer Mittelmeerpolitik zu machen. Zu helfen bei der Ausbildung von Richtern, Polizisten, Beamten. Unabhängige Journalisten zu unterstützen, den Aufbau freier Medien voranzutreiben. Ausbildungsförderung zu leisten, etwa durch die Einrichtung von Berufsschulen oder die Unterstützung universitärer Projekte. Um nur einige Beispiele zu nennen.

Es liegt nicht im Nutzen Europas, wenn Libyen zerfällt. Das Argument, in diesem Fall hätte man Ghaddafi besser nicht angegriffen, ist ähnlich überzeugend wie die Annahme, Europa ginge es heute besser mit Ceausescu oder Hoxha an der Macht. Das Gegenteil ist richtig: Besser wäre gewesen, viel früher zu Ghaddafi auf Distanz zu gehen.

Völlig überraschend gelang es den Aufständischen am 21. August, Tripolis fast vollständig einzunehmen. Zwar gingen die Kämpfe noch einige Zeit weiter, doch endete an diesem Tag die fast 42jährige Herrschaft Ghaddafis, der selbst erst einmal untertauchte. Der Erfolg der Rebellen verdankt sich wesentlich der Unterstützung durch die Nato, aber auch dem Verhandlungsgeschick des «Nationalen Übergangsrates». Der hatte wochenlang mit jenen Stämmen im Westen Libyens verhandelt, die ursprünglich Ghaddafi unterstützt hatten. Selbst sein eigener Stamm, die Ghaddafa, hielt es mehrheitlich für ratsam, die Seiten zu wechseln. Mit Sicherheit haben die früheren Getreuen des Diktators im Gegenzug Garantien erhalten, auch im neuen Libyen weder von der Macht noch von der Ressourcenverteilung ausgeschlossen zu werden. Ohne das Einlenken der Stämme hätte sich der Krieg noch monatelang hinziehen können. Auch der von vielen befürchtete Endkampf um Tripolis ist ausgeblieben – der für die Verteidigung der Hauptstadt zuständige Oberbefehlshaber vom Stamm der Ghaddafa hatte seine Einheiten aufgefordert, die Waffen niederzulegen.

ÜBER INSELN.
AL-JAZEERA IN KATAR
UND DIE GEGENREVOLUTION IN BAHRAIN

Katars moderne Geschichte beginnt im Jahr 1766, als Teile des Bani Utub-Stammes aus Kuwait, nämlich die Al Khalifa und die Al Jalahima, ihre Heimat verließen und im Nordwesten der katarischen Halbinsel die Siedlung Zubara gründeten, heute ein weitläufiges Ruinenfeld. Katars Geschichte vor der Ankunft dieser mächtigen Clans ist weitgehend unbekannt. Die Wüste im Landesinnern war damals unbewohnt, abgesehen von einigen nomadisierenden Stämmen, die sie gelegentlich durchstreiften, immer auf der Suche nach Weide und Wasser. Entlang der Küste siedelten einige Großfamilien in ärmlichen Fischerdörfern, nicht selten auf der Flucht vor blutigen Stammesfehden. Im Augenblick neuer Gefahr zogen sie weiter, die wenigen Habseligkeiten in die Boote verladen oder auf die Kamele, über das Meer flüchtend oder durch die Wüste.

Zwei kleinere Städte gab es, das heute bedeutungslose Fuweirat und Doha, beide an der Ostküste gelegen, bewohnt von mehreren Stammesgruppen, darunter dem Clan der Al Thani, die heutige Herrscherdynastie Katars. Es heißt, sie seien im späten 17. oder frühen 18. Jahrhundert aus Zentralarabien nach Katar emigriert – im Zuge einer umfassenden Wanderungsbewegung arabischer Stämme in Richtung Golfküste.

Das wirtschaftliche und politische Zentrum Katars war aber zunächst nicht Doha, sondern Zubara, das sich schnell zu einer Handelsmetropole entwickelte, dank der reichhaltigen Perlenbänke. Vor der Entdeckung des Erdöls war die Perlenfischerei der wichtigste Wirtschaftszweig am Golf – der Wohlstand Zubaras weckte dementsprechend die Begehrlichkeit der Nachbarn. Es kam zu kriegerischen Auseinandersetzungen mit Persien und Muscat im heutigen Oman, und im Verlauf dieser Kämpfe eroberten die Bani Utub aus Zubara mit Hilfe ihrer Clanbrüder in Kuwait 1783 die Nachbarinsel Katars, Bahrain. Politische Anarchie war die Folge, und bis in die Mitte des 19. Jahrhunderts lag die Macht allein in den Händen rivalisierender Scheichs, die zum Teil recht eigensinnige Vorstellungen von Recht und Ordnung hatten. Der berühmteste dieser Scheichs war Rahma Ibn Jabir Al Jalahima, dessen Geschichte auch heute noch jeder in Katar gerne erzählt, die Jungen wie die Alten.

Von Piraten und Herrschern

Nach der Eroberung Bahrains hatte der Clan der Al Khalifa den Clan der Al Jalahima ausgebootet und um die versprochene Beteiligung an der Macht betrogen. Die meisten Al Jalahima verließen daraufhin Bahrain, auch Rahma Ibn Jabir. Der aber sann auf Rache. Er verlegte sich auf Seeräuberei, ein damals durchaus anerkanntes Gewerbe entlang der Golfküste. Rahma war allerdings nicht irgendein Pirat, er war der erfolgreichste Freibeuter seiner Zeit, der sein Handwerk ebenso beherrschte wie die Spielregeln der Politik – indem er die Feinde der Al Khalifa zu seinen Freunden machte. Mit Vorliebe jagte er die hölzernen Dhaus der Al Khalifa, deren Seehandel er fast ruinierte. Ein ausgesprochener Feingeist war dieser katarische Klaus Störtebeker nicht, seinem Äußeren nach zu urteilen, das der britische Reisende Buckingham («Travels in Assyria») anschaulich beschrieb: «Seine Figur ähnelt einem schlanken Stamm, seine Gliedmaßen sind ausgesprochen dünn und übersät mit Stichen und Narben. An seinem Körper finden sich insgesamt etwa zwanzig Wunden, Verletzungen von Säbeln, Speeren und Kugeln. Sein Gesicht ist wild und hässlich und wird durch die zahlreichen Narben und den Verlust eines Auges nicht eben schöner.»

Sein Ende im Jahr 1826 war nicht ohne Stil. Umzingelt von einer Flotte der Al Khalifa, sprengte sich Rahma mit seinem achtjährigen Sohn in die Luft.

Schon vor Entdeckung des Erdöls weckte die Golfregion das koloniale Interesse Großbritanniens. Zum einen, um den Seeweg zwischen Indien und Mesopotamien zu sichern, wo vor Eröffnung des Suezkanals die Überlandroute zum Mittelmeer begann. Zum anderen suchten die Engländer neue Absatzmärkte für heimische Textilien und Kolonialwaren aus Bombay. Die Golfregion war im 19. Jahrhundert nicht ganz ungefährlich, zwischen Katar und der Meerenge von Hormuz galt sie als Piratenküste. Die allgemeine Unsicherheit ergab sich aus den politischen Verhältnissen: Es fehlte eine starke Zentralmacht, die für Ordnung hätte sorgen können. Stammesrivalitäten führten häufig zu lang anhaltenden Kriegen, und eine Form der Kriegsführung war die Seeräuberei, mit der man den Gegner wirtschaftlich in die Knie zu zwingen versuchte. Als nun auch britische Handelsschiffe zunehmend Opfer der Piraten wurden, reagierte London mit mehreren Strafexpeditionen. 1818 wurde die wichtigste Fluchtburg der Freibeuter zerstört, Ras al-Khaimah, eine Stadt im Nordwesten der heutigen Vereinigten Arabischen Emirate, damals das wirtschaftliche Zentrum der arabischen Golfküste. Anschließend setzte Großbritannien einen zunächst befristeten Waffenstillstand durch, der 1853 von den beteiligten Stämmen dauerhaft verlängert wurde. Die entstehende britische Dominanz wurde in weiteren Verträgen mit den sogenannten Trucial States (Waffenstillstandsstaaten), den heutigen Vereinigten Arabischen Emiraten, gefestigt und erweitert, indem London die Außenpolitik und Verteidigung dieser Emirate übernahm, vor allem aber sich selbst das Handelsmonopol für den gesamten arabischen Teil der Golfregion einräumen ließ. Der Handel mit anderen europäischen Staaten wurde den Scheichtümern untersagt. Dieses Monopol sollte sich vor allem bei der Vergabe der ersten Ölkonzessionen nach dem Ersten Weltkrieg auszahlen.

Dynastien erwachsen

Die britische Vertragspolitik, in der Regel gepaart mit militärischem Druck, erhob bewusst einzelne Stammesführer in den Rang unabhängiger Souveräne, die sie ursprünglich nicht oder doch nur begrenzt waren. So auch in Katar und Bahrain. 1868 überfielen katarische Stämme das benachbarte Bahrain, wobei über 1000 Menschen getötet und mehr als 600 Schiffe zerstört wurden. Besorgt über diese flagrante Verletzung des maritimen Friedens am Golf entsandte London eine Delegation nach Katar, die mit den Stämmen einen Friedensvertrag aushandelte. Dieser Vertrag gilt als Geburtsurkunde der heutigen Staaten Bahrain und Katar. Gewissermaßen als Strafe für den Überfall musste Katar die Souveränität Bahrains anerkennen, gleichzeitig akzeptierte London Katar als eigenständiges Territorium. Zuvor galt es den Briten als bloße Dependance Bahrains. Mit dem Vertrag wurde der für Katar unterzeichnende Scheich, Mohammed Al Thani, politisch aufgewertet – ein Stammesführer nicht ohne Einfluss in Bida, heute ein Stadtteil der Hauptstadt Doha, der aber bis zu seiner Unterschrift nur einer von mehreren Stammesführern mit vergleichbarem Rückhalt war. In Bahrain wiederum wurde die Herrschaft der Al Khalifa endgültig festgeschrieben. (Der Beiname Al, gesprochen Aal, nicht zu verwechseln mit dem arabischen Artikel al-, bedeutet «Geschlecht», «Dynastie», «Clan».) Die politischen Spannungen zwischen Bahrain und Katar setzten sich jedoch fort. 1986 wäre es im Streit um drei kleinere Inseln, der bis in die damalige Zeit zurückreicht, fast zum Krieg zwischen beiden Staaten gekommen. Erst 2001 wurde er vom Ständigen Schiedshof in Den Haag endgültig zugunsten Katars geschlichtet.

Aufgrund ihres Erdölreichtums entließen die Briten die Golfstaaten erst spät in die Unabhängigkeit: Kuwait 1961, Bahrain, Katar, die Vereinigten Arabischen Emirate und Oman 1971. Die jeweils herrschenden Familiendynastien sahen sich mit der beneidenswerten Herausforderung konfrontiert, ihre Staaten innerhalb kürzester Zeit in die Moderne zu führen, äußerlich jedenfalls. Die immensen Einkommen aus dem Erdöl- und später auch Erdgasgeschäft ließen keine andere Wahl – vielfach auf Kosten der eigenen Identität und Geschichte. Dubai in den Vereinigten Arabischen Emiraten hatte 1960 rund 5000 Einwohner, keine Straßen, keine Schulen, kein Krankenhaus und nur ein einziges Gebäude nicht aus Lehm: die aus Stein errichtete Niederlassung der Barclays Bank. Die Einheimischen lebten überwiegend vom Handel, von Oasenwirtschaft, Dattelanbau und Fischerei. Das am meisten genutzte Transportmittel war das Kamel. Nicht einmal zwei Generationen später ist Dubai eine der wichtigsten Wirtschaftsmetropolen weltweit und zählt über eine Million Einwohner. Ähnlich stürmisch verlief die Entwicklung in den übrigen Golfstaaten. Wie aber die Zukunft gestalten? Diese Frage führte immer wieder zu Brüchen innerhalb der Herrscherfamilien. Wiederholt kam es zu Palastrevolten der Söhne gegen ihre Väter, zuletzt 1995 in Katar, als Scheich Hamad Al Thani seinen Vater Khalifa stürzte, seit 1972 Staatschef. Der hatte sein Vorbild in der Schweiz gefunden: Ein reiches Land und gleichzeitig der Inbegriff für Neutralität. (So gesehen entbehrt es nicht der Ironie, dass Khalifa während eines Aufenthaltes in Genf entmachtet wurde.) Nach dem irakischen Überfall auf Kuwait 1990 gelangte Hamad zu der Überzeugung, dass nicht Neutralität die Unabhängigkeit und Sicherheit des Kleinstaates Katar, halb so groß wie Hessen, garantieren könne, sondern, im Gegenteil, allein die Positionierung Katars als global player.

Al-Jazeera. Die arabische Welt erfindet sich neu

Nach dem Golfkrieg 1990/91 kündigte die Regierung in Riad den US-Militärbasen in Saudi-Arabien die Verträge. Die US-Präsenz war vor allem den Wahhabiten ein Dorn im Auge. Scheich Hamad erkannte die Chance und hatte den Amerikanern noch vor dem Sturz seines Vaters angeboten, ihre Hauptbasis nach Katar zu verlegen. Washington sah keinen Anlass, den Putsch zu verurteilen. Heute umfasst das US-Militärgelände, ein riesiger Luftwaffenstützpunkt, fast ein Viertel der Fläche Katars entlang der Westküste und ist ein nach außen hermetisch abgeriegelter Staat im Staat. Wer sollte jetzt noch Katar angreifen? Die Landesgrenzen in Frage stellen? Saudi-Arabien hat sich in der Vergangenheit wiederholt Grenzgebiete entlang der kleineren Golfstaaten angeeignet. Auf alten Landkarten besitzt Katar noch eine gemeinsame Grenze mit den Vereinigten Arabischen Emiraten. Heute nicht mehr, in den 1980er Jahren hat Riad den Küstenstreifen stillschweigend annektiert.

Um nicht als Lakai Washingtons zu erscheinen, musste Scheich

Hamad ein Gegengewicht schaffen, für politischen Ausgleich sorgen. Dabei wollte er sich nicht allein den Katarern empfehlen, sondern der arabischen Welt insgesamt. 1996 gründete er, angeblich auf Anraten seiner Hauptfrau, Scheicha Moussa, den Nachrichtensender Al-Jazeera (Die Insel), mit Sitz in der katarischen Hauptstadt Doha. Der Name bezieht sich auf die arabische Halbinsel und spielt gleichzeitig mit der beduinischen Sehnsucht nach Wasser – das Logo von Al-Jazeera, das wie der Name des Senders auf eine Idee von Scheich Hamad zurückgeht, zeigt einen arabesken Schriftzug in Tropfenform, der vor jeder Nachrichtensendung im Ozean versinkt und wie gereinigt wieder auftaucht. «Doha» bedeutet übrigens «großer Baum mit vielen Ästen», was ja irgendwie ins Bild passt.

Der Nachrichtensender Al-Jazeera, das Sprachrohr der arabischen Revolution, ist gleichzeitig der wichtigste «Modernisierungsagent» der arabischen Welt. Angefangen damit, dass er die Medienlandschaft in der Region von Grund auf erneuert hat. Vor Al-Jazeera gab es nur staatlich gelenkte Fernsehsender, die in der Regel einer Informationsministerium geheißenen Propagandabehörde unterstanden und sterbenslangweilige Nachrichtensendungen produzierten, technisch meist auf amateurhaftem Niveau. Gesellschaftliche und politische Konflikte wurden grundsätzlich ausgespart. So zum Beispiel: «Der kämpfende Kamerad Hafiz al-Assad empfing heute eine Botschaft Seiner Hoheit, des Emirs von Kuwait, worin er dem wertgeschätzten und über alle Grenzen hinweg als Vorbild angesehenen Präsidenten der Arabischen Republik Syrien ein weiterhin segensreiches Wirken und anhaltende Gesundheit wünscht. Die Säule der Standhaftigkeit und Konfrontation verfasste umgehend ein Dankschreiben, in dem er sich für die weitere Vertiefung der brüderlichen Beziehungen zwischen beiden Staaten einsetzt.»

Al-Jazeera orientierte sich am professionellen Standard von CNN und BBC, warb die arabische Nachrichtenredaktion der BBC ab und setzte auf Satellitenfernsehen. Von Anfang an gehörten kontroverse Diskussionsrunden zum Programm («Meinung und Gegenmeinung», «Die entgegengesetzte Richtung»), in denen beispielsweise Islamisten auf säkular eingestellte Muslime treffen oder über Fragen von Religion und Moral gestritten wird. Keine arabische Fernsehanstalt hatte das zuvor gewagt. Vor allem konservative Muslime zeigten sich empört, einige arabische Regierungen reichten offiziell Beschwerde bei der katarischen Führung ein. Emir Scheich Hamad leitete sie dann vermutlich an den Eigentümer und Chairman von Al-Jazeera weiter, Scheich Hamad. Die algerische Regierung war 1999 die erste, die Al-Jazeera zensierte. Um die Ausstrahlung einer Diskussion über die politischen Verhältnisse in Algerien zu verhindern, unterbrach sie die Stromversorgung in den Großstädten für die Dauer der Sendung. Die Regierung in Riad untersagte saudischen Unternehmen, Werbung in Al-Jazeera zu schalten. Als erster arabischer TV-Sender richtete Al-Jazeera ein Korrespondentenbüro in Israel ein und interviewte israelische Politiker – auf Hebräisch. Auch das hatte es nie zuvor im arabischen Fernsehen gegeben.

Arabische Zuschauer, die zuvor auf westliche Medien angewiesen waren, um Informationen und Hintergrundberichte aus ihren Ländern zu erhalten, hatten nunmehr ein eigenes Medium, das nicht im Verdacht des Eurozentrismus stand, das für seine engagierte Berichterstattung und den Mut zur Kontroverse populär wurde.

Im Westen wurde Al-Jazeera nach dem 11. September 2001 bekannt, weil der Sender, der schon vor den Terroranschlägen in den USA ein Büro in Kabul eröffnet hatte, regelmäßig Osama bin Ladens Videobotschaften ausstrahlte. Vor allem konservative US-Politiker und Publizisten warfen Al-Jazeera daraufhin vor, dem Terrornetzwerk Al-Qaida ein Forum zu verschaffen. Allerdings übernahmen die meisten Fernsehsender weltweit Ausschnitte aus diesen Videos. Im November 2001 zerstörten US-Kampfflugzeuge «versehentlich», wie es hieß, das Büro Al-Jazeeras in Kabul. Im April 2003, während des Irakkrieges, wurde das Büro des Senders in Bagdad bombardiert, der Korrespondent, Tariq Ayyoub, kam dabei ums Leben. Aus Sorge, der Sender befördere den Anti-Amerikanismus und stärke radikale Kräfte, soll Präsident George W. Bush erwogen haben, die Sendezentrale in Doha bombardieren zu lassen. Offenbar war ihm nicht bewusst, dass der Irakkrieg von der US-Basis in Katar koordiniert wurde.

Wie obsessiv Al-Jazeera in Washington wahrgenommen wurde,

belegen auch die «Guantánamo Bay files», die Wikileaks im April 2011 ins Netz stellte. Anfang 2002 wurde der für Al-Jazeera arbeitende Kameramann Sami al-Hajj, ein Sudanese, in Afghanistan verhaftet und über Pakistan nach Guantánamo deportiert. Den Wikileaks-Dokumenten zufolge wurde er misshandelt, zu den Foltermethoden gehörten auch sexuelle Übergriffe. Er sollte «Informationen über die Ausbildungsprogramme von Al-Jazeera und deren technische Ausstattung liefern. Ferner über deren journalistische Arbeit in Tschetschenien, im Kosovo und in Afghanistan. Einschließlich der Frage, wie der Sender an die Videos von Osama bin Laden herangekommen ist.» Laut Wikileaks zeigten sich die Amerikaner überzeugt, dass al-Hajj ein Kurier von Al-Qaida sei. Er habe einer Wohltätigkeitsorganisation in Tschetschenien Geld zukommen lassen, die mit bin Laden in Verbindung stehe. Nach sechs Jahren Haft kam der Sudanese ohne Anklage frei. Im Verlauf Hunderter Verhöre war er laut seinem Anwalt, Stafford Smith, nicht ein einziges Mal zu den gegen ihn erhobenen Vorwürfen befragt worden.

«Die Emotionen kochen»

Westliche Journalisten berichteten über den Irakkrieg vielfach als sogenannte «eingebettete Journalisten», die US- oder britische Soldaten bei Kampfeinsätzen begleiteten. Die Journalisten von Al-Jazeera dagegen nahmen die Perspektive der Zivilbevölkerung ein und zeigten die Opfer des Krieges, die in der westlichen Berichterstattung weitgehend ausgespart blieben. Genau diese Perspektive, die «von unten», trifft den Nerv arabischer Zuschauer und machte den Sender zum Meinungsführer in der arabischen Welt. Er hat Korrespondenten an Orten, die westliche Journalisten in der Regel meiden, darunter Gaza-Stadt und Mogadischu, und selbst noch in der tiefsten Provinz. Als das Büro des Senders in Kairo Anfang 2011 geschlossen wurde, zu Beginn der Revolution, machte er ägyptische Demonstranten zu Berichterstattern und sendete deren Handy-Aufnahmen. Al-Jazeera ist längst ein eigenständiger politischer Akteur und heute das, was die große arabische Lichtgestalt, der ägyptische Präsident Gamal Abdel Nasser, in den 1950er und 1960er Jahren war: Die maßgebliche politische Instanz. Der Impuls- und Ideengeber, der die Agenda setzt.

Themen, die Al-Jazeera aufgreift, etwa Korruption und Vetternwirtschaft, die Stellung der Frau, die Unterentwicklung der arabischen Welt, zwingen die Regierenden zum Handeln. Häufig tun sie das, indem die Büros von Al-Jazeera geschlossen oder deren Korrespondenten ausgewiesen werden, was mittlerweile in fast allen arabischen Ländern vorübergehend der Fall war. In Israel gilt Al-Jazeera als Sprachrohr der Hamas und wird entsprechend behandelt. Jeder zweite Palästinenser indes benennt den Sender als Hauptinformationsquelle, wie verschiedene Umfragen belegen.

Al-Jazeera ist nicht die Ursache der arabischen Revolution, wohl aber ihr Verstärker. Die New York Times schrieb im Januar 2011: «Die aggressive Berichterstattung Al-Jazeeras hielt die Emotionen der Aufständischen von Hauptstadt zu Hauptstadt am Kochen.» Die Wortwahl lässt erkennen, dass man (nicht nur) in New York noch immer Mühe hat, eine andere Wahrnehmung als die eigene als gleichberechtigt anzuerkennen. Al-Jazeera emotionalisiert seine Berichterstattung bis zur Schmerzgrenze, nicht zuletzt in Form minutenlanger Werbeclips in eigener Sache, mit viel Nahaufnahmen von menschlichem Leid und Zerstörung. Diese «kontextbezogene Objektivität», wie der Medienwissenschaftler sagt, muss man nicht mögen. Oft genug ist sie einseitig. Aber gilt das nicht auch für «unsere» Berichterstattung, unter umgekehrten Vorzeichen? Mit Bezug auf Israel und die Palästinenser zum Beispiel? Darin genau liegt ja die Provokation: Al-Jazeera hat einen anderen Blick auf die Welt als westliche Leitmedien. Dieser Blick ist nicht «besser», «gültiger» oder «wahrer». Aber er zwingt den westlichen Betrachter, sich mit den eigenen Überzeugungen und Glaubensgewissheiten auseinanderzusetzen. Er sieht sich auf einmal in Frage gestellt.

Um nicht auch noch die letzten Zuschauer zu verlieren, waren die staatlichen arabischen Medien gezwungen, sich zu öffnen und zu professionalisieren. Deren technische und vielfach auch inhaltliche Qualität hat sich deutlich verbessert, frühere Tabuthemen werden auch hier aufgegriffen, wenngleich in weichgespülter Form. Saudi-Arabien sah sich 2003 veranlasst, einen weiteren Satellitensender in Konkurrenz zu Al-Jazeera zu gründen: Al-Arabiya (Die Arabische), der aus Dubai sendet, deutlich konservativer ist und weniger auf Emotionen setzt. Seit 2004 betreiben die USA den arabischsprachigen Satellitensender Al-Hurra (Die Freie) mit Sitz in Virginia, um, so George W. Bush, «die hasserfüllte Propaganda zu zerstreuen, die in der islamischen Welt den Äther füllt». Gemeint war das Programm von Al-Jazeera. Die Einschaltquote von Al-Hurra liegt im Nahen Osten allerdings bei nur einem Prozent. Alle großen europäischen Auslandssender, auch Deutsche Welle TV, haben auf Al-Jazeera reagiert, indem sie ihrerseits arabischsprachige Programme eingeführt haben.

Seit 2006 ist Al Jazeera English auf Sendung, dem mit der arabischen Revolution der Durchbruch beim Publikum gelungen ist. Die Zuschauerzahlen von Al Jazeera English liegen mittlerweile gleichauf mit dem Traditionssender BBC. Als nächstes plant man in Doha die Einrichtung eines türkischen Programms. Zielgruppe ist allerdings nicht, wie anzunehmen wäre, die Türkei – sondern der Iran. Rund ein Drittel der Iraner, etwa 25 Millionen Menschen, sprechen Azeri, vor allem im Westen Irans. Türkisch und Azeri sind miteinander verwandt wie Deutsch und Schwyzerdütsch. Warum Türkisch, warum nicht ein Programm in der iranischen Landessprache Farsi? Würde Al-Jazeera auf Farsi senden, sähe Teheran darin eine Provokation, möglicherweise einen kriegerischen Akt und würde entsprechend reagieren. Das will die Regierung in Katar vermeiden. Medienpolitik ist immer auch Machtpolitik, besonders an einer geostrategischen Schnittstelle wie der Golfregion.

Katar auf dem Weg zum Markenzeichen

Finanziert wird Al-Jazeera von Scheich Hamad. Das Jahresbudget (ohne Al Jazeera English) liegt bei rund 500 Millionen Dollar. In die Programmabläufe mischt sich der Emir von Katar nicht ein. Drei Themenbereiche aber unterliegen der Zensur oder Kontrolle. Kritik an der

Herrscherfamilie und die Beziehungen Katars zu seinen beiden übermächtigen Nachbarn Saudi-Arabien und Iran. Die Protestbewegung in Bahrain einschließlich ihrer Niederschlagung durch saudische Truppen hat Al-Jazeera gleichwohl ausführlich dokumentiert, im Gegensatz zum saudisch finanzierten Al-Arabiya.

Anders als der Nachbar Bahrain, das in seinen ethnisch-konfessionellen Konflikten zu versinken droht, entwickelt sich das kleine Katar zur Großmacht am Golf. Grundlage der Erfolgsgeschichte sind die gewaltigen Einnahmen aus dem Erdöl- und vor allem Erdgasgeschäft. Katar verfügt über die weltweit drittgrößten Erdgasreserven und ist einer der reichsten Staaten der Welt. Allein Gas und Öl bescheren dem Land jährliche Einnahmen von rund 50 Milliarden Dollar. Hinzu kommen die Gewinne des Investmentunternehmens Qatar Holding, das weltweit in lohnende Geschäftsbereiche investiert, darunter die Londoner Börse, die Autohersteller VW und Porsche oder das Bauunternehmen Hochtief. Das sportliche Engagement Katars, allen voran die Ausrichtung der Fußballweltmeisterschaft 2022, dient ebenso wie Al-Jazeera und Qatar Airways vor allem einem Ziel: Das ganze Land in eine internationale Qualitätsmarke zu verwandeln, wie es die Letztgenannten bereits sind. Auch auf dem Gebiet universitärer Spitzenleistungen übrigens, wo die Universität Katar unter anderem mit den amerikanischen Eliteuniversitäten Harvard und Princeton kooperiert. Mit deren Hilfe soll in Doha das größte medizinische Zentrum am Golf entstehen. Katar unterhält gute Beziehungen gleichermaßen zu den USA und dem Iran, was für sich genommen schon eine Leistung ist, man redet mit der Hamas und mit Israel, lädt zu politischen und wirtschaftlichen Großkonferenzen. Doha vermittelt in zahlreichen Konflikten, darunter den 18-monatigen Verhandlungen zur Regierungsbildung im Libanon 2007/08, im Jemen und im Sudan, zwischen den palästinensischen Gruppierungen Hamas und Fatah. Als einziges arabisches Land beteiligte sich Katar militärisch am Nato-Einsatz in Libyen. (Nur auf dem Papier sind auch die Vereinigten Arabischen Emirate dabei.)

Ausgerechnet einem Feudalherrscher zu bescheinigen, dass seine Politik ebenso klug wie nachhaltig ist, widerstrebt durchaus. Kritik seitens der katarischen Bevölkerung hat Scheich Hamad nicht zu befürchten, die arabische Revolution muss ihm keine Sorgen bereiten. Die gerade einmal 200 000 Katarer, die keine Steuern zahlen, deren Krankenversicherung der Staat übernimmt, die zur Hochzeit eine Villa oder Luxuswohnung und eine Limousine als Geschenk erhalten, mit freundlichen Empfehlungen des Herrscherhauses, haben keinen Grund zur Revolte. Politische Gefangene gibt es nicht. Die ausländischen Arbeitskräfte allerdings, rund eine Million, haben keine Geschenke zu erwarten, am wenigsten die ungelernten aus Indien, Pakistan oder Bangladesch.

Aufstand am Perlenplatz

Von solchen Rahmenbedingungen ist die Nachbarinsel Bahrain, kleiner als Hamburg, weit entfernt. Die Erdölreserven sind in wenigen Jahren erschöpft, der Umbau der Wirtschaft in ein Finanz- und Dienstleistungszentrum verläuft schleppend. Beträgt das jährliche Bruttoinlandsprodukt pro Einwohner in Katar 69 000 Dollar, liegt es in Bahrain bei 20 000. (Deutschland zum Vergleich: 34 000.) Die Opposition einfach aufzukaufen, kann sich Bahrain nicht leisten. Bahrain ist der einzige Staat mit einer schiitischen Bevölkerungsmehrheit, der von einer sunnitischen Herrscherdynastie, den Al Khalifa, regiert wird. Die Schiiten stellen 70 Prozent der einheimischen Bevölkerung von rund 500 000, die Sunniten lediglich 30 Prozent. Hinzu kommen eine halbe Million «Gastarbeiter».

Und damit beginnen die Probleme. Bis zur Revolution herrschten in allen arabischen Staaten kleine Minderheiten über die Bevölkerungsmehrheit. In Bahrain und in Syrien aber ist diese Machtelite gleichzeitig ethnisch-konfessionell bestimmt. Allein die «richtige» Religionszugehörigkeit, sunnitisch in Bahrain, alawitisch-schiitisch in Syrien, entscheidet über «oben» oder «unten» in der Gesellschaft, über den Zugang zu Bildung, Wohlstand und Teilhabe. In Syrien sicherte jahrzehntelang das Militär die Vorherrschaft der Alawiten, in Bahrain verdeckte der Ölreichtum zunächst das Ungleichgewicht zwischen

Sunniten und Schiiten. Schreiten aber gesellschaftlicher Wandel und Modernisierung voran, kann der Feudalstaat nur überleben, wenn er mit der Zeit geht – siehe Katar. Andernfalls muss er auf Repression setzen. Mit ungewissem Ausgang allerdings und auf Kosten der eigenen Legitimität. Während in Tunesien und Ägypten ein ausgeprägtes Nationalbewusstsein und somit eine nationale Identität gegeben ist, herrschen in den übrigen arabischen Staaten religiöse, ethnische und/oder Stammesidentitäten vor. Dort fehlt es an politischen Mechanismen, um Konflikte friedlich beizulegen. Stoßen die bewährten Herrschaftsmuster, Druck und Erpressung, Bestechung und Kooptation, an ihre Grenzen, ist der Weg zu Gewalt, Staatszerfall und Bürgerkrieg nicht mehr weit.

Ethnisch-konfessionelle Gegensätze gedeihen in vormodernen oder nur teilweise modernisierten Gesellschaften, in zerfallenden oder bereits kriegszerstörten Staaten, in Ländern mit schwach ausgeprägter Zentralstaatlichkeit, meist in einem Umfeld aus Clan- und Stammesstrukturen. Sie sind aber auch in Europa anzutreffen, siehe Nordirland oder die Staaten, die aus dem ehemaligen Jugoslawien hervorgegangen sind. Nüchtern besehen sind ethnisch-konfessionelle Konflikte immer politische Konflikte, Kämpfe um die Verteilung von Macht und Ressourcen, die entlang religiöser oder regionaler Trennlinien geführt werden. In der westlichen Wahrnehmung ist überwiegend islamischer Fanatismus am Werk, wenn sich etwa im Irak oder in Pakistan Sunniten und Schiiten gegenseitig umbringen. Der Islam ist allerdings nur das Ventil, das bestehende Spannungen entlädt.

Schiiten und Sunniten

Die Schiiten in Bahrain sind keine Nachfahren persischer Einwanderer. Ihre Ursprünge liegen im Irak – wie auch bei den 2,5 Millionen Schiiten entlang der Ostküste Saudi-Arabiens, die rund zehn Prozent der saudischen Bevölkerung ausmachen. Die theologischen Unterschiede zwischen Sunniten und Schiiten sind eher gering, vergleicht man sie etwa mit dem grundsätzlichen Dissens zwischen Katholiken und

Protestanten. Nach dem Tod Mohammeds stellte sich die Frage, wer dem Propheten in der Führung der islamischen Frühgemeinde folgen solle. Darüber kam es zu ernsthaften Auseinandersetzungen bis hin zum Krieg, zahlreiche Trennungen und Abspaltungen waren die Folge. Die wichtigste führte zum Entstehen von Sunniten und Schiiten. Heute stellen die Sunniten etwa 90 Prozent der rund 1,5 Milliarden Muslime weltweit. Die Schiiten bilden die Bevölkerungsmehrheit im Irak, Iran, Libanon sowie in Bahrain und Aserbaidschan.

Ali, dem vierten der «rechtgeleiteten» Kalifen, den unmittelbaren Weggefährten Mohammeds, gelang es nicht, die islamische Frühgemeinde hinter sich zu vereinen. Nach Alis Tod beanspruchte der Kriegsherr Mu'awiya vom mekkanischen Stamm der Quraisch die Macht und begründete in Damaskus die erste sunnitische Dynastie, die der Omajjaden (661–750). Damit waren die Parteigänger Alis (arabisch: Schi'at Ali) nicht einverstanden. Im Verlauf mehrerer Generationen verfestigte sich die Verbundenheit der Frommen mit der von der Macht verdrängten Familie des Propheten (Ali war Vetter und Schwiegersohn Mohammeds) zur religiös-politischen Oppositionspartei der Schiiten. Der Begriff Sunniten wiederum leitet sich ab von arabisch «Sunna», das ist die Lebenspraxis des Propheten. Insbesondere der Tod von Alis Sohn Hussein 680 in der Schlacht von Kerbela im Irak, in der die «Parteigänger Alis» den Omajjaden unterlagen, wurde zum Big Bang der schiitischen Lehre.

Schon in den Jahren 1994 bis 2000 kam es wiederholt zu blutigen Auseinandersetzungen zwischen bahrainischen Sicherheitskräften und der schiitischen Opposition. Diese Opposition war ein loses Bündnis aus Linken, Liberalen und Islamisten mit dem Ziel, die Diskriminierung der Schiiten zu beenden. Schiiten hatten und haben kaum Chancen auf Jobs in der Ölindustrie, der Verwaltung und den Sicherheitskräften. Bei der Vergabe von Studienplätzen werden Sunniten bevorzugt. Anstatt die Schiiten in Staat und Wirtschaft zu integrieren, grenzt man sie aus. Polizisten wurden aus Jordanien und Pakistan angeworben und erhielten relativ leicht bahrainische Pässe, um nicht Schiiten an der Waffe auszubilden. Als Scheich Hamad Al Khalifa 1999 die Macht von seinem Vater übernahm, entschied er sich für Reformen.

Er ließ alle politischen Gefangenen frei, richtete ein Parlament ein, erlaubte Wahlen und gab Frauen das Wahlrecht. Formell wurde Bahrain eine konstitutionelle Monarchie. In einer Volksabstimmung am 14. Februar 2001 wurde seine «Nationale Aktionscharta» mit überwältigender Mehrheit bestätigt.

Tatsächlich aber änderte sich wenig. Das Parlament besteht aus zwei Kammern, Oberhaus und Unterhaus mit je 40 Sitzen. Die Abgeordneten des Oberhauses werden nicht gewählt, sondern von Scheich Hamad ernannt. Im Unterhaus war die schiitische Wifaq- (Konsens-) Partei bis zu ihrem Verbot mit 18 von 40 Sitzen stärkste Kraft. Der Emir hat Vetorecht bei allen Gesetzen und kann das Parlament jederzeit auflösen. Das Dilemma ist offenkundig: In einer wirklichen Demokratie würden die sunnitischen Herrscher die Macht an die Schiiten verlieren.

Panzer gegen das Volk

Beflügelt von den Revolutionen in Tunesien und Ägypten, gingen die Schiiten am 10. Jahrestag der Volksabstimmung, am 14. Februar 2011, erstmals auf die Straße. Wie schon in der Vergangenheit waren ihre Forderungen zunächst eher die einer Bürgerrechtsbewegung. Darüber hinaus verlangten sie eine Stärkung des Parlaments gegenüber der Königsfamilie. Die Demonstranten besetzten den zentralen Perlenplatz und richteten dort nach Vorbild des Kairoer Tahrir-Platzes ein Zeltlager ein. Die bahrainischen Sicherheitskräfte versuchten wiederholt den Platz zu räumen, was ihnen ungeachtet aller Brutalität nicht gelang. Mit jeder Woche wuchs die Zahl der Protestierer, am Ende waren es mehr als 100 000, ein Fünftel der einheimischen Bevölkerung. Auf deutsche Verhältnisse übertragen, wären das mehr als 15 Millionen Demonstranten.

Innerhalb der Herrscherfamilie kam es zum Machtkampf. Kronprinz Salman Bin Hamad Al Khalifa plädierte für Verhandlungen mit der Opposition, konnte sich aber nicht gegen den Rest der Familie durchsetzen: seinen Vater, den Emir, seinen Onkel, den seit 1971 amtierenden und bei den Schiiten zutiefst verhassten Premierminister

18 Demonstranten werden vom Perlenplatz in Manama vertrieben, 16. März 2011.

Khalifa Al Khalifa, den Verteidigungsminister, den Chef des königlichen Diwans, den Innen- und den Außenminister sowie den Chef des Inlandsgeheimdienstes. Sie gaben den Sicherheitskräften grünes Licht, auf die Demonstranten zu schießen. Innerhalb weniger Tage starben mehr als 20 Menschen. Die Opposition radikalisierte sich. Acht Gruppen, darunter auch Sunniten, schlossen sich am 8. März zur «Koalition einer bahrainischen Republik» zusammen, unter Führung des Dissidenten Hassan Muschaima, der erst wenige Tage zuvor aus seinem Londoner Exil zurückgekehrt war.

Damit war aus Sicht der Machthaber die rote Linie endgültig überschritten, obwohl die Forderung nach einer Abschaffung der Monarchie nicht die Mehrheitsmeinung unter den Schiiten widerspiegelte. Auch die übrigen Golfmonarchien zeigten sich alarmiert. Am 15. März rückten 2000 saudische und emiratische Sicherheitskräfte auf Bitten der Al Khalifa in Bahrain ein und schlugen die größte Erhebung in der Geschichte des Landes nieder. Um «schlechte Erinnerungen» zu beseitigen, wie es der bahrainische Außenminister Khalid Al Khalifa formulierte, wurde die 100 Meter hohe Perlenstatue am Perlenplatz abgerissen und der iranische Botschafter ausgewiesen. Aus Sicht des Regimes hatte Teheran den Aufstand inszeniert.

Parallel gab die Regierung «Maßnahmen zur nationalen Sicherheit» bekannt und führte damit faktisch das Kriegsrecht ein. Sie geben den Sicherheitskräften weitgehende Vollmachten für Verhaftungen, für Zensur sowie die Beschränkung der Bewegungs- und Versammlungsfreiheit. Hunderte Menschen wurden ins Gefängnis geworfen, fast alle Wortführer der Opposition meist nachts aus ihren Wohnungen geholt. Festgehalten an geheimen Orten, ohne Kontakt zur Außenwelt. Viele landeten in saudischen Gefängnissen. Mehrere Oppositionelle wurden zu Tode gefoltert, als Todesursache galt offiziell «Herzversagen». Andere wurden regulär zum Tode verurteilt und hingerichtet. Ärzte und Pfleger, die in den Krankenhäusern verletzte Demonstranten versorgt hatten, wurden systematisch bedroht, zusammengeschlagen oder verhaftet. Damit sollten sie eingeschüchtert werden, denn sie kennen die genauen Opferzahlen. Mehrere schiitische Moscheen wurden zerstört. Die schiitische Wifaq-Partei, die größte des Landes, wurde verboten, ihr Vermögen eingezogen. Die Gegenrevolution der Herrscherfamilie hat den Aufstand in Bahrain, der mit friedlichen Protesten begann, blutig niedergeschlagen, inspiriert vom Vorgehen Ghaddafis in Libyen. Die zugrundeliegenden Probleme, die Diskriminierung der schiitischen Bevölkerungsmehrheit, werden dadurch aber nicht gelöst. Die Wahrscheinlichkeit, dass es in Zukunft zu einer erneuten Erhebung kommt, ist groß.

ÜBER GREISE.
SAUDI-ARABIEN ZIEHT DIE FÄDEN, AUCH IM JEMEN

Ohne Unterstützung von außen wäre den Al Khalifa die Konterrevolution nicht gelungen. Bahrains geostrategische Bedeutung sichert vorerst deren politisches Überleben. Die Hauptstadt Manama ist Hauptquartier der 5. US-Flotte im Persischen Golf. In Washington hat man sich pragmatisch auf den Verlust langjähriger Verbündeter in Tunesien, Ägypten und im Jemen eingestellt. In der Golfregion aber setzt die US-Regierung auch weiterhin auf berechenbare Monarchen, selbst wenn dadurch die Demokratiebewegung aufgehalten oder gar zerschlagen wird. Hinter den Kulissen drängt sie auf Reformen, nicht jedoch auf Regimewechsel. Seit den 1970er Jahren hat sich der Schwerpunkt westlicher Interessen vom Nahen Osten im engeren Sinn, Israel und den angrenzenden Staaten, immer mehr in Richtung Persischer Golf verlagert. Der Grund sind einerseits wirtschaftliche Interessen, allen voran die Sicherung der Erdölvorkommen, und andererseits der stetig wachsende Einfluss der Regionalmacht Iran, deren wachsendes Selbstbewusstsein im Westen, aber auch in den arabischen Golfstaaten als Bedrohung gesehen wird.

Gesichter der Gegenrevolution

Die Führung in Riad musste sich nicht lange bitten lassen, in Bahrain einzumarschieren. Würde es zum Sturz der Al Khalifa kommen, könnte dies die saudischen Schiiten im Osten Saudi-Arabiens – dort befinden sich die größten Erdölvorkommen des Landes – ermutigen, sich ebenfalls zu erheben. Die Demokratiebewegung hat in Saudi-Arabien bislang wenig Rückhalt. Dennoch hat König Abdallah im April 2011 das saudische Pressegesetz verschärft. Wer die Sicherheit und die öffentliche Ordnung stört, die Scharia in Frage stellt, führende Religionsgelehrte sowie Regierungsmitglieder kritisiert, riskiert ein Berufsverbot und Geldstrafen bis zu 100 000 Euro. Zu dieser Peitsche verabreichte der König auch ein Zuckerbrot: Seinen Untertanen ließ er einen Bonus von 130 Milliarden Dollar zukommen, überwiegend als Gehaltszulage. An der Unzufriedenheit der saudischen Schiiten ändert das nichts. Sie werden brutal unterdrückt und in jeder Beziehung ausgegrenzt. Der Wahhabismus, die islamistische Staatsdoktrin Saudi-Arabiens, hält Schiiten für wenig mehr als Abschaum der Menschheit. Mit Rationalität hat das nichts zu tun – die feudalstaatliche Instrumentalisierung von Gruppenzugehörigkeit, Religion und Stammeswesen ist in sich selbst das größte Hindernis auf dem Weg in Richtung Demokratie und Moderne.

Gleichzeitig sieht Riad in den Schiiten Bahrains wie auch den eigenen Schiiten eine fünfte Kolonne Teherans, die es zu bekämpfen gilt. In der Tat dürfte die iranische Führung versucht sein, die Schiiten der arabischen Welt für sich zu mobilisieren, sollte es etwa zu einem bewaffneten Konflikt zwischen dem Iran und den USA oder Israel kommen. Unterhalb dieser Ebene aber deutet wenig darauf hin, dass Teheran die Konfrontation mit Saudi-Arabien sucht, auch wenn sie beide die Vorherrschaft am Golf anstreben. Jenseits von Rhetorik hat es für die Schiiten in Bahrain keinerlei Unterstützung seitens der Islamischen Republik Iran gegeben. Auch deswegen nicht, weil die iranische Führung in ihrer Beurteilung der arabischen Revolution gespalten ist. Die eine Fraktion, zu der auch Präsident Ahmadinedschad gehört, setzt sie wider jede Evidenz mit der iranischen Revolution von 1979 gleich. Die andere, auch nicht gerade wirklichkeitstrunken, hält sie für eine vom Westen gesteuerte Bewegung mit dem Ziel, den Islam zu schwächen.

Die arabische Gegenrevolution hat drei Gesichter. Einflussreiche Kräfte des Ancien Régime, etwa das ägyptische Militär, die hinter den Kulissen versuchen, ihren Einfluss und ihre Privilegien zu bewahren.

Diktatoren, die lieber ihre Heimat zerstören als abzutreten, allen voran Ghaddafi. Und schließlich Saudi-Arabien, das über die Salafisten, radikale Islamisten, Einfluss auf die Entwicklung insbesondere in Ägypten zu nehmen versucht, militärisch interveniert wie in Bahrain oder aber im Hintergrund die Fäden zieht wie mit Nachdruck im Jemen.

Es sind Politgreise, die hier Unheil stiften. Die Machtelite Saudi-Arabiens, die verschiedenen Familienzirkel innerhalb der Herrscherdynastie der Al Saud, kann sich nicht verständigen, wer die Nachfolge des 88-jährigen König Abdallah antreten soll. Sein Halbbruder und Stellvertreter, Verteidigungsminister Sultan, hat mit 86 Jahren seinerseits Mühe, das Zepter zu halten. Der dritte in der Thronfolge, Innenminister Naif, 76, gilt als neuer starker Mann, zumindest für den Übergang. Er vertritt eine harte Linie im Umgang mit oppositionellen Kräften und hat wenig Sympathien für den behutsamen Wandel, den der überaus angesehene König Abdallah dem Land verordnet hat. Der Einmarsch in Bahrain dürfte zur vollen Zufriedenheit des Innenministers verlaufen sein. Doch überzeugende Antworten auf künftige Herausforderungen, gerade auch mit Blick auf die Erschütterungen der arabischen Welt, sind von Politikern dieses Schlages nicht zu erwarten. Die Unfähigkeit der Al Saud, den Generationswechsel zu vollziehen, wird zu einer ernsten Gefahr für die Zukunft nicht allein Saudi-Arabiens.

Von Zaiditen und Marxisten

Der lange Arm Riads reicht tief auch in den Jemen hinein, das ursprünglichste und archaischste arabische Land, falls es solche Superlative geben sollte. In den entlegenen Gebirgsdörfern dürfte sich das Leben heute noch weitgehend so abspielen wie zu Zeiten des Propheten. Vergangenheit und Gegenwart fallen ineinander, die Stammeskultur hat sich hier weitgehend unverändert bewahrt. Mehr als 1000 Jahre, von 896 bis 1962, herrschte im Nordjemen die Dynastie der Zaiditen. Sie stellten gleichzeitig die religiösen Gelehrten der gleichnamigen islamischen Rechtsschule. Strenggenommen sind die Zaiditen eine Gruppe von Bergstämmen im Grenzgebiet zwischen dem Jemen und Saudi-Arabien, die als Schiiten gelten, aber dem sunnitischen Islam sehr nahestehen. Das klingt kompliziert und ist es auch. Vereinfacht gesagt gab es in der Frühzeit des Islam Wanderbewegungen vor allem aus dem Irak in Richtung Golfstaaten und dem Jemen. Ursache war wirtschaftliche Not oder politische Verfolgung. Um nicht von alteingesessenen Stämmen gemeuchelt zu werden, empfahl es sich, eine Heilsbotschaft im Gepäck zu führen, sich als Streitschlichter oder Guru anzubieten. So hielt es auch Zaid Ibn Ali Zain al-Abidin, den es aus Basra im Irak in die jemenitischen Berge verschlagen hatte, wo er die Herrscherlinie der Zaiditen begründete.

Muss man das wissen? Man sollte, weil hier die geschichtlichen Ursprünge gegenwärtiger Krisen liegen, vor allem mit Blick auf den Aufstand der Houthi, von dem noch die Rede sein wird.

Nominell gehörte der Nordjemen seit dem 16. Jahrhundert zum Osmanischen Reich, tatsächlich aber behielten die Zaiditen die Macht. Die Topographie des Landes, schwer zugängliche Gebirge, undurchdringliche Wüsten, schützte vor Fremdherrschaft, erschwerte aber auch die staatliche Einheit. 1962 wurde die Dynastie der Zaiditen durch einen Militärputsch gestürzt, unter aktiver Mitwirkung des ägyptischen Präsidenten Nasser. Die Zaiditen zogen sich in den äußersten Norden zurück. Bis 1970 führten Ägypten und Saudi-Arabien im Nordjemen einen Stellvertreterkrieg, der mit dem Abzug der ägyptischen Interventionstruppen endete.

In seiner langen Geschichte war der Jemen die meiste Zeit in Nord und Süd geteilt. 1839 besetzten die Briten die Stadt Aden und das angrenzende Hinterland im Südjemen. Sie benötigten eine Versorgungsstation entlang ihrer Schiffs- und Handelsrouten nach Indien – verstärkt nach der Eröffnung des Suezkanals 1869. Nachdem London den Südjemen 1967 in die Unabhängigkeit entlassen hatte, übernahmen dort marxistische Gruppierungen die Macht und gründeten die «Demokratische Volksrepublik Jemen», die fast ausschließlich von Hilfszahlungen aus Moskau lebte. Mit dem Ende der Sowjetunion kam auch das Ende der jemenitischen Volksrepublik. Bereits 1990 vereinigten sich der Nord- und Südjemen zur Republik Jemen.

Stämme, Erdöl und der Staatsbankrott

Damit begannen Probleme, die wesentlich zur Volkserhebung 2011 beigetragen haben. Wie so häufig geht es um Stammeskonflikte, die sich an Fragen von Macht- und Ressourcenverteilung entzünden. Ali Abdallah Salih, Präsident Nordjemens seit 1978, wurde nunmehr Präsident des geeinten Jemen. Salih entstammt dem Ahmar Clan, der innerhalb der größten jemenitischen Stammesföderation der Haschid den Ton angibt. Das Siedlungsgebiet der Haschid liegt im Norden und Nordwesten und überschneidet sich mit dem der Houthi. Die Schlüsselpositionen in Staat, Verwaltung, Wirtschaft und vor allem der Armee liegen in den Händen der Ahmar/Haschid. Unter veränderten Vorzeichen handelt es sich um dieselbe feudale Struktur einer Minderheitenherrschaft über die Mehrheit, die allenthalben in der arabischen Welt zu Aufruhr und Revolte führt. Ungeachtet gegebener Stammestugenden, als deren höchste die Gastfreundschaft gilt, verstehen die meisten Stammesführer unter Herrschaft wenig mehr als die Vorherrschaft der eigenen Gruppe. Rivalisierende Stämme werden entweder gewaltsam unterworfen oder mit Geldgeschenken gefügig gemacht.

Die Vereinigung des Nord- und Südjemens war keine Einheit unter Gleichen, vielmehr ein Beutezug vornehmlich der Haschid auf Kosten des Südens, der dortigen Stammeseliten und einer hauchdünnen Schicht städtischen Bildungsbürgertums in Aden. 1994 kam es daraufhin zum Bürgerkrieg. Der Süden versuchte, seine Unabhängigkeit wiederzuerlangen, wurde aber vom Norden besiegt. Mittlerweile waren im Süden Erdölvorkommen entdeckt worden. Darauf wollte die Regierung in der Hauptstadt Sanaa, also die Ahmar/Haschid, auf keinen Fall verzichten. Für den langjährigen Herrscher Ali Abdallah Salih war das Erdöl ein Gottesgeschenk. Es erlaubte ihm, in großem Umfang Stammesloyalitäten zu kaufen und somit seine Herrschaft zu stabilisieren. Zumindest für einen Zeitraum von rund zehn Jahren. Denn die Vorkommen waren begrenzt, die Förderung ist seit Jahren rückläufig. Erdöl ist die hauptsächliche Einnahmequelle des Jemens, des ärmsten arabischen Landes. Das Bruttoinlandsprodukt pro Einwohner liegt bei gerade einmal 972 Dollar – in Katar, wie erwähnt, bei 69 000. Innerhalb eines einzigen Jahres, von 2008 auf 2009, sind die jemenitischen Staatseinnahmen infolge des versiegenden Erdöls um sage und schreibe 75 Prozent zurückgegangen.

Der Jemen, ein Land, dessen Bewohner noch vor einer Generation im Mittelalter lebten, ist faktisch bankrott. Dementsprechend stand die Regierung Salih mit dem Rücken zur Wand. Ihr fehlte das Geld, um sich weiterhin Loyalitäten zu sichern. Immer schon war die jemenitische Zentralregierung schwach, aber doch selten so sehr wie gegenwärtig. Über die Hauptstadt reicht ihre Autorität kaum noch hinaus. Das Land steht kurz davor, in verschiedene Stammesfürstentümer zu zerfallen, ein zweites Somalia zu werden – ganz egal, wer den Präsidenten oder die Regierung stellt. Zwei Konfliktlinien sind dabei entscheidend. Zum einen der Aufstand der Houthi-Rebellen im Norden, die im Wesentlichen die alten zaiditischen Stämme verkörpern, die 1962 entmachtete Herrschaftselite. Seit Mitte der 2000er Jahre hat die Regierung vergeblich versucht, den Aufstand militärisch niederzuschlagen. Anfang 2011 ist es den Houthi-Rebellen gelungen, weite Teile des Nordjemens zu erobern und die wichtigste Stadt im Norden, Saada, unter ihre Kontrolle zu bringen. Und zum anderen die erneut erwachte Unabhängigkeitsbewegung im Süden, die sich in den vergangenen Jahren wiederholt blutige Gefechte mit Regierungstruppen in der Provinz Abyan geliefert hat. Die fehlende Zentralgewalt hat den Südjemen überdies zum wichtigsten Zufluchtsort von Al-Qaida nach Afghanistan und Pakistan gemacht.

Wasser, Kat und die Revolution

Damit der Schwierigkeiten nicht genug. Das Land weist eine der höchsten Geburtenraten der Welt auf, die Bevölkerung hat sich in den letzten 18 Jahren verdoppelt und liegt heute bei 23 Millionen. Jeder zweite Jemenit ist Analphabet, drei von vier Jemeniten leben von Subsistenzlandwirtschaft. Also von dem, was sie selbst anbauen. Gleichzeitig wird das Wasser knapp. Der Jemen, Heimat des Staudamms von

Marib, des größten technischen Bauwerks der Antike, betreibt heute keinerlei Wasserbevorratung. Obwohl es häufig regnet, wird das Regenwasser nicht in Zisternen oder Stauseen aufgefangen, sondern versickert im Boden. Stattdessen wird das fossile Grundwasser abgepumpt, das sich nicht erneuert. Überall in Sanaa sieht man improvisiert errichtete Dieselpumpen, die das Wasser aus mehr als 100 Meter Tiefe fördern – Mitte der 1990er Jahre genügten noch drei bis fünf Meter. Allen Prognosen zufolge ist die Hauptstadt in spätestens zehn Jahren ohne Wasser. Schon heute werden 70 Prozent der Haushalte in Sanaa mit Wasser aus Tankwagen versorgt, was auf Dauer niemand bezahlen kann und die wenigen Industriebetriebe in die Knie zwingt. Zu allem Überfluss ist fast die gesamte männliche Bevölkerung jenseits der Pubertät süchtig nach Kat, einer Alltagsdroge, deren Anbau extrem wasserintensiv ist. Kurz nach Mittag kommt das öffentliche Leben faktisch zum Erliegen, weil sich die Jemeniten, zunehmend auch Frauen, in geselligen Runden treffen und Katblätter kauen, die zunächst aufputschend wirken, dann aber lethargisch machen. Kat ist nach Erdöl das wichtigste Handelsgut. Am Besten gedeiht es in Höhenlagen zwischen 900 und 1500 Metern. Auch dort wird mit fossilem Grundwasser bewässert, das Rattern von Dieselmotoren ist der vorherrschende Soundtrack im Hochland. Damit die Volksdroge erschwinglich bleibt, wird der Preis für Dieselkraftstoff zu 80 Prozent subventioniert. Als die Regierung 2005 versuchte, die Subventionen zu kürzen, kam es in mehreren Städten zu Straßenschlachten. Parallel sinkt der Grundwasserspiegel unaufhörlich, das Hochland verwüstet und versteppt. Nach Angaben der deutschen Gesellschaft für Technische Zusammenarbeit (GTZ) ist die drittgrößte Stadt, Tais, im Hochgebirge zwischen Sanaa und Aden gelegen, in wenigen Jahren mangels Wasser nicht mehr bewohnbar. Die Experten befürchten Flüchtlingsströme biblischen Ausmaßes.

Die Rahmendaten sind dermaßen unerfreulich, um nicht zu sagen katastrophal, dass die jemenitische Revolution fast wie ein letztes Aufbäumen erscheint, um den drohenden Untergang doch noch abzuwenden. Sie begann im Januar 2011, parallel zur Volkserhebung in Ägypten, und verlief zunächst friedlich. Dann aber setzte Präsident Ali Abdallah Salih auf Gewalt, wie seine offenkundigen Vorbilder in

Libyen und in Bahrain. Am 18. März ließ er unter den Demonstranten in Sanaa ein Blutbad anrichten: 52 Menschen wurden erschossen, Hunderte verletzt. Doch die landesweiten Proteste gingen weiter und erfassten wie in den übrigen arabischen Ländern alle sozialen Schichten, vom Hochschullehrer bis zum Tagelöhner. Mit Ausnahme der Regierungspartei «Allgemeiner Volkskongress» auch sämtliche Parteien, die Sozialisten und Nasseristen ebenso wie die größte Oppositionspartei «Islah» (Reform), ein Sammelbecken der Islamisten. Die Generation Facebook spielte im Jemen allerdings nur eine untergeordnete Rolle, ähnlich wie in Libyen. In beiden Ländern war nicht die städtische Jugend Motor des Wandels, sondern die von der Ressourcenverteilung ausgeschlossenen oder dabei benachteiligten Stämme.

Nach dem Massaker distanzierten sich führende Geistliche und auch Teile des eigenen Clans von Ali Abdallah Salih. Mehrere Gouverneure und Botschafter traten von ihren Ämtern zurück. Salihs Halbbruder Ali Muhsin al-Ahmar, Generalmajor und Verbindungsmann zu den gewalttätigen Dschihad-Gruppen, darunter Al-Qaida, kündigte dem Staatschef die Gefolgschaft und trat mit seinen Truppenteilen zur Opposition über. Sanaa hatte Washington nach 9/11 grünes Licht gegeben, Al-Qaida im Jemen zu bekämpfen, will aber nicht selbst ins Visier des Terrornetzwerkes geraten. Dementsprechend ist man um «gute Beziehungen» auch in diese Richtung bemüht.

Ungeachtet aller Vermittlungsversuche hielt der Gewaltherrscher an seiner Macht fest. Wie sein Pendant Ghaddafi kannte er alle Tricks, um die Stämme gegeneinander auszuspielen. Washington glaubte zunächst, auf Salih im Anti-Terror-Kampf nicht verzichten zu können. Auch Riad konnte sich lange nicht entscheiden, ob man ihn nun fallen lassen sollte oder nicht.

Die Stämme Zentralarabiens, des heutigen Saudi-Arabiens, beeinflussen seit rund 200 Jahren die Entwicklung im Jemen. Meist ging es dabei um Grenzstreitigkeiten oder Versuche, 1803 und 1926, die fruchtbaren jemenitischen Küstengebiete entlang des Roten Meeres zu erobern. Die saudischen Beziehungen zu Ali Abdallah Salih waren stets widersprüchlich, und umgekehrt gilt dasselbe. Kurz nach seiner Machtergreifung 1978 versuchte Salih vergeblich, den saudischen Einfluss auf die jemenitischen Armeekader zurückzudrängen. Sehr zum Ärger Riads kaufte er in Moskau Waffen im Wert von 600 Millionen Dollar, obwohl die Sowjets auch Nordjemens Feinde im Süden belieferten. Gleichzeitig jedoch bemühte er sich gar nicht erst, die Zentralregierung auf Kosten der Stämme im Norden zu stärken. Er ließ ihnen weitgehend ihre Autonomie, zur Freude der Saudis, die mit diesen Stämmen traditionell eng verbunden sind. Saudische Politik gegenüber dem Jemen besteht vor allem darin, so viele Politiker, Militärs, religiöse und Stammesführer wie nur möglich mit zusätzlichen Einkommen zu versehen. Gefolgsleute einzukaufen, mit anderen Worten.

Während des Zweiten Golfkrieges 1990/91 zur Befreiung Kuwaits stellte sich Ali Abdallah Salih auf Seiten Saddam Husseins. Als Vergeltung wiesen die Golfstaaten, allen voran Saudi-Arabien, mehr als eine Million jemenitischer Gastarbeiter aus. Von diesem Schlag sollte sich die jemenitische Wirtschaft, die auf deren Überweisungen dringend angewiesen war, nicht mehr erholen. Nach dem 11. September 2001 reihte sich Salih in den «Krieg gegen den Terror» ein. Daraufhin erhielt die Regierung in Sanaa aus den USA und Saudi-Arabien millionenschwere Unterstützung zur Bekämpfung Al-Qaidas – von Saudi-Arabien deshalb, weil der Sturz des saudischen Königshauses das erklärte Ziel von Osama bin Laden war.

2009 griff Riad militärisch erfolglos auf Seiten der jemenitischen Regierung in die Kämpfe gegen die Houthi-Rebellen ein. Aus Sorge, Zaiditen und Ismailiten (eine andere schiitische Sekte, deren Oberhaupt Aga Khan ist) in der saudischen Südwestprovinz Nadschran könnten sich dem Aufstand anschließen. Viele von ihnen stammen ursprünglich aus dem Jemen.

Offiziell hat die saudische Führung die Volkserhebung im Jemen ebenso wenig wie die vorangegangenen Aufstände in der arabischen Welt kommentiert. Der Stimmungswandel gegenüber Salih zeichnete sich aber indirekt im saudisch finanzierten Al-Arabiya ab. Der Satellitensender ignorierte die Revolte in Bahrain weitgehend, berichtete aber ausführlich über den südlichen Nachbarn – unter dem Logo «Wandel im Jemen».

Nach einem Attentat wurde der schwer verletzte Ali Abdallah Salih am 5. Juni 2011 zur Behandlung nach Riad ausgeflogen. Wenig spricht dafür, dass die Saudis ihm erlauben werden, in den Jemen zurückzukehren – auch wenn er sich hartnäckig weigert, als Präsident zurückzutreten. Die Lage im Jemen bleibt demzufolge unübersichtlich und explosiv. Zwei Machtkämpfe überlagern sich: Zum einen der zwischen der Präsidentenfamilie, einschließlich der von ihnen beherrschten Sicherheitskräfte, sowie den Stammesführern der Haschid und der abtrünnigen Teile des Ahmar Clans. Zum anderen der zwischen Regierung und Bevölkerung. Der Ausgang ist völlig offen.

RELIGION UND REVOLUTION.
SIND AM ENDE ISLAMISTEN DIE SIEGER?

Nichts ist beständig außer dem Wandel, wusste auch der vielleicht bedeutendste ägyptische Dramatiker Tawfik al-Hakim (1898–1987). Die arabische Revolution verändert nicht allein Politik und Gesellschaft. Sie wird auch das Verhältnis von Staat und Religion, von Islam und Herrschaft, neu bestimmen. Ebenso das Verhältnis zum Glauben. Je mehr die Individualisierung in den arabischen Großstädten fortschreitet, die «Verbürgerlichung» feudale Strukturen und Denkmuster ersetzt, umso größer die Resonanz aufgeklärter Lesarten des Koran, umso liberaler die Lebensformen. Am Beispiel der Fernsehprediger und des Lifestyle-orientierten Umgangs der Generation Facebook mit dem Islam ist dieser Prozess bereits aufgezeigt worden. Die arabische Revolution ist eines ganz sicher nicht: Ein religiöser Aufstand, eine islamische Revolte. Slogans der Islamisten sind kaum zu hören oder zu lesen. Die häufigsten Sprechchöre, «Kifaya!» («Genug!») oder «Irhal!» («Hau ab!»), sind eindeutig säkular. Die Helden der Revolution sind nicht Hassan al-Banna, der Begründer der Muslimbruderschaft, oder sein Nachfolger Sayyid Qutb, geschweige denn Osama bin Laden. Die Vorbilder sind eher spontan gewählt, darunter der ägyptische Google-Executive Wael Ghonim, der auf Facebook den Tod eines jungen Internetnutzers in den Fängen der Polizei in Alexandria dokumentiert hatte und dafür selbst beinahe von Mubaraks Stasi zu Tode gefoltert worden wäre. Die Zeit der großen Ideologien, ob Nationalismus oder Islamismus, geht zu Ende. Gleichzeitig wandelt sich auch der politische Islam, löst sich von einer dogmatisch verstandenen Scharia und zeigt sich empfänglich für neue Ideen und Bündnisse.

19 Lifestyle der Generation Facebook: Eine junge Frau mit modischem Kopftuch während der Proteste in Tunis, 25. Januar 2011.

Niemand vermag den weiteren Verlauf der arabischen Revolution vorherzusagen. In einigen Ländern wird sie Wurzeln schlagen, in anderen zerrieben werden oder schmerzhafte Kompromisse mit den Anciens Régimes eingehen müssen. Doch eines hat sich unwiderruflich gewandelt: das Bewusstsein. Die Araber haben erfahren, dass sie den Lauf der Geschichte verändern können. In der Vergangenheit war der Einzelne stets zum Gehorsam gegenüber seinem Herrscher verpflichtet. Kritik war gleichbedeutend mit Ungehorsam oder gar Blasphemie und wurde unnachgiebig verfolgt. Mit der Revolution hat die Gesellschaft, hat jeder Einzelne erstmals substantielle Forderungen nach Freiheit und Gerechtigkeit gegenüber den Machthabern durchgesetzt. Der Untertan emanzipiert sich. Er wird zum Bürger. Die Zeit alter Männer an der Spitze geheimdienstgesteuerter Machtapparate erlebt ihre Götterdämmerung. «Allah, Muammar, Libyen – mehr wollen wir nicht!», skandierten die Anhänger Ghaddafis. «Mit unserem Blut, mit unserer Seele – wir opfern uns für Dich, Saddam!» Oder für irgendeinen anderen Führer. Solche von oben dirigierten Sprechgesänge passen immer weniger in die Zeit.

Eine nicht zu belegende Tatsache

In dem Maße, wie der Wandel von einer Feudal- in eine moderne Industrie- und Dienstleistungsgesellschaft voranschreitet, verlieren sich kollektive Identitäten. Modernisierung bedeutet immer auch Individualisierung. Patriarchalische Normen und Traditionen relativieren sich. Der Einfluss der Religion schwindet. Sie verliert ihre normative Kraft. Lifestyle ersetzt Ideologie. Hedonismus verträgt sich nicht mit Dschihad. Selbst ein oberflächlicher Blick auf die europäische Geschichte zeigt, dass weder das Lehrgebäude und Glaubensgerüst des Christentums noch die Institution Kirche jemals statische Größen gewesen wären. Stets waren sie Teil der sie umgebenden gesellschaftlichen und politischen Verhältnisse, haben sie geprägt und wurden gleichermaßen von ihnen geprägt.

Gerade deswegen erscheint die im Westen vorherrschende Auffassung, der Islam vertrete eine absolute Wahrheit, sei nicht demokratie- und modernetauglich, vielmehr repressiv und gewalttätig, von totalitärer Gesinnung und strebe nach Weltherrschaft, so widersinnig. Die hiesigen Projektionen und Vorurteile setzen die Existenz eines Homo Islamicus voraus, dessen monolithische Identität ausschließlich von seiner Religionszugehörigkeit bestimmt wäre. Der Islam als ewiges, unwandelbares Dogma aus Feuer und Schwert. Der Koran ist demzufolge wenig mehr als eine Ansammlung Gewalt verherrlichender Texte, die mit dem Grundgesetz und westlichen Werten nicht zu vereinbaren sind. Der niederländische Rechtspopulist Geert Wilders, und nicht nur er, setzt den Koran der Einfachheit halber mit Adolf Hitlers «Mein Kampf» gleich. CSU-Innenminister Hans-Peter Friedrich hätte fast die deutsche Islam-Konferenz gesprengt, weil ihm zum Thema Islam und Integration wenig mehr einfiel als «Sicherheitspartnerschaft» und Terrorprävention. Keinen Tag im neuen Amt, machte er eine tiefe Verbeugung vor den Anhängern der kruden Thesen Thilo Sarrazins: «Aber dass der Islam zu Deutschland gehört, ist eine Tatsache, die sich auch aus der Historie nirgends belegen lässt.»

Auf halber Höhe gewissermaßen wechselt die Aussage die Richtung. Erst gehört er dazu, der Islam, doch nach dem zweiten Komma wird er über die Hintertür der Geschichte wieder hinauskomplimentiert. Friedrich zählt zu jener wirkungsmächtigen Glaubensgemeinschaft, die fest von der Existenz eines «christlichen Abendlandes», wahlweise «christlich-jüdischen Abendlandes» überzeugt ist. Eines Abendlandes, das sich in Abgrenzung zu den Niederungen des Islam versteht, von Fanatismus, Irrationalität und Mittelalterlichkeit. Die Geschichte des Abendlandes ist aus dieser Sicht offenbar eine kontinuierliche Aneinanderreihung humanistischer Großtaten, in der die Menschen, brüderlich geeint, von Aufklärung zu Aufklärung geeilt sind, ein Grundgesetz nach dem anderen verabschiedet haben, stets begleitet von kirchlichen, katholischen Würdenträgern, die es gar nicht erwarten konnten, endlich der Segnungen von Reformation und Französischer Revolution teilhaftig zu werden.

Inquisition? Glaubenskriege? Ausrottung der Ureinwohner Amerikas? Kolonialismus? Auschwitz?

Immerhin, heutzutage ist politisch korrekt überwiegend vom «jüdisch-christlichen» oder «christlich-jüdischen Abendland» die Rede, eine Referenz an die jüngere deutsche Geschichte. Im Kontext des Abendland-Diskurses ist das Adjektiv «jüdisch» seit den 1960er Jahren nachzuweisen. Zuvor war die mythenträchtige Metapher allein für das Christentum reserviert, unter Ausschluss von Judentum und Islam. Obwohl der den vielleicht wesentlichsten Beitrag zur europäischen Kultur- und Geistesgeschichte geleistet hat: In Wechselwirkung mit dem Byzantinischen Reich hielten die Muslime die griechische Antike am Leben. Über den Umweg islamischer Gelehrter, mit Hilfe von Übersetzungen aus dem Griechischen ins Arabische und schließlich ins Lateinische, fand das verlorengegangene Wissen der Griechen wieder Eingang in die westliche Kultur – und trug dazu bei, die moderne Welt zu begründen. Der Begriff «Abendland» ist weder geschichtlich noch geografisch noch inhaltlich klar einzugrenzen. Wer ihn dennoch verwendet, müsste korrekterweise von einem «monotheistischen Abendland» oder einem «christlich-islamisch-jüdischen Abendland» (alphabetische Reihung) sprechen. Alle drei Religionen haben, gemeinsam und gegeneinander, Europa geprägt, im Guten wie im Bösen.

Die Muslimbrüder auf dem Weg zur Quelle

Die Grundüberzeugung der Islamophobie, der Islam sei der eigentliche Grund aller Probleme, von der Integration bis zum Terror, setzt sich in der Beurteilung der arabischen Revolution fort. Was, wenn sie am Ende radikalen Islamisten an die Macht verhilft? Doch selbst wenn die ägyptischen Muslimbrüder oder ihr tunesisches Pendant, die Nahda-Partei, aus freien Wahlen als stärkste Kraft hervorgingen, werden sie keinen Gottesstaat errichten. Dafür fehlt ihnen die gesellschaftliche Basis. Unter demokratischen Bedingungen haben islamistische Parteien zwei Optionen. Entweder mäßigen sie sich und werden für breite Wählerschichten attraktiv, ähnlich der türkischen Regierungspartei AK-Partisi, oder aber sie kultivieren eine radikale Ideologie und werden zur Sekte.

Sehen wir uns diese Entwicklung am Beispiel der Muslimbrüder näher an. Zunächst einmal gilt es zu unterscheiden zwischen den Muslimbrüdern vor und jenen nach der Revolution. Vor der Revolution waren sie eine nationalreligiöse, in den ersten Jahrzehnten ihres Bestehens gewaltbereite Erweckungsbewegung. Im Laufe ihrer Geschichte wussten sie sich wiederholt neu zu erfinden und sind darüber eine systemkonforme Partei geworden. Unter Nasser wurden die 1928 gegründeten Muslimbrüder verboten, Sadat erlaubte ihnen, sich neu zu organisieren, aber nicht als Partei. Er sah sie als Hilfstruppe, um Linke und Nasseristen aus Universitäten und Gewerkschaften zu verdrängen. Mubarak sorgte dafür, dass die als Unabhängige auftretenden Muslimbrüder mit Hilfe von Wahlmanipulationen abwechselnd aus dem Parlament ferngehalten wurden oder aber eine begrenzte Zahl an Abgeordneten stellen durften. Die Schizophrenie der Muslimbrüder war stets, dass sie an den Hochschulen und in den Berufsverbänden, unter der Landbevölkerung und den Armen großen Rückhalt genossen, offiziell aber gar nicht existierten – obwohl sie die stärkste Oppositionsgruppe waren. Von der Idee einer islamischen Ordnung, eines «Gottesstaates», hatten sie sich bereits unter Sadat verabschiedet. Das war die Voraussetzung für ihre Duldung.

Der bei uns häufig verwendete Begriff «Gottesstaat» geht übrigens auf Khomeini zurück und ist ein Novum in der islamischen Theologie wie auch Geschichte. Im Westen wird er dennoch fälschlicherweise häufig als Quintessenz von Islamismus und Islam angesehen. Islamistische Theoretiker und orthodoxe Gelehrte sprechen stattdessen von der «islamischen Ordnung». Ihre Überlegungen kreisen um die Frage, die auch einfache Menschen seit der Zeit Mohammeds umtreibt: Wie ist die große Kluft zwischen dem religiösen Ideal und den Erfordernissen des Lebens, den Niederungen des Alltags zu überwinden? Der Abstand zwischen der Unfehlbarkeit Gottes und der Schwäche, den Unzulänglichkeiten, den Versuchungen des Menschen?

Dem Gläubigen den «Weg zur Quelle» zu weisen, dazu dient das islamische Recht, die «Scharia» – neben «Dschihad» der größte Reizbegriff in der westlichen Wahrnehmung des Islam. Die Scharia regelt nicht allein konkrete juristische Fragen, vor allem im Ehe-, Familien- und Erbrecht, sondern auch, auf ideeller Ebene gewissermaßen, das menschliche Handeln im Verhältnis zu Gott und zu den Mitmenschen. Daher enthält das islamische Recht auch Kultvorschriften, ethische Normen, Regeln für Hygiene, Fragen sozialer Etikette und dergleichen mehr. Die Scharia verfolgt das utopische Projekt einer gerechten politischen und gesellschaftlichen Ordnung, die mit Hilfe entsprechender Rechtsnormen umgesetzt werden soll. Entgegen westlicher Vorstellungen ist die Scharia kein ewiges, unwandelbares Dogma, sondern erlaubt eine Fülle von Interpretationen. Grausame Strafen wie das Amputieren von Gliedmaßen oder die Steinigung von Ehebrecherinnen (auch im Christentum über Jahrhunderte praktiziert) gehen zurück auf die frühislamische Zeit: Beduinen kannten keine Gefängnisse. Heute werden sie – selten – noch in Saudi-Arabien, im Iran, in Afghanistan und Somalia verhängt, was weniger dem Islam geschuldet ist als vielmehr den dort herrschenden politischen Verhältnissen. Die überwältigende Mehrheit islamischer Juristen lehnt die Anwendung solcher Strafen ab. Sie argumentieren: Erst wenn die perfekte Welt erschaffen, das Paradies auf Erden verwirklicht ist, seien auch schwere Körperstrafen erlaubt. Am Sankt Nimmerleinstag, mit anderen Worten.

Wie das Gute tun?

Die Spannung zwischen der idealtypischen Scharia und erfahrbarer Realität ist eines der Hauptprobleme islamischer Geschichte. Insgesamt vier Rechtsschulen haben sich unter den Sunniten gebildet, die jeweils ihren eigenen Vorstellungen über den richtigen «Weg zur Quelle» folgen. Das komplexe Regelwerk der Scharia lässt sich zurückführen auf den ebenso schlichten wie ehrenwerten Gedanken: Tue das Gute und meide das Böse. Um sicherzustellen, dass der fehlbare Mensch sich nicht an Gott versündigt, haben die Rechtsschulen komplexe Regelwerke geschaffen. Die Rechtsgelehrten, die Ulama, vertraten häufig die Auffassung, der Islam sei Religion und Staat, din wa dawla. Gemeint ist nicht der Gottesstaat Khomeinis, sondern eine gerechte politische Ordnung auf der Grundlage der Scharia mit einem gottesfürchtigen Herrscher an der Spitze. Das klingt gut, doch in der Praxis erwuchs daraus wenig mehr als das Kalifat – ein Hort höfischer Intrigen.

Eine große Schwäche der Scharia liegt in der großen Bereitschaft namentlich der sunnitischen Orthodoxie, sich dem Willen und der Willkür der jeweiligen Machthaber zu beugen und deren Forderungen nachzukommen. Kleriker, die sich den Herrschern versagten, waren in der islamischen Geschichte selten. Durchaus hätten sie gegen ungerechte oder despotische Herrscher vorgehen können, denn der Kalif war gehalten, nach den Prinzipien der Sunna, der Lebenspraxis des Propheten, und der Scharia zu handeln. Der Kalif, Sultan oder König war zu keiner Zeit eine Autorität, die von sich aus Recht sprechen konnte, sondern allein Diener des von den Ulama verwalteten göttlichen Rechts. Stattdessen haben sich diese aber häufig von der Macht korrumpieren und mit Privilegien bestechen lassen oder sich doch wenigstens mit den bestehenden Verhältnissen abgefunden. So hat der Großmufti Ägyptens, Ali Gomaa, der ranghöchste ägyptische Rechtsgelehrte, die Revolution scharf verurteilt, als sie begann. Verwunderlich ist das nicht, da er seinen Posten Mubarak verdankt. Auf seiner Webseite rechtfertigt er, warum er sich auf die falsche Seite der Geschichte gestellt hat: «Es war eine Zeit des nackten Chaos, die Zukunft erschien düster, die Zahl der Opfer ohne Ende. Imam Ali (Vetter und Schwiegersohn des Propheten, erster Islam-Konvertit) hätte das niemals gutgeheißen. Es gehört zu den Grundprinzipien des Islam, die Heiligkeit menschlichen Lebens zu würdigen. Mohammed soll gesagt haben: ‚Das Blut eines Muslim ist Gott heiliger als die Kaaba.'»" (Die Kaaba ist das Allerheiligste des Islam: Ein in Mekka im Mittelpunkt der großen Moschee gelegenes Gebäude aus Stein.)

Dass nicht die Demonstranten auf Mubarak-Anhänger geschossen haben, sondern umgekehrt das Regime erneut auf Gewalt setzte, war ihm offenbar entgangen. Auch der den Salafisten, ultrakonservativen Islamisten, nahestehende, neben Amr Khaled bekannteste Fernsehprediger Yussuf al-Qaradawi hat die Revolution, ganz im Sinn seiner saudischen Mentoren, wiederholt gegeißelt und «Ruhe und Ordnung» als höchstes Gut gepriesen.

Die Willfährigkeit der Orthodoxie gegenüber den Machthabern und der vorherrschende Konservatismus hat aus der Scharia im Laufe der Jahrhunderte ein Instrument der Disziplinierung gemacht, das Abweichungen von der geltenden Norm, sei es in Fragen der persönlichen Lebensführung oder mit Blick auf bestehende politische Verhältnisse, unter Verdacht und Strafe stellt. Die utopische Sehnsucht nach dem Paradies, der Einheit von Gott und Mensch, gerann im Laufe der Geschichte zunehmend zur Ideologie. Auch wenn es «die» Scharia nicht gibt, sie vielmehr die Summe ihrer verschiedenen Lesarten ist, so kann sie doch längst nicht mehr für sich beanspruchen, ein Motor gesellschaftlicher Entwicklung zu sein.

In den letzten 100 Jahren wurde die Scharia in den meisten arabischen und islamischen Staaten, jenseits des Ehe-, Familien- und Erbrechts, vom säkular ausgerichteten Zivilrecht (Qanun) verdrängt. Dabei hat man sich stark an europäischen Vorbildern orientiert. Insbesondere die Rechtsverordnungen aus Frankreich und der Schweiz fanden Eingang in arabische Gesetzbücher. Wo genau die Grenze zwischen Scharia und Qanun verläuft, darüber wird zum Teil heftig gestritten. Als Faustregel gilt: Je konservativer und einflussreicher die orthodoxen Theologen oder aber der politische Islam, umso mehr suchen sie den Einfluss der Scharia auf die Gesellschaft auszudehnen. Wo die

Scharia traditionalistisch interpretiert wird, ist sie mit rechtsstaatlichen Normen, mit Demokratie, Meinungsfreiheit und Menschenrechten nicht zu vereinbaren. Am Sinnvollsten wäre, die Scharia systematisch zu entrümpeln und den Erfordernissen der Moderne anzupassen, namentlich die Freiräume des Individuums gegenüber Staat und Gesellschaft zu stärken. Diesen Weg ist abgesehen von der Türkei, wo die Scharia 1926 abgeschafft wurde, und Marokko, wo sie 2004 faktisch außer Kraft gesetzt wurde, noch kein islamisches Land gegangen – aus Furcht vor der Konfrontation mit ultrakonservativen Kräften. Die Prognose sei gewagt, dass im Zuge der arabischen Revolution auch die Scharia auf den Prüfstand kommen wird.

Noch immer unterwegs:
Die Muslimbrüder entdecken die Welt

Islamische Fundamentalisten, angefangen mit Hassan al-Banna, folgen einem schlichten Weltbild. Sie glauben, die Muslime seien deswegen nicht mehr führend in der Welt, weil sie vom rechten «Weg zur Quelle» abgekommen seien. Einem Weg, der ihrer Ansicht nach vor allem darin besteht, die religiösen Pflichten und Gebote einzuhalten. Ist die moralische Läuterung des Einzelnen wie auch der Gesellschaft insgesamt vollbracht, vergibt Gott den Muslimen und verleiht ihnen erneut Größe und Bedeutung. Demzufolge gelte es, so al-Banna, eine «islamische Ordnung» auf Grundlage der Scharia zu begründen.

Was aber heißt das konkret? Erstaunlicherweise geben die frühen Schriften der Muslimbrüder darüber keine Auskunft. Al-Banna und seinem Nachfolger Qutb fiel es offenbar schwer, auf der Grundlage von Rechtsbestimmungen aus dem siebten Jahrhundert die Natur einer islamischen Ordnung im 20. Jahrhundert festzulegen. Die Fokussierung auf die «goldene Frühzeit» des Islam ist ein Phänomen, das sich nicht auf Islamisten beschränkt. Auch die meisten orthodoxen Theologen bewegen sich geistig in der Vergangenheit. Historischen Ballast über Bord zu werfen oder heilige Texte zeitgebunden zu interpretieren, widerstrebt ihnen.

In der Zeit vor der Revolution hatten sich die Muslimbrüder wie erwähnt mit den Machthabern arrangiert. Sadat und Mubarak benutzten sie nach innen als politisches Instrument, nach außen als Drohkulisse, vor allem Mubarak: Ich oder die Islamisten. Die Muslimbrüder haben sich auch deswegen auf dieses Spiel eingelassen, weil sich Islamisten generell in der Oppositionsrolle am wohlsten fühlen. Einmal in die Pflicht genommen, verlieren sie schnell ihren Nimbus. Zu groß ist die Kluft zwischen ihrer Obsession mit der Scharia und der «goldenen Frühzeit» des Islam einerseits und den Niederungen der Realpolitik andererseits. Das gilt auch für die Muslimbrüder, die lange darauf verzichteten, ihre Ziele klar zu benennen. Sie fingen an als Sozialrevolutionäre und antikoloniale Agitatoren, erfanden sich nach blutigen Auseinandersetzungen mit der Staatsmacht unter Nasser neu und verwandelten sich schließlich in eine patriarchale Bruderschaft. Ergänzt um ein landesweites Netzwerk an sozialen Dienstleistungen, für die Armen lebensnotwendig. Letztendlich war den Muslimbrüdern über Jahrzehnte hinweg nicht klar, ob sie eine religiöse oder aber eine politische Bewegung sein wollten. Parallel ergraute ihre Führung, die zwischen Sechstagekrieg 1967 und Klonschaf Dolly 2003 kaum einen personellen Wechsel erfuhr.

Nach 2000 kam es innerhalb der Bruderschaft zum offenen Konflikt zwischen Jung und Alt, zwischen Ideologen und Pragmatikern. Der von 2004 bis 2010 amtierende «Oberste Führer», Mohammed Akif, öffnete die Bewegung verstärkt für junge und moderate Kräfte und ebnete ihnen den Weg in Führungspositionen. 2004 veröffentlichte der wichtigste Vordenker des Reformflügels und Sprecher der Bruderschaft, Issam al-Irjani, das Buch «Die islamische Bewegung und der demokratische Übergang». Darin entwirft er die Grundzüge einer modernen islamischen Regierungsform entlang der folgenden Prinzipien: Uneingeschränkte individuelle Freiheitsrechte, politischer Pluralismus auf der Grundlage der Scharia, die so zu interpretieren sei, dass auch christliche Kopten sie annehmen könnten, und die rechtliche wie auch politische Gleichstellung von Mann und Frau.

Zwar schreibt er auch, dass «das Gebären von Kindern und deren Erziehung die wesentliche Aufgabe von Frauen» seien (was sicher zahlreiche, wenn nicht die meisten Konservativen in Europa sofort unterschreiben würden), doch traten nunmehr auch «Muslimschwestern» verstärkt der Bruderschaft bei. Selbstkritisch räumte al-Irjani ein, der bisherige Weg, sich mit den Machthabern fast um jeden Preis zu arrangieren, habe in eine Sackgasse geführt. Wie richtig er mit seiner Einschätzung lag, zeigte sich bereits 2005, als Mubarak die Muslimbrüder von den Parlamentswahlen ausschloss. Innerhalb der Bruderschaft formierten sich zwei Strömungen. Der Reformflügel, überwiegend jung und frei von Berührungsängsten, suchte den Kontakt zu anderen, säkularen oppositionellen Gruppen wie «Kifaya» oder «Ghad». Dieser Flügel, dessen bekannteste Vertreter Mohammed Akif, Issam al-Irjani und Abdel Moneim Abdel Futuh sind, ein langjähriges Mitglied im Führungsrat, strebt einen «Umbau» der Muslimbrüder nach Vorbild der türkischen AK-Partisi an. Ihr Gegenspieler, das Politbüro, in dem überwiegend die Gerontokraten versammelt sind, steht für ein «weiter so». Ihr Sprachrohr ist vor allem Mohammed al-Badija, der 2010 Mohammed Akif als «Obersten Führer» ablöste.

Al-Badija äußerte sich erst am 28. Januar, also drei Tage nach Beginn, zum Aufstand im eigenen Land und forderte Mubarak zu substantiellen Reformen und einem Ende der Gewalt auf. Das war zu wenig und zu spät, die alte Riege zeigte sich überfordert, auf den historischen Umbruch mit anderen als den gewohnten Mustern zu reagieren. Unter dem scharfen Protest der Reformer erklärte sich der konservative Flügel bereit, mit Mubarak zu verhandeln anstatt ebenfalls seinen Rücktritt zu verlangen.

Seit mehr als zehn Jahren spiegeln sich die gesellschaftlichen Umbrüche Ägyptens auch innerhalb der Muslimbruderschaft. Die Wahrscheinlichkeit, dass sie nach der Revolution in mehrere Parteien oder Gruppierungen zerfällt, ist groß. Der alten Garde dürfte politisch keine Zukunft beschieden sein. Die Reformer, wenngleich ihrerseits keine einheitliche Bewegung, verlangen wie auch die säkulare Opposition wirtschaftliche Liberalisierung und eine freie Marktwirtschaft – weg von der Rentier- und staatlich alimentierten Vettern- und Klientelwirtschaft, wie sie insbesondere das Militär und die traditionelle Oberschicht betreiben.

Anders als die Altvorderen haben die islamischen Reformer von Anfang an auf dem Tahrir-Platz mitgemacht. Dabei sind neue Freundschaften und Allianzen entstanden. In der Menge ging es nicht um die Frage: Wer bist du, welcher Religion oder Partei gehörst du an? Alle waren sie drei Wochen lang Ägypter, haben gemeinsam demonstriert, sich gegenseitig geholfen. Muslimschwestern übernachteten inmitten Tausender auf dem Platz – undenkbar vor der Revolution. Solche Erfahrungen hinterlassen Spuren, sie verändern Menschen und ihr Denken. Die Annäherung der Reformer an die säkulare Opposition setzte sich fort, und umgekehrt. Die verschiedenen Menschenrechtsorganisationen, die sich für das Schicksal inhaftierter Muslimbrüder meist nicht interessiert hatten, weil deren Ideologie als suspekt galt, hatten schon in den Monaten vor der Revolution auch deren Freilassung verlangt.

Wie stark die Muslimbruderschaft wirklich ist, wird sich bei den Parlamentswahlen zeigen. Bei den Wahlen zu den Studentenausschüssen im März 2011, den ersten freien Wahlen in Ägypten überhaupt, erhielten sie 18 Prozent der Stimmen.

Die Muslimbrüder sind nicht die einzigen politischen Akteure im islamischen Umfeld. Neben ihnen spielen noch die Salafisten und die Sufis, die religiösen Mystiker, eine Rolle. Die Salafisten stehen dem Wahhabismus nahe und werden maßgeblich aus Saudi-Arabien finanziert. Unter Mubarak standen die 90 000 offiziell registrierten ägyptischen Moscheen unter staatlicher Aufsicht. Das nach seinem Sturz entstandene Vakuum suchten die Salafisten für ihre Prediger zu nutzen. Mit begrenztem Erfolg, aber dennoch sind sie gefährlich. In ihren Reihen finden sich fanatische Agitatoren, die auch vor Gewalt gegen Kopten und Sufis nicht zurückschrecken. Nach wiederholten Übergriffen auf ihre Moscheen drohten Sprecher der eigentlich unpolitischen und friedlichen Sufis, sie würden sich, falls erforderlich, auch mit Waffen gegen die Salafisten zur Wehr setzen. Die nennen sich neuerdings «Ansar as-Sunna», sinngemäß: «Anhänger der wahren Lehre».

DIE HEIMLICHE REFORMATION.
MARTIN LUTHER, ISLAMISCH GEDACHT

Die Auseinandersetzung mit anderen Kulturen und Religionen wirft immer auch ein Spiegelbild zurück auf den Betrachter. Er kann sich irritiert abwenden oder aber seine eigenen Ansichten in Frage stellen. Letzteres geschieht erfahrungsgemäß eher selten – und wäre doch dringend geboten. Die vielleicht wirkungsmächtigste westliche Glaubensgewissheit über den Islam besagt, ohne Reformation und Aufklärung gebe es keinen Weg in die Moderne. Eigene historische Erfahrungen, namentlich Martin Luthers 1517 der Überlieferung nach eigenhändig an die Tür der Schlosskirche in Wittenberg genagelten 95 Thesen sowie die Trennung von Staat und Kirche im Zuge der Französischen Revolution, werden eins zu eins auf die islamische Welt übertragen: Wie wollen Muslime das Mittelalter hinter sich lassen und in der Demokratie ankommen, solange sie nicht den Tabubruch wagen und Religion zur Privatsache erklären?

Die tiefe Religiosität vieler Muslime gilt im Westen als suspekt. Zum einen, weil man dem Islam generell misstraut. Aber auch deswegen, weil die eigenen, hochgradig individualisierten und eher in Ausnahmefällen an verbindliche Normen oder Werte geknüpften Lebensentwürfe mit Religion wenig oder gar nichts mehr anzufangen wissen. Zu allem Überfluss sind sie auch noch beliebig wähl- und kombinierbar. Begriffe wie Ethik oder Moral wirken merkwürdig antiquiert, auch wenn sie indirekt, etwa bei der Risikoabwägung im Hinblick auf die weitere Nutzung der Kernenergie, durchaus eine Rolle spielen. Die Sinnfrage (Warum existiere ich?) ist in westlichen Gesellschaften ebenso schwer zu beantworten wie die nach der eigenen Identität. «Wer bin ich und wenn ja wie viele?», der Buchtitel des Bestsellers von Richard Precht trifft ironisch den Kern des Problems. Das führt bisweilen zur Regression, dem haltlosen Egotrip, oder zur Projektion, der Sehnsucht nach Heimeligkeit und Scholle, die auch zur Ideologie gerinnen kann, in Form von Fremdenfeindlichkeit und Rechtsextremismus. Umso mehr, als das Freiheitsversprechen westlicher Gesellschaften zunehmend einhergeht mit prekären wirtschaftlichen Verhältnissen und dem Verlust sozialstaatlich garantierter Sicherheiten.

Dieser Hintergrund mag erklären, warum selbst kluge Köpfe in Sachen Islam selten bereit sind, über den eigenen Tellerrand hinauszublicken. Unser Weg in die Moderne verlief über Reformation und Aufklärung, folglich muss auch der islamische über Reformation und Aufklärung verlaufen. Wo also bleibt der muslimische Martin Luther?

Der Prozess der Säkularisierung ist auch in der islamischen Welt längst im Gange. Allerdings unter anderen Vorzeichen als in Europa. Im Orient ist Religion ein entscheidender Faktor individueller wie kollektiver Identität. Viele, wenn nicht die meisten Muslime verlangen die Entpolitisierung des Religiösen, aber nicht notwendigerweise die «transzendenzfreie» Gesellschaft, die Religion zur Privatsache erklärt. Religiosität und Gläubigkeit ist der großen Mehrheit der Muslime eine zweite Haut. Ein Urknall, Thesen an die Tür einer Moschee genagelt, ist daher wenig wahrscheinlich. So paradox es anmuten mag, führt der Weg in die islamische Moderne über den Islam selbst, über eine graduelle Reformation, die allmähliche Öffnung von innen heraus. Gesellschaftliche Veränderungen und somit auch veränderte Bedürfnisse erschaffen neue Realitäten, wie wir am Beispiel der Muslimbrüder, ihres Reformflügels, und der säkularen Opposition gesehen haben, die beide pragmatisch miteinander umgehen.

Religion und Herrschaft

Gelingt den arabischen Gesellschaften die Befreiung aus Feudalismus und Bevormundung, verliert sich zwangsläufig auch die normative Kraft des Religiösen. Der Islamismus erklärt sich ja wesentlich als ein

Refugium in einem Umfeld aus Repression und Fremdbestimmung, sofern er nicht als Herrschaftsinstrument dient wie in Saudi-Arabien und im Iran oder terroristisch gewendet wird. Mit anderen Worten: Islam und Moderne, Islam und Demokratie, Islam und Aufklärung sind nicht zu denken ohne ein Ende der Diktaturen. Nicht die Religion verhindert Rechtsstaatlichkeit, gute Regierungsführung und die Achtung der Menschenrechte, sondern die bisherigen Regime. Die westliche Politik, auf Alleinherrscher zu setzen, um Sicherheit und Verlässlichkeit zu ernten, hat den Islamismus beflügelt, die Demokratisierung erschwert und die Zivilgesellschaft blockiert.

Nach dem Fall der Berliner Mauer avancierte der religiöse Fundamentalismus, vor allem in seiner islamischen Variante, zur größten wahrgenommenen Bedrohung westlich-liberaler Gesellschaften. Die iranische Revolution, die Ermordung Sadats, Khomeinis Fatwa gegen den Schriftsteller Salman Rushdie 1989, der irakische Einmarsch in Kuwait, die Taliban, zwei palästinensische Intifadas und natürlich der 11. September 2001, diese und andere emotional bewegenden Entwicklungen und Ereignisse haben das westliche Bild vom Islam nachhaltig geprägt. Zusätzlich bestärkt wurde es von Autoren wie Francis Fukuyama («Das Ende der Geschichte»), Benjamin Barber («Jihad vs. McWorld»), dem Orientalisten Bernard Lewis und insbesondere Samuel P. Huntington, dessen Bestseller «Kampf der Kulturen» gewissermaßen die Blaupause für die «Demokratisierungsagenda» unter Präsident George W. Bush und den Sturz Saddam Husseins lieferte. Die eingängige Metapher vom Kulturkampf verlagerte Machtpolitik auf die Ebene eines epischen, epochalen Ringens zwischen Gut und Böse – eine sehr effiziente Verschleierung und nützlich in Zeiten des Irakkrieges. Rechtskonservative Intellektuelle und Publizisten vor allem in den USA und Israel ergänzten die Kulturkampf-Prosa noch um den Begriff des «Islamo-Faschismus», verkörpert von den üblichen Verdächtigen: Hamas, Hisbollah, den iranischen Mullahs, den Taliban, den Muslimbrüdern.

«Demokratie innerhalb des Christentums durchzusetzen und zu organisieren, ist das herausragende politische Problem unserer Zeit», schrieb der französische Politiker und Historiker Alexis de Tocqueville

1831 in seinem Werk «Über die Demokratie in Amerika». Fast ein halbes Jahrhundert nach der Französischen Revolution mochte der Klerus den Widerstand gegen seine Entmachtung beileibe noch nicht aufgegeben. Darauf hinzuweisen hilft, die Dinge in eine angemessene Perspektive zu rücken. Das Verhältnis von Christentum und Demokratie hat Europa das gesamte 19. Jahrhundert hindurch beschäftigt. In einigen Ländern, etwa in Polen, aber auch in den USA, ist die Frage heute noch nicht abschließend beantwortet. In der Gegenwart stellt sie sich vornehmlich in der islamischen Welt. Ihre Antwort findet nicht, wer europäische Geschichte als alleinigen, universalen Maßstab ansieht. Auch andere Wege können in anderen Kulturen zum selben Ziel führen. Demonstranten von Marokko bis Iran verlangen Demokratie, Freiheit, das Ende von Korruption, Willkür und Gewalt, und es gibt keinen Grund zur Annahme, dass sie darunter etwas anderes verstünden als der Rest der Welt. Gerade weil die Werte und Grundrechte, die sie verlangen, universell gültig sind, gefährden sie nirgendwo kulturelle Identitäten. Auch gläubige, praktizierende Muslime verlangen Rechtsstaatlichkeit und Reformen, in den arabischen Ländern ebenso wie im Iran. Die «Islamische Republik» ist im Übrigen nicht deswegen undemokratisch, weil sie «islamisch» wäre. Sondern weil sie eine totalitäre Herrschaftsform darstellt, die sich religiös zu legitimieren sucht.

Auf den ersten Blick ist das Verhältnis von Religion und Demokratie grundsätzlich problematisch. Beide richten sich an unterschiedliche Bereiche menschlichen Daseins. Religionen sind Glaubenssysteme aus Geschichten und Ritualen, die sich auf das Göttliche und Heilige beziehen. Jede Religion ist jenseitsorientiert und metaphysisch, verspricht Halt und Sinn im Angesicht von Vergänglichkeit und Tod. Demokratie dagegen bezieht sich auf das Diesseits, ist weltlich und egalitär, regelt das politische Leben, schützt die Freiheitsrechte des Einzelnen gegenüber Staat und Gesellschaft. Darüber hinaus wendet sich Demokratie als Staatsform an alle Bürger, gleich welcher Herkunft, Religion, welchen Geschlechts. Die religiöse Sphäre ist deutlich begrenzter, obgleich sie einen umfassenden Wahrheitsanspruch formuliert. Sie offenbart sich den Gläubigen, zumal den Rechtgläubigen, die sich für die eine und somit gegen alle anderen Religionen entschieden haben. Der Weg vom

Glauben zur Intoleranz kann sehr kurz sein und blutig enden. Diese Intoleranz kann Andersgläubige ebenso treffen wie Nichtgläubige oder Menschen, deren Lebensformen nicht den eigenen Vorstellungen entsprechen. Und schließlich sind religiöse Institutionen stets versucht, Machtansprüche zu formulieren. Daher, so die Überzeugung der meisten liberal gesinnten Demokraten, vermag allein die Trennung von Staat und Religion Rechtsstaatlichkeit zu garantieren.

Wie den Koran zeitgemäß verstehen?

In der islamischen Welt dagegen bedarf es einer religiös begründeten Theorie des Säkularen. Einfacher gesagt: Die Trennung von Staat und Religion muss aus dem Islam heraus erfolgen, konkret auf Grundlage religiöser Praxis und/oder gelebter Traditionen sowie der heiligen Schriften. Dieser Prozess ist bereits in vollem Gang, beflügelt von der Demokratiebewegung in den arabischen Ländern und im Iran. In den letzten Jahrzehnten sind zahlreiche islamische Reformdenker hervorgetreten, die sich für eine zeitgemäße Interpretation koranischer Offenbarung einsetzen. Dazu gehören, um nur einige Beispiele zu nennen, der syrische Philosoph Sadiq al-Azm (geb. 1934), Mohammed Schahrur (geb. 1938), ebenfalls Syrer und eigentlich Ingenieur, der mit seiner Veröffentlichung «Die Schrift und der Koran – eine moderne Interpretation» (1990) großes Aufsehen erregte, der ägyptische Literaturwissenschaftler Nasr Hamid Abu Zaid (1943–2010), der algerisch-französische Philosoph Mohammed Arkoun (1928–2010), sein marokkanischer Kollege Mohammed Abd al-Jabri (1936–2010) oder der tunesische Islamwissenschaftler Mohammed Talbi (geb. 1921).

In seinem Buch «Reflektionen eines modernen Muslim» (2008) fragt Mohammed Talbi: «Wie können wir heutzutage Muslime sein?» Indem wir mit der Last der Tradition brechen, lautet seine Antwort. Talbi verteidigt die menschliche Freiheit gegenüber der religiösen Überlieferung. Die Scharia, schreibt er, sei ein Werk von Menschenhand, das eben deswegen nicht für alle Zeiten und für alle Muslime dogmatische Gültigkeit beanspruchen könne. Sie bedürfe der ständigen Neuinterpretation. Der Islam rechtfertige keinen Zwang im Glauben, enthalte vielmehr ein universelles Freiheitsversprechen. «Jede Auslegung, die sich diese Freiheit einzuverleiben versucht, steht im klaren Widerspruch zum Glauben.» Und weiter: «Gott spricht nicht nur zu den Toten, sondern auch zu den Lebenden. Und deshalb muss ich sein Wort mit meiner jetzigen Mentalität und mit Blick auf meine jetzigen Lebensumstände zu verstehen suchen. Ich schlage eine dynamische Lektüre des Korans und keine starre oder konservative vor, die das Wort Gottes tötet.»

Noch weiter geht Mohammed Schahrur in seiner bereits erwähnten Publikation «Die Schrift und der Koran – eine moderne Interpretation». Darin heißt es: «Der Islam ist faktisch die allein dominierende normative Kraft in der arabischen Welt. Gerade deswegen muss das religiöse Erbe kritisch gelesen und neu interpretiert werden. Kulturelle und religiöse Reformen sind wichtiger als politische, da sie die Voraussetzung für säkulare Reformen sind.» Das unter Muslimen vorherrschende Islamverständnis stehe deutlich im Widerspruch zum Geist der koranischen Offenbarung. Dem traditionellen islamischen Diskurs, wie er von den Rechtsgelehrten gepflegt wird, bescheinigt er das Fehlen jedweder historisierenden Einordnung und Wissenschaftlichkeit. Den orthodoxen Theologen wirft er vor, lediglich in apologetischen Reflexen zu denken. Sie seien unfähig, Glaube und Vernunft miteinander zu versöhnen. Schahrur argumentiert, der Islam formuliere kein Rechtssystem, wie in der Scharia festgehalten, sondern benenne lediglich die Rahmenbedingungen größtmöglicher Freiheit des Menschen. Die Strafgesetzgebung der Scharia dürfe allein in den Händen einer demokratisch verfassten Legislative liegen. Die im Koran (5:38) beispielsweise formulierte Strafe für Diebstahl, das Abhacken der Hand, stellt nach Schahrur eine theoretische Höchststrafe dar, die keineswegs automatisch zu verhängen sei. Die Richter könnten den Täter demzufolge auch zu ehrenamtlicher Arbeit verurteilen.

Am meisten stößt sich Schahrur an den islamischen Rechtsgelehrten. Denn sie haben die Hadithe, die angeblichen oder tatsächlichen Aussprüche des Propheten, fixiert im 7. Jahrhundert, zur Grundlage der Scharia erhoben. Anstatt die Hadithe in ihrem historischen Kontext zu verstehen, hätten die Rechtsgelehrten die islamische Frühzeit idealisiert und in den Rang einer sakralen Normsetzung erhoben. Damit sei die freie Entscheidungsfindung aufgehoben worden – in der Annahme, die Fragen des Lebens vergangenheitsfixiert, gegebenenfalls unter Zuhilfenahme des Analogieschlusses (Was würde Mohammed dazu sagen?) lösen zu können.

Schahrur ist der wahrscheinlich konsequenteste Reformdenker. Sein Ziel benennt er klar und deutlich: Die Trennung von Staat und Religion durch eine Säkularisierung von innen. Indem er die Scharia dem Rechtsstaat unterstellt, versöhnt er sie mit den universellen Vorstellungen von Demokratie und Menschenrechten.

Alle Reformer sahen und sehen sich Verfolgungen durch die Machthaber, durch die islamische Orthodoxie und die Islamisten ausgesetzt. Von der breiten Öffentlichkeit wurden sie lange ignoriert. Im Schatten westlicher Dominanz und Hegemonie hielten die Islamisten die öffentliche Auseinandersetzung um Staat, Identität und Islam über Jahrzehnte besetzt. Ihre These, der Islam sei «Religion und Staat» und fuße auf einer unwandelbaren Scharia, hat nichts mit der historischen Wirklichkeit islamischer Gesellschaften zu tun. Aber sie prägt(e) die Wahrnehmung des Islams insgesamt, im Orient wie im Okzident. Nach dem Verhältnis von Islam, Demokratie und Menschenrechten zu fragen, heißt, den Koran und die Sunna, die Lebenspraxis des Propheten, zeitgemäß zu interpretieren. Der gesellschaftliche Druck, die Religion zu «entideologisieren», nimmt stetig zu, auch aufgrund der negativen Erfahrungen mit dem Islamismus. Umso mehr, als der Koran keine politische Verfassung ist und auch keine bestimmte Staatsform vorschreibt. Von Marokko bis Saudi-Arabien erwächst seit Jahren, verstärkt durch die Revolution, ein Pragmatismus der bürgerlichen Mitte, getragen von den Befürwortern einer islamischen Demokratie. Sie versuchen, teils über Parteien, teils über Nichtregierungsorganisationen oder Berufsverbände, gute Regierungsführung, kulturelle Authentizität und Islam in Einklang zu bringen. Dazu rechnen Intellektuelle, islamische Religions- und Rechtsgelehrte, Vertreter der staatlichen Justiz, aber auch Unternehmer und Vertreter der Generation Facebook, bis hinein ins Rapper-Milieu. Ihre Kernbotschaft: Wir sind gläubige

Muslime, wir fordern Gerechtigkeit, Gleichheit, Freiheit und Verantwortung auf der Grundlage einer rechtsstaatlich eingebundenen, modern ausgelegten Scharia.

Das gilt auch und gerade für den Iran. Nirgendwo ist die Desillusionierung der Bevölkerung mit dem politischen Islam so ausgeprägt wie in der «Islamischen Republik». Auch weite Teile des schiitischen Klerus, nicht allein die Reformtheologen, stellen sich offen gegen Khomeinis Modell einer «Herrschaft der Rechtsgelehrten». Nach diesem Modell sind die Machthaber nicht den Menschen für ihr Tun Rechenschaft schuldig, sondern allein Gott, am Tag des Jüngsten Gerichts. Reformtheologen, darunter Abdelkarim Sorusch, Mohsen Kadivar oder Mohammed Schabestari, argumentieren wie ihre arabischen Kollegen für eine gegenwartsbezogene Auslegung des Koran. Damit stellen sie die Grundfeste der Islamischen Republik in Frage, die das Dogma zur Staatsräson erhoben hat. Der Aufstand der städtischen Jugend nicht allein in Teheran im Sommer 2009, die «grüne Revolte», erweist sich im Nachhinein als Auftakt zur arabischen Revolution.

Nicht einmal die Staatsführung glaubt an die Zukunftsfähigkeit der iranischen Theokratie. Zunehmend verwandelt sie Präsident Ahmadinedschad in eine bloße Militärdiktatur. In kleinen Schritten wird der Klerus entmachtet, dem nach dem Tod von Revolutionsführer Khamenei wohl nur noch die Aufgabe bleibt, die veränderten Verhältnisse islamisch zu legitimieren, unter Beibehaltung seiner Privilegien.

SYRIEN IN DER REVOLTE.
EIN AUGENARZT VERTEIDIGT SEINE MACHT

Es fing an in Deraa, einer gesichtslosen Kleinstadt an der Grenze zu Jordanien. Am 15. März pinselte eine Gruppe Jugendlicher die Parole der arabischen Revolution an eine Hauswand: Das Volk will den Sturz des Regimes. Die Sicherheitskräfte verprügelten die Jugendlichen und warfen sie ins Gefängnis. Drei Tage später demonstrierten die Bewohner Deraas für deren Freilassung. Die Behörden reagierten auf bewährte Art: Mit Gewalt. Vier Menschen starben im Kugelhagel, was die Wut noch mehr anheizte. Die Absetzung des Gouverneurs beruhigte die Lage nicht, eine Woche später gingen Demonstranten auch in anderen syrischen Städten auf die Straße. Ausgerechnet die verarmte, vernachlässigte Stadt Deraa im tiefsten Hinterland wurde zum Schauplatz einer beispiellosen Entfesselung der Staatsgewalt. Da sich die Bewohner nicht einschüchtern ließen, obwohl alleine am 8. April 26 Demonstranten erschossen wurden, riegelte die Regierung die Stadt wochenlang mit Panzern von der Außenwelt ab, unterbrach die Versorgung mit Strom, Wasser und Lebensmitteln. Doch die Lage beruhigte sich weder in Deraa noch im übrigen Land. Völlig überrascht vom Aufstand musste Präsident Baschar al-Assad um sein politisches Überleben kämpfen. Und das seines Regimes. Während die Sicherheitskräfte allein in den beiden ersten Monaten des Aufstands mehr als 1000 Menschen töteten und 10 000 inhaftierten, ernannte er eine neue Regierung, versprach Reformen und setzte die Notstandsgesetze außer Kraft. Zu wenig, zu spät. Die Proteste gingen weiter, mit zwei entscheidenden Ausnahmen. In der Hauptstadt Damaskus wie auch in der Wirtschaftsmetropole Aleppo blieb es bis zur Drucklegung des Buches weitgehend ruhig.

Ein goldener Ritter

Syrien ist ein multiethnischer und -konfessioneller Staat mit 22 Millionen Einwohnern, in dem die Sunniten mit 77 Prozent die Bevölkerungsmehrheit stellen. Jeweils zehn Prozent entfallen auf Christen und Alawiten, eine schiitische Sekte, drei Prozent auf Drusen, eine weitere schiitische Sekte. Noch einmal zehn Prozent sind Kurden, die im Nordosten des Landes leben und fast ausschließlich zu den Sunniten rechnen. Obwohl die Alawiten, deren ursprüngliches Siedlungsgebiet südöstlich der Hafenstadt Latakia liegt, nur eine kleine Minderheit bilden, sind sie seit Jahrzehnten an der Macht. Die Alawiten waren ursprünglich zu arm, um ihre Söhne vom Militärdienst freizukaufen. Daher stellten sie die Mehrheit der Soldaten und konnten 1963 erstmals putschen. Ein weiterer Putsch brachte 1970 Hafiz al-Assad an die Macht, der bis zu seinem Tod im Jahr 2000 regierte. Eigentlich hatte der Präsident seinen Sohn Basil als Nachfolger auserkoren. Der aber starb 1994 bei einem Autounfall und blickt seither als «goldener Ritter» von zahlreichen Propagandatafeln auf die Lebenden. Stattdessen bestimmte der Vater den Zweitältesten Baschar als Erben, der in London Augenheilkunde studierte.

Macht und Herrschaft beruhen in Syrien auf der Armee und einem guten Dutzend Geheimdiensten, die in erster Linie die Aufgabe haben, die Armee an weiteren Putschen zu hindern und die Bevölkerung auf Linie zu halten. Anders als der Irak Saddam Husseins und das Libyen Ghaddafis war Syrien nie eine totalitäre Diktatur mit einem Hasardeur an der Spitze. Hafiz al-Assad zeigte sich als ein ebenso intelligenter wie skrupelloser Machthaber, der Syrien mit eiserner Faust regierte, aber seine Untertanen nicht mit Großmannssucht oder fragwürdigen Ideologien heimsuchte. Die religiösen Minderheiten konnten sich gut mit ihm arrangieren. Wer das Machtmonopol der Alawiten nicht in Frage stellte, hatte nichts zu befürchten. Mit der sunnitischen Mittel- und Oberschicht schloss der Assad-Clan eine Art Bündnis. Sie hatte freie Hand, ihren Geschäften nachzugehen und nach und nach den Großteil der Privatwirtschaft zu übernehmen, während sie die Politik den

Alawiten überließen. Formell ist die Baath-Partei («Wiedergeburtspartei») an der Macht, ein Sammelbecken verdienter Funktionäre mit der Lizenz, sich aus der Staatskasse zu bedienen. Gemäß Artikel acht der syrischen Verfassung obliegt ihr allein «die Gestaltung von Staat und Gesellschaft». An ihr arabisch-nationalistisches Programm glauben allerdings nicht einmal ihre Kader. Die Rivalitäten zwischen der alawitischen Macht- und der sunnitischen Wirtschaftselite erklären, warum es in Syrien erst seit 2009 eine Börse gibt, an der allerdings nur wenige Titel gehandelt werden. Die Alawiten wollen vermeiden, dass die Sunniten über den Umweg Börse ihren Einfluss geltend machen.

Als Baschar al-Assad 2000 seinem Vater im Amt nachfolgte – gewissermaßen eine präsidiale Monarchie, wie sie auch Ghaddafi, Mubarak und Salih mit ihren Söhnen anstrebten –, galt er der Bevölkerung als Hoffnungsträger. Der junge Herrscher, Jahrgang 1965, stand nunmehr an der Spitze eines Machtapparates, der sich mental seit Jahrzehnten kaum noch bewegt hatte. Seine Legitimation bezog dieser Apparat wesentlich aus dem Konflikt mit Israel, der vor allem im Libanon ausgetragen wurde und wird. Aufgrund enger familiärer, ethnisch-religiöser und wirtschaftlicher Verflechtungen gilt das Nachbarland in Damaskus bis heute als «Bruderregion». Erst 2008 tauschten beide Länder erstmals Botschafter aus, erkannte Syrien damit die Unabhängigkeit des Libanon offiziell an. Mit Ausnahme Algeriens ist keine andere arabische Nomenklatur in ihrem Denken dermaßen militaristisch geprägt wie die syrische. Gab es ein innenpolitisches Problem, Regimekritik, Unruhen gar, so lautete die Antwort stets auf Repression und Gewalt. Von Hafiz al-Assad stammt das Bonmot, mit 90 Prozent der Syrer gebe es keine Probleme. Für die übrigen seien die Gefängnisse reserviert. Als die Muslimbrüder 1982 in der mittelsyrischen Stadt Hama den Aufstand wagten, wurde die Stadt eingekesselt, tagelang bombardiert und mit Artillerie beschossen. Am Ende war sie weitgehend dem Erdboden gleichgemacht, waren mehr als 20 000 Menschen tot. Danach herrschte Ruhe im Land. Bis 2011.

Familie und Freiheit – oder eben nicht

Baschar al-Assad hatte den Mut, dringend erforderliche Wirtschaftsreformen anzugehen. Syriens staatlicher Wirtschaftssektor, der im Gegensatz zur Privatwirtschaft nicht von Sunniten sondern von alawitischen Funktionären kontrolliert wird, stand bei seinem Amtsantritt vor dem Bankrott. Von Globalisierung und Technologisierung war Syrien weitgehend abgeschnitten. Internet und Mobiltelefone gab es nur für eine privilegierte Minderheit. Vor allem aus Sorge, die Opposition könnte sich mit ihrer Hilfe organisieren. Baschar al-Assad setzte sich über die Bedenken hinweg und öffnete das Land für neue Technologien. Gleichzeitig forcierte er die Privatisierung von Staatsbetrieben, reformierte das auf dem Stand der 1950er Jahre stehengebliebene Bankensystem, gab den Wechselkurs der syrischen Landeswährung frei und versetzte damit der jahrzehntelang florierenden Schattenwirtschaft einen schweren Schlag, von der in erster Linie alawitische Funktionäre und sunnitische Händler profitiert hatten. Zahlreiche Privatschulen und private Universitäten wurden eröffnet. 2004 folgten die ersten Privatbanken und Versicherungsgesellschaften. Der Präsident bemühte sich um gute Beziehungen zum nördlichen Nachbarn, der Türkei, was vor allem die Wirtschaft in Aleppo und Nordsyrien beflügelte. Die lange vernachlässigte Altstadt von Damaskus erlebte einen zweiten Frühling. Ehemalige Paläste und Patrizierhäuser, vielfach dem Verfall preisgegeben, wurden aufwendig restauriert, in Hotels, Restaurants oder Boutiquen umgewandelt. Der Tourismus zog an, Syrien schloss ein Assoziierungsabkommen mit der Europäischen Union und beantragte seine Mitgliedschaft in der Welthandelsorganisation.

Nicht allein in Syrien, auch im Ausland war die Hoffnung groß, die wirtschaftliche Öffnung würde mit einer politischen einhergehen. Für einen kurzen Moment, 2001, sah es tatsächlich so aus. Baschar al-Assad ermutigte seine Landsleute, sich am öffentlichen Leben zu beteiligen. Als allerdings die in den Caféhäusern und Teestuben bislang unbekannte Redefreiheit einherging mit dem Ruf nach politischer Öffnung, als Oppositionelle freie Wahlen und die Gründung neuer

20 Der Schein der Normalität: Farbige Wimpel und Assad-Fotos über einer Marktstraße in Damaskus, 30. April 2011.

Parteien forderten, war die rote Linie überschritten. Von 2002 an wurden Kritiker erneut ins Gefängnis geworfen oder mundtot gemacht. Teilweise durchaus in höflicher Form. So bestellte man sie zu Verhören ein, wo man ihnen nahelegte, in Ruhe abzuwägen. Ob sie ihren Job zu behalten gedächten, in Freiheit mit ihrer Familie leben wollten – oder eben nicht.

Wurde Baschar al-Assad von seinem eigenen Machtapparat ausgebremst oder hat er selbst den politischen Reformprozess beendet, kaum dass er begonnen hatte? Vieles spricht dafür, dass er selbst dafür verantwortlich ist. Zum einen hat er zahlreiche Weggefährten seines Vaters, Vertreter der alten Garde, zu Beginn seiner Herrschaft gezielt entmachtet. Demzufolge war er durchaus Herr im eigenen Haus. Zum anderen hat er das Patronagesystem aus Günstlings- und Vetternwirtschaft, das in allen arabischen Diktaturen vorherrscht und auch von seinem Vater betrieben wurde, uneingeschränkt fortgesetzt. Größter Nutznießer der Privatisierungen war sein Vetter Rami Makhlouf. Der

Oligarch kontrolliert, unter anderem, den Import von Luxusgütern und die Telekommunikation. Deswegen gingen in Deraa als erstes der Sitz der Baath-Partei und die Niederlassung des größten Mobilfunkanbieters in Flammen auf. Zwei weitere Stützen des Regimes sind sein jüngster Bruder Maher, Kommandeur der «Vierten Division» und der «Republikanischen Garde», alawitischer Elitetruppen, die maßgeblich an der Niederschlagung der Unruhen beteiligt waren. Und sein Schwager Assif Schaukat, Generalstabschef und Herr über die Geheimdienste.

Ein Präsident, der ernsthafte Reformen anstrebt, bemüht ein anderes Personal und betreibt eine andere Politik. Aber welche? Im Grunde ist ein System wie das syrische, in dem eine Minderheit über die Mehrheit herrscht, in diesem Fall Alawiten über Sunniten, nicht zu erneuern. Am Ende steht unweigerlich die Machtfrage. Demokratie in Syrien hieße, dass die Alawiten auf die Herrschaft verzichten oder sie wenigstens mit anderen teilen müssten. Das werden sie freiwillig ebenso wenig tun wie das sunnitische Herrscherhaus in Bahrain, das seinerseits die schiitische Bevölkerungsmehrheit unterjocht. Baschar al-Assad hat dieses Dilemma frühzeitig erkannt. Entsprechend ließ er dem Sicherheitsapparat freie Hand, Oppositionelle auch weiterhin mit harter Hand anzugehen, während er selbst die Rolle des aufgeklärten Landesvaters einnahm. Telegen, freundlich und weltgewandt. Jawohl, wir müssen etwas unternehmen. Aber alles zu seiner Zeit.

Der Israel-Faktor

Zugute kam ihm, dass er in der Öffentlichkeit bis zu den Gewaltexzessen in Deraa gut angesehen war. Nach dem Motto: Er ist ja willig, aber er kann eben nicht so, wie er selbst gerne möchte. Baschar al-Assad wusste, dass sein selbstbewusstes Auftreten gegenüber Israel und dem Westen bei den Syrern gut ankam. Er stand für Unabhängigkeit und Widerstandsgeist – anders als die übrigen arabischen Potentaten, die sich Washington und den Europäern andienten. In einem Interview mit dem Wall Street Journal forderte er seine arabischen Amtskollegen noch am 31. Januar 2011 zu mehr Freiheit und Liberalität auf. Er beklagte, dass die Zivilgesellschaft in Syrien schwach ausgeprägt sei, was seiner Regierung nur ein langsames Tempo bei der Umsetzung demokratischer Reformen erlaube. Ein Übergreifen der Protestwelle auf Syrien schloss er aus, da seine Politik die «Rechte der Araber» verteidige.

Um diese Rhetorik und die Bedeutung des «Israel-Faktors» in der syrischen Politik zu verstehen, muss man zurückgehen zum Sechstagekrieg 1967. Damals eroberte Israel neben dem Westjordanland und dem Gazastreifen auch die syrischen Golanhöhen und annektierte diese 1980 völkerrechtswidrig, ebenso wie Ost-Jerusalem. Nach dem Sechstagekrieg entstand eine «hegemoniale Partnerschaft» zwischen Israel und den USA, die, bei wechselnden Gegnern und Feindbildern, bis heute Bestand hat. Gemeinsam gehen die Regierungen beider Länder seither gegen Staaten und Bewegungen vor, die ihre Vormachtstellung in der Region nicht anerkennen. Damaskus wäre sicher bereit gewesen, sich dem westlichen Lager anzuschließen, hat sich auch am US-geführten Krieg gegen Saddam Hussein zur Befreiung Kuwaits 1991 beteiligt – allein, es ging nicht. Neben dem Regimeerhalt ist die Rückgewinnung der Golanhöhen das zentrale Anliegen syrischer Politik. Vater und nach ihm Sohn Assad mussten jedoch erkennen, dass weder US-Amerikaner noch Europäer bereit waren, in dieser Frage auch nur den geringsten Druck auf Israel auszuüben. Umso weniger, als das syrische Regime eine strategische Partnerschaft mit der Sowjetunion unterhielt. Nachdem Ägypten 1979 einen Separatfrieden mit Israel geschlossen und sich die arabische Einheit einmal mehr als Illusion erwiesen hatte, musste sich Damaskus neu orientieren. Und fand einen weiteren Bündnispartner in der im selben Jahr entstandenen Islamischen Republik Iran, die aufgrund der engen Beziehungen der USA und Israels mit dem von ihr gestürzten Schah-Regime mit beiden brach.

1982 marschierte die israelische Armee im Südlibanon ein, um die Palästinensische Befreiungsorganisation (PLO) unter Jassir Arafat von dort zu vertreiben und deren Verbündeten Syrien zu schwächen. Tatsächlich mussten sich die PLO-Kämpfer nach Beirut zurückziehen, von wo sie nach Vermittlung der Vereinten Nationen auf mehrere arabische Staaten verteilt wurden. Zuvor war der Westen der Stadt wochenlang bombardiert worden. Mit Wissen des damaligen israelischen Verteidigungsministers und späteren Ministerpräsidenten Ariel Scharon richteten christliche Milizen in den palästinensischen Flüchtlingslagern Sabra und Schatila ein Massaker mit über 1000 Toten an.

Die Schiiten im Südlibanon hatten die Vertreibung der PLO zunächst begrüßt. Zu oft waren sie immer wieder zwischen die Fronten geraten. Israel führte jedoch ein brutales Besatzungsregime ein, das zur Massenflucht von mehr als 100 000 Schiiten nach Beirut führte, wo sie sich im Süden in einem neu entstehenden Stadtviertel ansiedelten, in Dahijeh. Dieses Viertel wurde zur Hochburg der Hisbollah, der «Partei Gottes». Sie entstand 1982 als Antwort auf die israelische Besatzung und ist gleichermaßen schiitische Partei und Miliz. Gleichzeitig betreibt sie ein effizientes soziales Hilfswerk, wie alle islamisch-fundamentalistischen Bewegungen. Seit ihrer Gründung unterhält sie enge Beziehungen zu Teheran, ist aber nicht, wie häufig im Westen zu vernehmen, eine Marionette der Islamischen Republik. Sie wird von dort finanziell und militärisch unterstützt, hat aber stets Wert darauf gelegt, eine eigenständige Politik zu betreiben. Als bloßer Handlanger Teherans wäre sie wohl auch nicht zur stärksten politischen Kraft unter den libanesischen Schiiten aufgerückt, vergleichbar der sunnitischen Hamas in den palästinensischen Gebieten. Beide wären ohne israelische Besatzung nicht entstanden und vor allem kein Machtfaktor geworden – eine Einsicht, der man sich in Israel wie auch unter den unkritischen Befürwortern israelischer Politik gerne verschließt.

Teheran und die Hisbollah

Die unter Hafiz al-Assad begonnene und von seinem Sohn Baschar fortgeführte Allianz Syriens mit Teheran und der Hisbollah ist politisch durchaus rational. Israel suchte die Machtprobe mit Damaskus im Libanon, ein Durchbruch in der Golanfrage blieb aus. Da sich Washington und die Europäer die israelische Haltung zu eigen machten, gab es für Damaskus kaum eine Alternative zu Teheran und der

Hisbollah. Umso weniger, als sich Syrien 2002 auf der «Achse des Bösen» von Georg W. Bush wiederfand. Wäre der Sturz Saddam Husseins im Irak ein Erfolgsmodell gewesen, hätte Baschar al-Assad als nächstes auf der Agenda neokonservativer «Demokratisierungspolitik» gestanden. Mit dem Ziel, einen weiteren «Feind Israels» und des Westens auszuschalten.

Die für Israels Soldaten mit hohen Verlusten verbundenen Angriffe und Selbstmordattentate der Hisbollah führten 2000, nach 18 Jahren also, zum bedingungslosen Abzug der Besatzungstruppen aus dem Südlibanon. Für die israelische Armee eine schmerzhafte Niederlage, die nach einem Ausgleich verlangte. Von nun an sollte der Iran im Fokus israelischer Politik stehen, der angeblich die «Vernichtung» des jüdischen Staates anstrebt. Schon Jahre vor der Machtübernahme Präsident Ahmadinedschads 2005 und seiner anti-israelischen Ausfälle wurde die Islamische Republik zur israelischen Obsession. Keine israelische Regierungsdelegation versäumt es seither, in den USA und Europa vor der iranischen Gefahr zu warnen, vor allem unter Verweis auf das dortige Nuklearprogramm. Da der Iran als einziger Staat der islamischen Welt antiwestlich eingestellt ist, aus historischen, ideologischen wie machtpolitischen Gründen, und die Mullahs in den seltensten Fällen als Sympathieträger für sich Werbung machen, fiel die Dämonisierung des Landes in der westlichen Öffentlichkeit nicht schwer. Mit Teheran gerieten auch Damaskus und die Hisbollah ins Visier. Die naheliegende Einsicht, dass die engen Beziehungen zum Iran und zur «Partei Gottes» für Syrien das einzige Faustpfand bei künftigen Verhandlungen über die Golanhöhen darstellen, gilt im Westen nicht als opportun. Was insoweit erstaunlich ist, als eine Rückgabe der Golanhöhen an Syrien 1995 ausgemachte Sache zu sein schien. Im Zuge monatelanger Geheimverhandlungen, die überwiegend in Washington geführt wurden, erklärte sich die damalige israelische Regierung unter Jitzhak Rabin bereit, die Golanhöhen Syrien zu überlassen. Nicht ohne Gegenleistungen: Demilitarisierung auf syrischer Seite bis auf wenige Kilometer vor Damaskus, Fortbestand israelischer Siedlungen, Beendigung jedweder Unterstützung von Hamas und Hisbollah, Einstellung der militärischen Kooperation mit Teheran. Israel und Syrien standen kurz vor der Unterzeichnung eines Friedensvertrages. Nach der Ermordung Rabins im November 1995 durch die Hand eines jüdischen Rechtsextremisten aber nahm die israelische Politik eine Wende in Richtung Ultranationalismus – Frieden ja, aber ohne Rückgabe eroberter Gebiete.

Im Februar 2005 wurde der vormalige libanesische Ministerpräsident und einflussreichste Politiker in Beirut, Rafik al-Hariri, bei einem Anschlag getötet. Eine UN-Untersuchungskommission beschuldigte zunächst die syrischen Geheimdienste, später die Hisbollah. Als Reaktion verabschiedeten die Vereinten Nationen eine Resolution, die noch im selben Jahr zum vollständigen Abzug syrischer Truppen aus dem Libanon führte. Sie waren 1976 während des libanesischen Bürgerkrieges (1975–1990) einmarschiert. Nach dem Ende der syrischen Vorherrschaft kam es dort zu einem politischen Frühling, der insbesondere der Hisbollah zusetzte. Infolge ihres «Sieges» über Israel war sie zu einem der wichtigsten innenpolitischen Akteure geworden. Da sie die israelische Besatzung bekämpfte, durfte sie als einzige libanesische Gruppierung nach Ende des Bürgerkrieges ihre Waffen behalten. Die libanesische Armee ist traditionell schwach und verfügt nicht einmal über eine Luftwaffe.

Ein fataler Krieg

Nach dem Abzug der Israelis jedoch verlangten viele Libanesen die Entwaffnung der Hisbollah. Nachdem auch die Syrer abgezogen waren, schloss sich die libanesische Regierung dieser Forderung an. Die «Partei Gottes» stand massiv unter Druck, sich mit der Rolle einer politischen Partei zu begnügen. Beide Seiten hatten sich darauf verständigt, eine entsprechende Vereinbarung zu unterzeichnen, als die israelische Armee im Juli 2006 erneut den Libanon angriff. Anlass war die Entführung zweier israelischer Soldaten durch die Hisbollah, doch diese offizielle Begründung war eher ein Vorwand, einen längst geplanten Schlag gegen die «Partei Gottes» zu führen. Militärisch und politisch wurde der darauf folgende, 34 Tage währende Krieg ein Desaster für

Israel. Brauchte die israelische Armee 1967 nur sechs Tage, um drei arabische Armeen zu besiegen, so leistete die im Westen überwiegend als bloße Terrororganisation wahrgenommene Hisbollah nicht nur länger als einen Monat erfolgreich im Südlibanon Widerstand, sondern erschütterte mit ihren anhaltenden Raketenangriffen auf Nordisrael nachhaltig den Mythos israelischer Unbesiegbarkeit. Den Preis für den Krieg zahlten die israelische und vor allem die libanesische Bevölkerung. Die Kriegsschäden im Libanon beliefen sich auf fast vier Milliarden Dollar. Mehr als 1200 Libanesen wurden getötet, überwiegend Zivilisten. Fast eine Million Libanesen, rund ein Viertel der Bevölkerung, wurden obdachlos. Auf israelischer Seite starben 127 Menschen, mehrheitlich Soldaten. In einem 125-seitigen Bericht stellte eine Untersuchungskommission der Vereinten Nationen ein «eindeutiges Muster von exzessiver, wahlloser und unangemessener Gewalt», auch durch den Einsatz geächteter Streubomben, gegen libanesische Zivilisten fest. Beträchtliche Teile der libanesischen Infrastruktur wurden bombardiert, darunter Elektrizitätswerke und Fabriken, teilweise «um ihrer Zerstörung willen», so der UN-Bericht.

Nach diesem erneuten «Sieg» der Hisbollah hatte sich das Thema Entwaffnung erledigt. Die Vorliebe der politischen Klasse Israels für eine rein militaristische Denkweise hat die «Partei Gottes» in den Rang einer Legende erhoben und Syriens wie auch Teherans Position gestärkt. Der syrische Machtverlust im Libanon war mehr als ausgeglichen. Der Glanz der Hisbollah fiel auch auf Baschar al-Assad. Die israelischen Angriffe hatten eine Flüchtlingswelle Zehntausender Libanesen nach Syrien zur Folge, wo sie von der Bevölkerung mit großer Anteilnahme aufgenommen wurden. Die meisten Araber identifizieren sich emotional mit den Opfern israelischer Politik. Das gilt verstärkt in Syrien, wo Hunderttausende palästinensische Flüchtlinge leben und der Libanon auch im übertragenen Sinn eine Nähe besitzt wie für Deutsche Österreich oder die Schweiz.

Der Präsident flüchtet in Gewalt

Lange galt der Israel-Faktor als Garant innenpolitischer Legitimität für den Assad-Clan. Die arabische Revolution aber verschob die Gewichte und setzte neue Prioritäten, auf die Baschar al-Assad erst reagierte, als es schon zu spät war – und dann auch noch mit den falschen Mitteln. Anfang Juni fanden sich in der Provinzstadt Dschisr asch-Schughur unweit der türkischen Grenze die Leichen von rund 120 Uniformierten. Das Regime sprach von «bewaffneten Banden», die für das Massaker verantwortlich seien. Vermutlich handelte es sich bei den Toten vielmehr um Soldaten, die sich geweigert hatten, auf die Bevölkerung zu schießen, und dafür an Ort und Stelle hingerichtet worden waren. Vielleicht war es auch zu Gefechten zwischen Regimegegnern und Loyalisten innerhalb der Sicherheitskräfte gekommen. Daraufhin gingen Elitetruppen gegen die Aufständischen vor, zerstörten in einer wochenlangen Kampagne ganze Dörfer und die Ernte, töteten das Vieh. Tausende Syrer flohen in die Türkei. Diese Politik der verbrannten Erde, zu der auch systematische Massenverhaftungen von männlichen Jugendlichen und Männern im Alter von 14 bis 45 Jahren gehörten, rächt sich für den Präsidenten. Zunehmend geben sein Bruder Maher und sein Schwager Assif den Ton an, die obersten Exekutoren innerhalb des Machtapparates. Baschar al-Assad läuft Gefahr, ein Präsident von ihren Gnaden zu werden. Im äußersten Fall würden sie sicher nicht zögern, ihn zu stürzen, ein Königsopfer zu erbringen, um die alawitische Vorherrschaft mit einer anderen Figur an der Spitze fortsetzen zu können.

Anders als in Tunesien und Ägypten spielte die Generation Facebook bei der Erhebung in Syrien nur eine untergeordnete Rolle. Die syrische Zivilgesellschaft ist deutlich schwächer ausgeprägt. Viele gut ausgebildete Syrer haben ihre Heimat verlassen. In Deutschland beispielsweise leben mehr als 20 000 Ärzte und Zahnärzte syrischer Herkunft. Intellektuelle und Oppositionelle vor Ort sind in der Regel nicht mit der einflussreichen sunnitischen Oberschicht vernetzt. Der syrische Aufstand hat, im Gegensatz zu Tunesien, Ägypten, Bahrain und dem Jemen, keinen zentralen «Tahrir-Platz». Er findet nicht in den

Metropolen Damaskus und Aleppo statt, sondern in der Provinz. Seine sozialen Träger sind in erster Linie sunnitische Stämme einschließlich der Kurden und ärmerer Sunniten. Hätte das Regime in Deraa und anderswo nicht wie gewohnt mit dumpfer Gewalt reagiert, sondern sich taktisch klüger verhalten, mit Gelassenheit und ernsthafter Dialogbereitschaft, wäre der Kelch der arabischen Revolution möglicherweise an Baschar al-Assad und seinen Leuten vorbeigegangen. So aber haben sie selbstverschuldet die Lage eskaliert.

Syrien ist, wie erwähnt, ein ausgeprägt multiethnischer und -konfessioneller Staat. Die religiösen Minderheiten haben sich bis zur Drucklegung des Buches ebenso wenig am Aufstand beteiligt wie die sunnitischen Beamten, Freiberufler, Händler und die gebildete, städtische Mittelschicht. In der nahöstlichen Politik spielt «Taifijeh» eine wesentliche Rolle, die meist religiös begründete Zugehörigkeit zu einer Volksgruppe. Ein Sunnit ist in erster Linie Sunnit, ein Schiit in erster Linie Schiit, ein Christ in erster Linie Christ. Es handelt sich dabei um ein feudalstaatlich geprägtes, vormodernes Denken, ein kollektivistisches Bewusstsein, das nicht mehr in die Zeit passt, den Weg in die Zukunft nicht weist.

Syriens Wirtschaft basiert auf versiegenden Erdölvorräten, auf Landwirtschaft und Import/Export-Geschäften. Hochwertige, weltmarktfähige Güter werden nicht produziert, der staatlich dominierte Wirtschaftssektor, der neben der Privatwirtschaft fortbesteht, lebt von Subventionen. Gemessen an seinen Nachbarn ist Syrien ein rückständiges Armutsland. Ein erfolgreicher Unternehmer muss immer damit rechnen, dass ein hochrangiger alawitischer Funktionär «Gewinnbeteiligung» fordert. Diese Schutzgelderpressung geht so weit, dass es in Syrien kaum Direktinvestitionen westlicher Firmen gibt. Der syrische Machtapparat hat aufgrund seines parasitären Charakters die wirtschaftliche Entwicklung über Jahrzehnte blockiert und damit indirekt das Entstehen bürgerlicher Mittelschichten verhindert. Dementsprechend wirken vormoderne soziale und gesellschaftliche Wertvorstellungen oder Normen, allen voran die «Taifijeh», im Alltag fort.

Die Angst vor der Zukunft

Aus Sicht der religiösen Minderheiten, aber auch vieler Sunniten birgt ein Sturz Baschar al-Assads viele Risiken. Was kommt danach? Ein Bürgerkrieg? Wer übernimmt die Macht? Die Muslimbrüder? Davor haben vor allem die Christen Angst. Obwohl seit Jahrzehnten verboten, gelten die syrischen Muslimbrüder als die einzige gut organisierte politische Kraft. Ihre Führung lebt im Exil, in London, die meisten Syrer haben überhaupt keine Vorstellung davon, was sie eigentlich wollen. Und wie sie zu den Minderheiten stehen. Was endemische Gewalt und «Taifijeh» anrichten können, hat sich in den Nachbarländern Libanon und Irak gezeigt. Der Sturz Saddam Husseins hat der großen Mehrheit der Iraker weder Sicherheit noch eine bessere Zukunft beschert. Warum sollte das in Syrien anders sein, nach dem Sturz des Präsidenten? Diese Frage stellen sich viele Syrer. Vor die Wahl gestellt zwischen dem Status quo und einer sehr ungewissen, potentiell mörderischen Zukunft, erscheint Baschar al-Assad als das geringere Übel.

Dessen ungeachtet setzte die syrische Führung ihren Krieg gegen die eigene Bevölkerung fort – in der Hoffnung, den Aufstand ein für alle Mal militärisch zu beenden. Kurz vor Beginn des Fastenmonats Ramadan am 1. August holte die Armee zu ihrem bis dato größten Schlag aus und brachte im Verlauf von tagelangen Kämpfen die Stadt Hama wieder unter ihre Kontrolle, die ihr dort einen Monat zuvor entglitten war. Anschließend unterwarf die Armee eine weitere Rebellenhochburg, die Stadt Deir az-Zor, die im Nordosten Syriens an der irakischen Grenze liegt. Hatten sich in Deraa vor allem sunnitische Stämme und ihre Führer gegen die Regierung erhoben, waren es in Deir az-Zor in erster Linie Kurden, die seit Jahrzehnten mehr Rechte und Autonomie verlangen und dafür ebenso lange verfolgt, getötet oder ins Gefängnis geworfen werden. Die Stadt Hama wiederum, die bereits 1982 den Aufstand gewagt hatte und dafür einen furchtbaren Preis bezahlen musste, ist eine Hochburg konservativer Sunniten, die sich aus der tödlichen Umklammerung durch die Alawiten zu befreien versuchen. Auch Homs und Latakia gerieten unter schweren Beschuss von Panzern und Artillerie.

Während die Gewalt an Unerbittlichkeit und Härte zunimmt, verspricht die Regierung weiterhin Reformen, bis hin zu freien Wahlen, doch haben sich diese Versprechen bislang als bloße Worthülsen erwiesen. Bis August ist nicht eine einzige angekündigte Reform tatsächlich auch umgesetzt worden. Geht der Aufstand weiter, wird es für den Assad-Clan gefährlich. Die wachsende Zahl an Toten ist gleichbedeutend mit einem Legitimitätsverlust nach innen wie nach außen. Sollten sich die Minderheiten und die wohlhabenden Sunniten dem Aufstand anschließen, kann das Regime nicht überleben. Bedrohlich für Damaskus wären auch Absetzbewegungen größerer Militärverbände oder eine offene Meuterei von Teilen der Armee. Wer in dem Fall das Machtvakuum füllen könnte ist, wie erwähnt, völlig offen. Nicht auszuschließen ist, dass sich ein Teil der Aufständischen bewaffnet und Syrien ein irakisches Szenario droht. Und selbst für den Fall, dass wieder Ruhe und Ordnung einkehren – die syrische Wirtschaft steht am Abgrund. Erneute, dann soziale Unruhen werden nicht lange auf sich warten lassen.

Andererseits ist sich Baschar al-Assad darüber im Klaren, dass es in Syrien keine Militärintervention wie in Libyen geben wird. Dagegen spricht die Geopolitik. Weder Russland noch China würden einer UN-Resolution zustimmen, die das syrische Regime ernsthaft unter Druck setzt oder gar einem Militäreinsatz den Weg ebnet. Beide Länder sind nicht daran interessiert, den Nahen und Mittleren Osten allein dem Westen zu überlassen. Syrien und der Iran sind die beiden einzigen Staaten der Region, in denen Moskau und Peking über größeren politischen und wirtschaftlichen Einfluss verfügen als Washington und die Europäer. Der Iran wiederum ist nicht geneigt, seinen einzigen arabischen Verbündeten zu verlieren. Deswegen hat Teheran offenkundig geholfen, den Aufstand niederzuschlagen – mit Hilfe von Beratern, Elitesoldaten und dem Einsatz von Überwachungstechnik, auch im Internet. Niemand, am allerwenigsten Israel, die Türkei und Saudi-Arabien, will Chaos und Instabilität in Syrien. Die Folgen wären unabsehbar und könnten einen Flächenbrand auslösen. Baschar al-Assad ist ein berechenbarer Gegner, mit dem sich alle Seiten gut arrangiert haben, wenngleich aus unterschiedlichen Gründen. Die scharfe Kritik der USA wie auch der Europäischen Union am gewaltsamen Vorgehen des Assad-Regimes ist in der Sache richtig und doch wenig mehr als Rhetorik. Beide werden sich hüten, ihren Worten Taten folgen zu lassen.

WIR WOLLEN REIN!
DER AUFSTAND MACHT
VOR ISRAELS GRENZEN NICHT HALT

Spätestens im Mai 2011, als in Syrien lebende Palästinenser erstmals versuchten, die Grenze zu Israel auf dem Golan zu überwinden, hatte die arabische Revolution auch den «Nahostkonflikt» erreicht. In Israel wird der Epochenwandel in der arabischen Welt vor allem als Bedrohung angesehen. Bis zuletzt hatte der israelische Premier Benjamin Netanjahu an Husni Mubarak festgehalten und Washington und die Europäer aufgefordert, ihm darin zu folgen. Für West-Jerusalem war Mubarak der wichtigste Partner im nahöstlichen Friedensprozess.

West-Jerusalem? Aus israelischer Sicht ist das gesamte Jerusalem «die ewige und unteilbare Hauptstadt Israels». Allerdings ist die 1980 erfolgte Annexion Ost-Jerusalems ohne Wenn und Aber völkerrechtswidrig. Davon abgesehen widerspricht sie allen bisher getroffenen Vereinbarungen zwischen Israelis und Palästinensern seit den Verträgen von Oslo 1993. Demzufolge ist Ost-Jerusalem als Hauptstadt eines künftigen palästinensischen Staates anzusehen, was Israels politisch tonangebende Ultranationalisten kategorisch ablehnen. Gleichwohl machen sich westliche Politiker und Medien die israelische Haltung zu eigen, wenngleich nicht einmal die USA und Deutschland, die engsten Verbündeten Israels, die Annexion formell anerkennen. Aus diesem Grund befinden sich die westlichen Botschaften nicht in «Jerusalem», auch nicht in West-Jerusalem, sondern in Tel Aviv. Al-Jazeera und die meisten arabischen Medien unterscheiden zwischen West-Jerusalem als Hauptstadt Israels und «dem besetzten Jerusalem» als Hauptstadt Palästinas.

Die Bilder im Kopf

Man kann sich nicht über Israel und die Palästinenser auslassen, ohne vorher die Perspektive zu klären. Der Kern des «Nahostkonflikts» ist die Konfrontation zwischen Israelis und Palästinensern. Dabei geht es, banal gesagt, um Land. Um die Frage, ob es einen palästinensischen Staat geben wird, und wenn ja, innerhalb welcher Grenzen. Die von beiden Seiten als existentiell empfundene Auseinandersetzung um ihr gemeinsames Land enthält vielerlei Wahrheiten, subjektive und historisch vorgegebene, rationale und emotionale. In westlichen Gesellschaften herrscht die folgende Meinung vor: Israel sei die einzige Demokratie im Nahen Osten (alternativ, seit der arabischen Revolution: die älteste), umgeben von feindlichen Nachbarn. Galten in der Vergangenheit die arabischen Staaten und die PLO unter Jassir Arafat als die größten Feinde, so sind es heute der Iran, die Hisbollah und die Hamas. Obwohl Israel immer wieder Zugeständnisse im Friedensprozess gemacht habe, zuletzt die Rückgabe des Gazastreifens an die Palästinenser 2005, reagierte die arabische Seite stets mit Terror und Gewalt. Israelische Militäreinsätze mögen gelegentlich überzogen sein, sind aber grundsätzlich eine legitime Form der Selbstverteidigung. Aus diesem Grund erscheint auch Kritik an Israels Siedlungs- und Besatzungspolitik gänzlich unangemessen – wer sind wir, vom bequemen Sessel aus Menschen Ratschläge zu erteilen, die unsere Werte teilen und einen Überlebenskampf führen? Israel gar für seine anhaltenden Verstöße gegen internationales Recht mit Sanktionen belegen? Das wäre ja, wie Joschka Fischer mahnte, eine Neuauflage von «Kauft nicht bei Juden!».

Dieses Meinungsbild ist natürlich vereinfacht, trifft aber den Kern. In Deutschland kommt hinzu, dass die Sympathien infolge der besonderen moralischen oder historischen Verantwortung gegenüber Israel ohnehin recht eindeutig verteilt sind. Scham und Schuld angesichts der nationalsozialistischen Judenverfolgung erklären, warum der Konflikt zwischen Israel und den Palästinensern aus genau dieser Perspektive gesehen wird: Die Opfer von damals sind die Opfer von heute. Man muss sich über diesen Zusammenhang im Klaren sein, um zu verstehen, warum andere Sichtweisen, die Israel nicht als alleiniges Opfer im Nahen Osten sehen, hierzulande leicht unter Antisemitismusverdacht geraten.

Mubaraks Sturz wurde in Israel und den meisten westlichen Hauptstädten als Rückschritt im nahöstlichen Friedensprozess gesehen. Nicht dass der «verlässliche Partner» irgendetwas bewirkt oder vorangetrieben hätte. Aber er half, ähnlich wie der in deutschen Medien gerne als «Palästinenserführer» titulierte Mahmud Abbas (gibt es auch Franzosen- oder Chinesenführer?), an der Fiktion eines Friedensprozesses festzuhalten. Diese Fiktion bestand darin, dass sich Vertreter des «Nahost-Quartetts» (USA, EU, Vereinte Nationen, Russland) oder andere Akteure über Jahre hinweg in unregelmäßigen Abständen mit Israelis und Palästinensern zu Fototerminen trafen, häufig im ägyptischen Scharm asch-Scheikh, um in der Sache wenig mehr als unverbindliche Empfehlungen auszusprechen. Das eigentliche Problem, Israels anhaltende Landnahme in Ost-Jerusalem und im Westjordanland, blieb unangetastet, obwohl sie die Gründung eines lebensfähigen palästinensischen Staates unmöglich macht.

Über Siedler

Nach dem Oslo-Abkommen zwischen Israel und der PLO, das im September 1993 unter Schirmherrschaft des US-Präsidenten Bill Clinton vor dem Weißen Haus in Washington zwischen Israels Premier Jitzhak Rabin und Jassir Arafat per Handschlag besiegelt worden war, erschien Frieden möglich – aus Erzfeinden wurden Friedenspartner. Allerdings nur an der Oberfläche. Aus Sicht der meisten Israelis war das Osloer Abkommen zum Scheitern verurteilt, weil die Palästinenser nicht auf Verhandlungen setzen mochten, sondern sehr schnell wieder zu ihrer traditionellen Strategie aus Terror und Gewalt zurückgefunden hätten – immer noch verblendet von der irrigen Annahme, sie könnten Israel zerstören. Der eigentliche Grund für das Scheitern ist aber die anhaltende Siedlungspolitik. Oslo sollte ein Fahrplan für die Gründung eines palästinensischen Staates innerhalb von fünf Jahren sein. Doch vor allem im Westjordanland, in jenen Gebieten, aus denen sich die israelische Armee gemäß der Verträge von Oslo nach und nach hätte zurückziehen müssen, setzte der größte Bauboom israelischer Siedlungen seit der Eroberung 1967 ein. Die rund 400 000 Siedler im Westjordanland und in Ost-Jerusalem stellen nur ein Fünftel der dortigen Bevölkerung, dennoch kontrollieren sie 60 Prozent des in der Regel entschädigungslos enteigneten Landes. Gleichzeitig verbrauchen die Siedlungen 80 bis 95 Prozent des kapp bemessenen Wassers. Im Gazastreifen lebten bis zum israelischen Abzug im September 2005 rund 5000 Siedler, die vier Prozent der Bevölkerung ausmachten, aber 35 Prozent des Landes für sich beanspruchten. Das entsprach zwei Dritteln der landwirtschaftlich nutzbaren Fläche, denn der Gazastreifen besteht überwiegend aus Wüste.

Die meisten Siedler, rund 220 000, leben in Ost-Jerusalem oder an dessen östlichem Stadtrand. Allein die Hochhaus-Retortenstadt Maale Adumin zählt etwa 40 000 Einwohner. Das erklärte Ziel Israels besteht darin, den Anteil der jüdischen Bevölkerung im Ostteil der Stadt kontinuierlich zu erhöhen. Mit Erfolg, denn die Palästinenser in Ost-Jerusalem sind seit 1993 in ihrer eigenen Stadt die Minderheit. Gleichzeitig dienen die Siedlungen, die Ost-Jerusalem wie auch das Westjordanland insgesamt in mehrere Teile zerschneiden, der militärischen Kontrolle der Palästinenser.

Die völkerrechtswidrige Siedlungspolitik verfolgt ein einziges, nüchtern besehen koloniales Ziel: den israelischen Anspruch auf das Westjordanland – das biblische Judäa und Samaria – durch eine eigene Infrastruktur unwiderruflich zu festigen. Gebaut wurden daher nicht nur Siedlungen (etwa 250), sondern auch Industriegebiete und militärische Einrichtungen. Sie sind durch ein engmaschiges Straßennetz untereinander und in Richtung Israel verbunden. Diese Straßen, die von Palästinensern nicht benutzt werden dürfen, entstanden ebenfalls auf enteignetem Land und zerteilen die palästinensischen Gebiete in Enklaven. Orte wie Bethlehem oder Ramallah können kaum expandieren oder Stadtplanung betreiben, weil sie wie Wagenburgen von Siedlungen und Siedlerstraßen umgeben sind. Während die jüdischen Siedlungen einen Bauboom erlebten, zerstörte die israelische

21 Dreimal so lang wie die Berliner Mauer: Neuerrichtetes Teilstück der israelischen Grenzmauer bei Abu Dis im Osten Jerusalems, Januar 2004.

Armee Tausende palästinensischer Häuser, die in Ost-Jerusalem oder im Westjordanland ohne Baugenehmigung errichtet worden waren. Eine offizielle Genehmigung erhalten Palästinenser allerdings so gut wie nie – sie sollen nicht bleiben, sondern gehen.

Vor diesem Hintergrund, den zunehmend unerträglichen Lebensbedingungen der Palästinenser, ihrer alltäglichen Demütigung und Perspektivlosigkeit, nahmen Radikalität und Terror deutlich zu, auch in Form verheerender Selbstmordattentate auf israelische Zivilisten. Gleichzeitig entluden sich ihre Frustration und Wut in der zweiten, der Al-Aqsa-Intifada, die im September 2000 begann und im Jahr darauf dem politischen Rechtsaußen Ariel Scharon bei den Parlamentswahlen in Israel zum Sieg verhalf. Scharon erklärte Oslo für tot und setzte allein auf militärische Gewalt, um den Aufstand der Palästinenser niederzuschlagen. Gleichzeitig trieb er den Bau eines «Sicherheitszauns» im Westjordanland voran, der Israel vor palästinensischen Terrorangriffen schützen soll. Diese in weiten Teilen acht Meter hohe Mauer aus Beton, die nach ihrer Fertigstellung doppelt so hoch und dreimal so lang wie die Berliner Mauer sein wird, entsteht nicht «teilweise» auf palästinensischem Boden, wie in deutschen Medien in der Regel zu vernehmen, sondern ausschließlich. Ihr Bau ist vom Internationalen Gerichtshof in Den Haag als «illegale Maßnahme» verurteilt worden, schreitet aber dennoch voran. Ganze Städte wie etwa Tulkarem werden durch die Mauer vollständig eingekreist, Bauern kommen nicht mehr auf ihr Land, die palästinensische Wirtschaft wird im Mark getroffen. Das Westjordanland wird zunehmend ein Flickwerk aus Siedlungen, Checkpoints, Siedlerstraßen und der Mauer. Einrichtungen, die den Palästinensern jede Bewegungsfreiheit nehmen und nicht beitragen zu einer Lösung, sondern zur Verschärfung des Konflikts.

Die Guten gegen die Bösen?

2005 beschloss die Regierung Scharon den einseitigen – ohne Absprache mit den Palästinensern erfolgten – Rückzug aus dem Gazastreifen, was im Westen überwiegend als visionäre Tat gewürdigt wurde. Der Rückzug erfolgte, weil eine jüdische Besiedelung des Gazastreifens mangels einer ausreichenden Zahl von Siedlern unrealistisch erschien. Der Gazastreifen wurde geräumt, um die Annexion weiter Teile des Westjordanlandes mit umso größerem Nachdruck betreiben zu können. Doch ungeachtet des Abzugs schossen palästinensische Gruppen immer wieder mit selbstgebauten Raketen auf Israel. Vielen Israelis galt das als Beweis für die Friedensunwilligkeit der Palästinenser und ihren Traum von der «Vernichtung» des jüdischen Staates. Politisch waren diese Angriffe ein großer Fehler. Obwohl die Schäden, die sie in Israel anrichteten, begrenzt waren, dienten sie der israelischen Regierung immer wieder als Vorwand für großflächige Zerstörungen und Bombardements. Bisheriger Höhepunkt war der Gazakrieg zum Jahreswechsel 2008/09. Drei Wochen lang bombardierte und beschoss Israel den Gazastreifen und tötete dabei mehr als 1400 Menschen, zum Großteil Zivilisten.

Die Lebensbedingungen der Palästinenser im Gazastreifen, der vom Wahlsieg der Hamas 2006 bis zum Sturz Mubaraks nahezu vollständig von der Außenwelt abgeriegelt war, könnten erbärmlicher nicht sein. 4000 Menschen leben dort auf einem Quadratkilometer – etwa zwanzigmal so viel wie in Deutschland. Die Geburtenrate ist eine der höchsten weltweit, die Hälfte der Bevölkerung ist jünger als 15 Jahre. Im Gazakrieg wurden sämtliche Industrieanlagen und Fabriken zerstört, den Wiederaufbau erlaubt Israel nicht. Die Versorgung mit Lebensmitteln, aber auch mit Konsumgütern erfolgte bis zum Sturz Mubaraks und der teilweisen Öffnung der Grenze zu Ägypten zu einem großen Teil über illegale Tunnel, die auf ägyptisches Gebiet führten. Die Arbeitslosenquote liegt den Vereinten Nationen zufolge bei 45 Prozent, mehr als die Hälfte der Bewohner lebt von weniger als zwei Dollar pro Tag. Die Lage im Gazastreifen ist laut UN eine «humanitäre Katastrophe». Nimmt es wunder, dass die Hamas dort ihre Hochburg hat?

Auf diese Zusammenhänge hinzuweisen heißt nicht, dass die Israelis «die Bösen» und die Palästinenser «die Guten» wären. Auf beiden Seiten sterben Menschen, wird die jeweils andere Seite als Bedrohung angesehen. In diesem Konflikt gibt es aber keine «Gleichwertigkeit»: Israelis und Palästinenser begegnen einander nicht auf Augenhöhe wie etwa Deutsche und Franzosen, sondern als Besatzer und Besetzte. Als Herren und Knechte. Die Vorstellung, dass Palästinenser und Israelis ebenbürtig wären, ist in der israelischen Gesellschaft nicht weit verbreitet. Stattdessen, so der israelische Schriftsteller David Grossman, «mauern sich die Bürger der stärksten Militärmacht in der Region hinter ihrem Selbstverständnis als verfolgte, verletzliche Opfer ein». Natürlich will man auch in Israel Frieden, doch wird die palästinensische Realität in der Regel ausgeblendet, verdrängt oder als Bedrohung gesehen, unter Verweis auf den Terror. Die israelische Staatsgewalt dagegen gilt der Mehrheitsgesellschaft als legitim. Es ist problematisch, Tote gegeneinander aufzurechnen, aber statistisch gesehen kommen seit Beginn der Besatzung 1967 auf einen getöteten Israeli tausend getötete Palästinenser, so die israelische Menschenrechtsgruppe Betselem.

Blick zurück, Teil eins

Die bloße Existenz der Palästinenser rührt an den Grundfesten eigener Überzeugungen. Noch 1964 behauptete Golda Meir, damals israelische Außenministerin, «so etwas wie Palästinenser» habe es «nie gegeben». Die eigentlichen Wurzeln des israelisch-palästinensischen und darüber hinaus des israelisch-arabischen Konflikts liegen in der mehr als hundertjährigen Palästinafrage. Ihren Ursprung hat sie in Europa, wo jüdische Gemeinschaften über Jahrhunderte diskriminiert, verfolgt und ausgelöscht wurden. Als Reaktion auf die Judenpogrome im zaristischen Russland begründete der österreichisch-jüdische Publizist Theodor Herzl 1897 in Basel den politischen Zionismus, der für einen jüdischen Staat in Palästina eintrat. Seine Vorstellungen trafen einen politischen Nerv. Schnell erhielt die zionistische Bewegung Zulauf und bemühte sich vor allem in London um Unterstützung – Großbritannien war die dominante Kolonialmacht im Nahen Osten. 1917 befürworteten die Briten in der Balfour-Deklaration die «Errichtung einer nationalen Heimstätte für das jüdische Volk in Palästina» – auch in der Absicht, jüdische Einwanderer und die erwachende arabische Unabhängigkeitsbewegung gegeneinander auszuspielen. Innerhalb der zionistischen Führung gab es unterschiedliche Auffassungen darüber, wie mit der palästinensischen Bevölkerung zu verfahren sei. Offiziell hielt man an Herzls wirklichkeitsferner Parole vom «Land ohne Volk für das Volk ohne Land» fest und begründete den bis heute fortwirkenden Mythos von der Wüste, die man zum Blühen gebracht habe. Tatsächlich aber setzte sich rasch der «Revisionismus» innerhalb der jüdischen Frühgemeinschaft in Palästina durch. Nicht das Zusammenleben mit den Palästinensern war das Ziel, sondern deren Ausgrenzung. Moderate Zionisten, die für einen Ausgleich mit den Palästinenesern eintraten, blieben in der Minderheit. Schon die zweite jüdische Einwanderungswelle 1904 folgte den zionistischen Losungen «Eroberung der Arbeit» und «Eroberung des Bodens». Juden sollten unter sich bleiben, ohne Einbezug von Palästinensern. Durch Landkauf von Großgrundbesitzern entstanden erste jüdische Siedlungsblöcke – nicht in der

Wüste, sondern vornehmlich entlang der fruchtbaren Mittelmeerküste –, aus denen zusammenhängende Siedlungsgebiete erwuchsen: der Kern des späteren Staates Israel. Die dort lebenden Palästinenser, überwiegend Bauern, verloren ihr Land und damit ihre Existenzgrundlage. Teils gingen sie freiwillig, teils wurden sie vertrieben.

Als Provokateure am 15. August 1929 die spätere israelische Flagge an der Klagemauer in Jerusalem hissten, entluden sich die schon lange bestehenden Spannungen mit den Palästinensern in bürgerkriegsähnlichen Unruhen, die das ganze Land erfassten. Dabei wurden die jahrhundertealten orthodox-jüdischen Gemeinden in Safed und in Hebron, die für den Zionismus keinerlei Sympathien hegten, vollständig ausgelöscht. Die nationalsozialistische Machtübernahme in Deutschland führte nach 1933 zu einem sprunghaften Anstieg der jüdischen Einwanderungszahlen, trotz aller Behinderung durch die britische Kolonialmacht, bis hin zur Ausweisung. 1936 begann ein drei Jahre andauernder Aufstand gegen die jüdische Einwanderung, die von den meisten Palästinensern mittlerweile als existentielle Bedrohung gesehen wurde. Nur mit äußerster Gewalt gelang es britischen Soldaten, wieder Ruhe und Ordnung herzustellen.

Die Grundmuster des bis heute fortwirkenden Konfliktes sind damals schon zu erkennen. Die zionistische Bewegung schuf Fakten durch Beharrlichkeit bei sehr guter Vernetzung mit den Entscheidungsträgern in Großbritannien und den USA. Inbesitznahme palästinensischen Grund und Bodens durch legale und illegale Mittel, Ideologisierung von Religion zu politischen Zwecken, manifest in der Selbstwahrnehmung als «auserwähltem Volk». Dem jüdisch-heilsgeschichtlichen Verständnis zufolge sind Juden auserwählt, der Welt ein moralisches Vorbild zu sein. Der Zionismus dagegen versteht Auserwähltheit als exklusiven Besitzanspruch auf das biblisch verheißene Land.

Haltung zeigen

Eine persönliche Anmerkung sei dem Autor gestattet. Als ich meinen Zivildienst mit der Aktion Sühnezeichen in Israel leistete, lernte ich 1980 einen Menschen kennen, dessen Humanismus mich sehr beeindruckt hat: Mordechai Avi-Schaul, damals Vorsitzender der Liga für Menschen- und Bürgerrechte, Schriftsteller, Lyriker und vielbeachteter Übersetzer unter anderem der Werke von Thomas Mann ins Hebräische. Avi-Schaul, 1898 in Budapest geboren, wuchs in einem orthodoxen Elternhaus auf und emigrierte 1919 nach Jerusalem. Er starb 1985. Wir haben uns oft über sein Leben und seine Ansichten unterhalten, die bemerkenswert unbestechlich und mutig waren. Einige der Gespräche habe ich aufgezeichnet:

«Ich bin hergekommen in dieses Land und habe eigentlich nicht genau gewusst, was mich erwartet. Aus Büchern war mir bekannt, dass es hier Araber gibt. Ich habe dann in der Altstadt von Jerusalem gewohnt, und dort sind mir zum ersten Mal Araber begegnet. Sie sind mir als Menschen begegnet, wie andere Menschen auch. Aber erst langsam, ganz langsam habe ich gemerkt und gespürt, dass ich sie störe, und dann erst wurde mir die ganze Problematik des Nationalismus bewusst. Ich habe verstanden, dass Nationalismus und Menschlichkeit nicht miteinander vereinbar sind. Man braucht eine nationale Kultur, und ich glaube, ich bin ein guter Hebräer, der eine schöne hebräische Sprache schreibt, aber das ist etwas anderes, denn dadurch wird das Zusammenleben und Miteinander mit meinen Mitmenschen nicht gestört.

In meiner Jugend war ich ein Propagandist des Zionismus und habe diesen Nationalismus mitgemacht. Obwohl ich im Ersten Weltkrieg in Italien an der Front gesehen habe, wohin der Nationalismus führt. Ich aber habe mir gesagt, mein Nationalismus, mein Zionismus, sei etwas Schönes, etwas Gutes. Das war ein Irrtum.»

Ist der Zionismus in Ihren Augen denn nicht die nationale Befreiungsbewegung des jüdischen Volkes?

«Nein. Eigentlich hat der Zionismus ja gar nicht den Antisemitismus bekämpft. Ich weiß noch, wie wir damals immer sehr zufrieden waren, wenn wir einen antisemitischen Spruch wussten und noch dazu ein rassistisches Buch gelesen hatten. Denn die Antisemiten sagen doch, dass wir anders seien als die anderen. Sie sagen doch, dass unser Volk nichts zu tun haben soll mit den anderen Völkern. Genau dies ist auch die Auffassung des Zionismus.

Aber der Zionismus hatte auch eine nützliche Seite. Unter den Jugendlichen in den Ghettos Osteuropas, ebenso auf dem Land, in den Dörfern, wirkte er befreiend. Bis zum Entstehen des Zionismus glaubten die meisten der dortigen Juden, dass man selbst im Großen und Ganzen nichts zu tun brauche. Gott wird das schon machen. Gott wird uns schon die Erlösung bringen. Und der Zionismus hat da eine sehr wichtige Rolle gespielt, indem er die Jugend begeisterte und ihr einen Weg gewiesen hat.»

Worin unterscheiden sich die linken und die rechten Parteien in Israel, was die Lösung des israelisch-palästinensischen Konflikts angeht?

«Es gibt keine wesentlichen Unterschiede. Sie sind sich einig in dem Glauben, wonach das jüdische Volk in aller Welt, einschließlich der Nichtjuden, die zum Judentum übertreten, die rechtmäßigen Besitzer von Eretz Israel seien, des gesamten Palästinas, einschließlich des Westjordanlandes und des Gazastreifens. Das ist Zionismus.»

Blick zurück, Teil zwei

Im Zuge der Staatsgründung Israels 1948 und des ersten israelisch-arabischen Krieges wurden rund 800 000 Palästinenser aus ihrer Heimat vertrieben. Ein palästinensischer Staat, obwohl im UN-Teilungsplan von 1947 für Palästina vorgesehen, wurde von israelischer und arabischer Seite verhindert. Die Vertreibung, ausgeführt von jüdischen Milizen, erfolgte mit Hilfe gezielter «ethnischer Säuberungen». Sie wurden maßgeblich vom ersten israelischen Ministerpräsidenten David Ben Gurion geplant und angeordnet, wie der israelische Historiker Ilan Pappe in seinem Buch «The Ethnic Cleansing of Palestine» (Oxford 2006, auf Deutsch 2007 erschienen unter dem Titel «Die ethnische Säuberung Palästinas») anhand der entsprechenden Dokumente nachweist. Demzufolge hat Ben Gurion detaillierte Anweisungen gegeben, welche Methoden anzuwenden seien, um die Palästinenser zu vertreiben: «Einschüchterung in großem Stil, Belagerung und Bombardierung von Dörfern und Bevölkerungszentren, Brandschatzung, Vertreibung, Zerstörung und schließlich Verminung des Schutts, um die vertriebenen Einwohner an der Rückkehr zu hindern.» Auf diese Weise wurden elf palästinensische Städte und 500 Dörfer zerstört. Etwa die Hälfte der damaligen palästinensischen Bevölkerung wurde in die arabischen Nachbarstaaten vertrieben oder flüchtete aus Angst vor Übergriffen. Im Arabischen wird diese Vertreibung als «Nakba», als «Katastrophe» bezeichnet. Europa und die USA haben zu diesem «Verbrechen» (Ilan Pappe) an den Palästinensern stets geschwiegen, vor allem wohl wegen ihres Versagens im Angesicht des Völkermordes an den Juden. Abgesehen von einigen wenigen israelischen Historikern wird darüber kaum diskutiert, nicht außerhalb der arabischen Welt. In Israel selbst, auch in den dortigen Schulbüchern, ist die eigene Vergangenheit weitgehend ein Tabu. Nach offizieller Lesart haben die arabischen Regierungen die Palästinenser aufgefordert, so schnell wie möglich zu fliehen, sich Waffen zu besorgen und anschließend «die Juden ins Meer zu treiben». Die Politik der «ethnischen Säuberungen» setzte sich im Sechstagekrieg 1967 fort, als weitere 300 000 Palästinenser mit Waffengewalt aus dem Westjordanland vertrieben wurden.

Sein oder Nichtsein?

Immer wieder zeigt sich, dass die Gegenwart nicht zu verstehen ist ohne Kenntnis der Vergangenheit. Wie schon Immanuel Kant feststellte, ist nicht die Wirklichkeit entscheidend, sondern die Wahrnehmung dieser Wirklichkeit. Die Anerkennung des historischen Unrechts, das an den Palästinensern begangen wurde und wird, verträgt sich nicht mit dem in Israel und der jüdischen Diaspora vorherrschenden Weltbild. Nach dem Sechstagekrieg von 1967 wurde der Holocaust ein wesentlicher, wenn nicht der entscheidende Bezugsrahmen israelischer Identität. Die Botschaft an die Nachgeborenen lautet: Wir Juden waren

Opfer, und wir dürfen es nie wieder werden. In Deutschland wird diese Haltung als Ausdruck eines Traumas gedeutet, für das man gerade als Deutscher Verständnis haben müsse. Tatsächlich aber betreibt die politische Klasse Israels Machtpolitik auf Kosten von Palästinensern und Libanesen, die im Westen missverstanden wird als Ausdruck einer Überlebensstrategie. Für den jüdischen Staat gehe es schließlich um Sein oder Nichtsein.

Israel erkennt, unwidersprochen in Washington wie in Berlin, internationale Rechtsnormen nur an, wenn sie eigenen Interessen nicht zuwiderlaufen. Gleichzeitig fordert Israel die unkritische Solidarität seiner westlichen Freunde und Verbündeten ein. Und es funktioniert, vor allem in den USA und Deutschland. In den USA mit maßgeblicher Hilfe des «American Israel Public Affairs Committee», kurz AIPAC. Diese pro-israelische Lobbygruppe gilt als eine der mächtigsten Interessensverbände Washingtons überhaupt. In einer Grundsatzrede zur Lage im Nahen Osten erklärte Präsident Obama im Mai 2011: «Die Grenzen von Israel und Palästina sollten auf den Linien von 1967 basieren, unter Berücksichtigung möglichen Landtausches, dem beide Seiten zustimmen.» Im Grunde eine Binsenweisheit – alle nahöstlichen Friedensverhandlungen der letzten Jahre haben sich an diesem Vorschlag orientiert. Dennoch erhob sich ein Sturm der Entrüstung, orchestriert von AIPAC und der Regierung Netanjahu. Diese Grenzen seien nicht zu verteidigen, der Präsident gefährde die Sicherheit des jüdischen Staates. Obama geriet dermaßen in die Defensive, dass er in einer Ansprache vor AIPAC-Delegierten präzisierte, Grenzkorrekturen durch Landtausch seien der eigentliche Kern seiner Ausführungen. Sein 2009 in Kairo gegebenes Versprechen, innerhalb der nächsten fünf Jahre werde es einen palästinensischen Staat geben, wiederholte er nicht.

Im Klartext: Israels große Siedlungsblöcke im Westjordanland werden durch Annexion Teil Israels. Im Gegenzug bietet West-Jerusalem den Palästinensern israelisches Staatsgebiet im Tausch an. Wo genau, in welcher Größe und Qualität, ob Wüste oder nicht – das entscheidet de facto allein die israelische Regierung.

Womit noch nicht die Frage beantwortet ist, warum Israel sich so schwertut, die palästinensische Realität anzuerkennen und die Verantwortung für die «Nakba» zu übernehmen. Einen Teil der Antwort hat Mordechai Avi-Schaul bereits gegeben. Für einen überzeugten Zionisten gehört das Westjordanland, gehören Judäa und Samaria zu Israel wie Bayern zu Deutschland. Aus Sicht der israelischen Mehrheitsgesellschaft ist die «Nakba» kein Thema. Nach Auschwitz hätte es eben keine andere Wahl gegeben. Im Übrigen, so die Argumentation, hätten die arabischen Nachbarn Zeit genug habt, die palästinensischen Flüchtlinge in ihre Länder zu integrieren. Israel habe seinerseits genügend jüdische Flüchtlinge aus arabischen Staaten aufgenommen – insofern sei man «quitt». (In der Sache ein unsinniger Vergleich: Aus keinem arabischen Land wurden Juden mit Waffengewalt vertrieben. Die meisten sind aus freien Stücken nach Israel eingewandert.) Das palästinensische Narrativ von Flucht und Vertreibung anzuerkennen hieße, dass Israelis – Juden – Schuld auf sich geladen hätten. Der Staat Israel, entstanden auf Kosten der Palästinenser: Dieses Eingeständnis vertrüge sich nicht mit dem eigenen Geschichtsverständnis. Wer «Nakba» sage, zweifele demzufolge das Existenzrecht des jüdischen Staates an und suche dessen priviligierte Beziehungen mit dem Westen zu untergraben.

Hitler besiegen ...

Die Palästinafrage ist mit militärischen Mitteln, mit anhaltender Unterdrückung und Entrechtung nicht aus der Welt zu schaffen. Die tief im Unterbewusstsein der meisten Israelis und eines Großteils der jüdischen Diaspora eingebrannte Überzeugung, Israel sei von Feinden umgeben, ein palästinensischer Staat ein potentielles Sprungbrett für radikale Islamisten, eine Bedrohung für Israels Sicherheit, weicht der eigentlichen Frage aus: Wie ist zu erklären, dass ein Volk, das gelitten hat wie das jüdische, so wenig Sensibilität erkennen lässt für ein anderes, mit Auschwitz nicht zu vergleichendes, aber dennoch fortwährendes Unrecht?

Einsame Rufer in der Wüste wie Avraham Burg nennen das Problem beim Namen. Burg war lange Jahre ein führender Vertreter

Israels, Vorsitzender der Jewish Agency (organisiert die jüdische Einwanderung nach Israel) und der World Zionist Organisation (Dachverband zionistischer Verbände). Vor einigen Jahren brach er mit dem israelischen Establishment und zog sich aus der Politik zurück. Sein Buch «Hitler besiegen. Warum Israel sich endlich vom Holocaust lösen muss» (Frankfurt a. M. 2009) hatte in Israel, in den USA und Frankreich einen Sturm der Entrüstung zur Folge. (In Deutschland wurde es, wie in solchen Fällen üblich, jenseits des Feuilletons weitgehend ignoriert.) Burg sprach aus, was viele, vor allem linke Juden und Israelis, denken, aber selten öffentlich sagen: Der jüdische Staat ist besessen von Misstrauen – gegen sich selbst, seine Nachbarn und die Welt um sich herum. Der Holocaust wird als ultimatives Trauma vereinnahmt, um israelisches Unrecht zu legitimieren. Burg kritisiert sein Land als militaristisch, fremdenfeindlich und anfällig für Extremismus. Trotz der Notwendigkeit, der Opfer der Judenvernichtung zu gedenken sei es an der Zeit, dass Israelis, Juden und die Menschen im Westen, allen voran in Deutschland, das Trauma des Holocaust überwänden und Israel zu einem neuen Selbstverständnis finde, das auf Freiheit und Demokratie beruhe. Die Alternative wäre ein zunehmend rassistisches Israel, eine jüdische Minderheit, die dauerhaft über eine palästinensische Mehrheit herrscht und das Südafrika der Apartheid kopiert.

... oder Palästinenser ertränken

Leider deutet nichts darauf hin, dass Israel den von Burg angemahnten Weg beschreitet. Ganz im Gegenteil hat sich die israelische Gesellschaft seit der Ermordung Jitzhak Rabins 1995 immer mehr in Richtung eines Ultranationalismus entwickelt, der unverhohlen für ein Großisrael eintritt. Dafür gibt es mehrere Gründe, nicht zuletzt den Einfluss der Siedlerlobby und die demographische Verschiebung durch mehr als eine Million Einwanderer aus der ehemaligen Sowjetunion, die vielfach einem autoritären Staatsverständnis anhängen. Linke oder liberale Parteien spielen in Israel gegenwärtig keine Rolle mehr. Die ehemals größte Partei Israels, die sozialdemokratisch orientierte Arbeitspartei, ist nur noch eine parlamentarische Splittergruppe. Drei Parteien dominieren die israelische Politik: Die Kadima-Partei unter Vorsitz der ehemaligen Außenministerin Tzipi Livni. Sie wurde 2005 von Ariel Scharon gegründet, nachdem sich zahlreiche Abgeordnete des von ihm geführten Likud gegen den Abzug aus dem Gazastreifen ausgesprochen hatten. Vorsitzender des Likud, ein Bündnis mehrerer Siedler- und Großisraelgruppen, ist heute Regierungschef Benjamin Netanjahu. Sein schärfster Konkurrent ist Avigdor Lieberman, Außenminister und aggressivster Gegner von Kompromissen mit den Palästinensern. Der aus dem heutigen Moldawien eingewanderte ehemalige Disko-Türsteher ist bekannt für seine anti-arabischen Hasstiraden. 2002 hat er die israelische Armee aufgefordert, im Gazastreifen «keinen Stein auf dem anderen zu lassen» und auch Geschäfte, Banken oder Tankstellen «dem Erdboden gleichzumachen». 2003 schlug er im israelischen Parlament, der Knesset, vor, palästinensische Gefangene im Toten Meer zu ertränken. 2006 forderte er, ebenfalls in der Knesset, palästinensische Abgeordnete als Landesverräter vor Gericht zu stellen und hinzurichten. Lieberman ist Vorsitzender der Partei «Unser Haus Israel», die vor allem von russischen Einwanderern gewählt wird. Alle drei Parteien unterscheiden sich lediglich durch die Egos und den Tonfall ihrer jeweiligen Vorsitzenden, nicht inhaltlich oder programmatisch. Einen palästinensischen Staat lehnt auch die Kadima jenseits von Lippenbekenntnissen ab. Sie beteiligt sich allein aus wahltaktischen Erwägungen nicht an der gegenwärtigen Regierung. Unter Demokratie verstehen die Ultranationalisten gleichermaßen den ethnozentrisch verfassten Staat, der Judentum auf Militanz verkürzt. Kritik an ihrer expansiven Politik, ob von Juden oder Nichtjuden, rücken sie in die Nähe des Landesverrats. Eine Gesetzesvorlage der von Netanjahu und Lieberman dominierten Regierungskoalition sieht vor, israelischen Bürgern, die keine Juden sind – das sind vor allem Palästinenser in Galiläa und im Negev, die in Israel übrigens nicht als «Palästinenser» gelten, sondern als «Araber» – eine schriftliche Anerkennung der jüdischen Identität Israels abzuverlangen. Sind sie dazu nicht bereit, nehmen sie gar mit «den Feinden Israels» Kontakt auf, gemeint ist die Hamas, soll ihnen künftig die Staatsangehörigkeit entzogen werden können.

Frieden als Farce

Im Januar 2011 veröffentlichten Al-Jazeera und die britische Zeitung The Guardian die sogenannten «Palestine Papers». Dabei handelt es sich um mehr als 1600 interne Dokumente aus einem Jahrzehnt israelisch-palästinensischer Verhandlungen, von 1999 bis 2010, die beiden Medien von einem palästinensischen Unterhändler zugespielt wurden. Aus diesen Unterlagen geht hervor, dass die in Ramallah ansässige Palästinensische Autonomiebehörde unter Führung von Fatah-Chef Mahmud Abbas den Israelis dermaßen weit entgegengekommen war, dass es schon an Selbstaufgabe grenzt. Insbesondere hatte sie sich bereiterklärt:

- Israelische Siedlungen in Ost-Jerusalem und im Westjordanland bis auf wenige Ausnahmen anzuerkennen und Israel weitreichende Befugnisse auf den islamischen Tempelberg mit der Al-Aqsa-Moschee, dessen südliche Begrenzung die jüdische Klagemauer ist, zu übertragen.
- Auf das Rückkehrrecht palästinensischer Flüchtlinge ohne Gegenleistung zu verzichten.
- Eng mit den israelischen Sicherheitsbehörden zu kooperieren und mit ihnen gemeinsam die Hamas zu bekämpfen.
- Den Israelis auf internationaler Bühne beizustehen, um die im Untersuchungsbericht der Vereinten Nationen festgehaltene scharfe Kritik am Vorgehen Israels während des Gazakrieges 2008/09 (Goldstone-Bericht) ins Leere laufen zu lassen.

Dessen ungeachtet zeigte sich dennoch keine israelische Regierung bereit, die Gründung eines palästinensischen Staates voranzutreiben. An einer Stelle der im Internet nachzulesenden «Papers» erklärt Tzipi Livni kühl, sie erkenne durchaus an, dass sich Mahmud Abbas «Mühe gibt». Das reiche aber nicht aus. Würden die Palästinenser ihren Staat im Westjordanland und im Gazastreifen erhalten, entstünde dieser

Staat auf gerade einmal einem knappen Viertel der Fläche Palästinas. Aber selbst diese bescheidene Größe ist aus israelischer Sicht offenbar noch zu viel. Sogar für den Fall, dass ein Großteil der Siedlungen bestehen bliebe.

Wer ist die Hamas und was will sie?

Auf den Wahlsieg der Hamas 2006 reagierte Israel mit der vollständigen Abriegelung des Gazastreifens. Die Wirtschaft wurde stranguliert, seine Bewohner wurden zu Gefangenen. Husni Mubarak, der wichtigste regionale Partner West-Jerusalems, ließ seinerseits die Grenze zu Ägypten schließen, konnte aber den Tunnelbau nicht verhindern. Auch er wollte die Hamas geschwächt sehen, um die Muslimbrüder im eigenen Land klein zu halten. Die Hamas war 1987 im Zuge der ersten Intifada (Aufstandsbewegung) gegen die israelische Besatzung entstanden. Sie ist eine religiös-nationalistische Bewegung, hervorgegangen aus den Reihen der palästinensischen Muslimbruderschaft, begründet von dem islamischen Theologen Ahmad Jassin aus Gaza, der 2004 «gezielt getötet» wurde – so die in Israel gebräuchliche Sprachregelung für die Ermordung militanter oder missliebiger Palästinenser. Anfänglich unterstützte die israelische Besatzungsmacht die Hamas (arabische Abkürzung für «Bewegung des islamischen Widerstands»; gleichzeitig bedeutet Hamas «Hingabe»), um dadurch die säkulare Fatah zu schwächen. Nachdem sie mehrere Anschläge verübt hatte, avancierte sie jedoch schnell zum israelischen Staatsfeind Nummer eins. Die im Westen vorherrschende Meinung besagt, die Hamas stehe für Terror und Menschenverachtung und sei zum Frieden nicht bereit.

Aus zwei Gründen wurde die Hamas zu einer Massenbewegung. Zum einen wegen der Perspektivlosigkeit vieler Palästinenser, der sie eine islamische Identität entgegensetzt. Und zum anderen, weil sie im Gegensatz zur Fatah kostenlose soziale Dienstleistungen anbietet. Wie in jeder «Volkspartei» gibt es auch in der Hamas gegenläufige Kräfte: Konservative und Reformer, Fundamentalisten und Pragmatiker. Seit der Formulierung ihrer Charta aus dem Jahr 1988, die zur «Befreiung» des gesamten Palästina aufruft, bis zu ihrem Wahlsieg bei den palästinensischen Parlamentswahlen 2006 hat sie einen weiten Weg zurückgelegt, immer hin- und hergerissen zwischen zwei Polen: einem radikalen Flügel, der Israel mit Gewalt in die Knie zu zwingen suchte, und einem pragmatischen, der auf Verhandlungen setzte. Heute fordert die Hamas einen palästinensischen Staat im Gazastreifen und im Westjordanland, einschließlich Ost-Jerusalems. 2005 verkündete sie einen einseitigen Waffenstillstand, den sie zwei Jahre später aufgrund anhaltender israelischer Angriffe wieder aufhob. Nach ihrem Wahlsieg 2006 haben führende Vertreter der Hamas wiederholt klargestellt, dass sie für einen palästinensischen Staat in den 1967 besetzten Gebieten eintreten.

Obwohl die Hamas mit 54 Prozent der Stimmen in fairen und freien Wahlen, unter Aufsicht von Wahlbeobachtern der Europäischen Union, einen klaren Sieg errang – geschuldet mehr der israelischen Besatzung und der Korruption der Fatah, weniger der Sehnsucht nach einem Gottesstaat – , hatte die Hamas-Regierung nie eine Chance, ihr politisches Vermögen oder Unvermögen unter Beweis zu stellen. Vor allem ihr finanzieller Boykott durch Israel, die USA und die EU zwang die Regierung, ihre Anstrengungen auf ein einziges Problem zu konzentrieren: Wie Geld aus dem Ausland, den arabischen Staaten und dem Iran, mit Hilfe von Kofferträgern (im wahrsten Sinn des Wortes) in die palästinensischen Gebiete schaffen? Ein unabhängiges palästinensisches Bankensystem gibt es nicht, und Washington drohte damit, alle Banken, die der Hamas-Regierung Geld überweisen würden, unter Verwendung eines der zahlreichen Terrorismus-Paragrafen zur Rechenschaft zu ziehen.

Das Mantra westlicher Politik lautet, die Hamas müsse zunächst einmal das Existenzrecht Israels anerkennen. Israel seinerseits hat nie das Existenzrecht eines palästinensischen Staates expressiv verbis anerkannt. Und keine israelische Regierung hat jemals die eigenen Landesgrenzen völkerrechtlich bindend festgelegt. Die Grenzen von 1948 bis 1967 galten lediglich als «Waffenstillstandslinien». Die Frage der Grenzen Israels ist eine zutiefst ideologische – und einer der Gründe dafür, warum es in Israel bis heute keine Verfassung gibt. Wo genau würde sie denn gelten? Innerhalb welcher Grenzen verlangt Israel die Anerkennung seines Existenzrechts durch die Hamas? Würde sie Israel anerkennen, erfolgte dann im Gegenzug die Anerkennung eines palästinensischen Staates? Oder gilt noch immer Netanjahus Diktum nach dem Wahlsieg der Hamas: «Es ist uns egal, was diese Terrororganisation beschließt oder nicht beschließt»?

Die Hamas erkennt Israel formell nicht an, weil es ihr einziger politischer Trumpf ist. Darauf wird sie ohne Gegenleistung kaum verzichten. Die Hamas hat bewiesen, dass sie zu Pragmatismus fähig ist. Aber das interessiert weder Israel noch den Westen – beide richten lieber Forderungen an die Palästinenser, als die Legitimität der Besatzung in Frage zu stellen. Die PLO und die Fatah haben Israel bereits 1988 anerkannt und diese Anerkennung im Zuge des Oslo-Abkommens 1993 noch einmal wiederholt. Was hat es den Palästinensern genutzt? Ist deswegen auch nur eine einzige Siedlung weniger gebaut worden?

Eine neue Ära kündigt sich an

Die Spannungen zwischen Hamas und Fatah, die den Wahlsieg der Konkurrenz ebenfalls nicht anerkennen mochte, entluden sich 2007 in blutigen Auseinandersetzungen. De facto kam es zu einer Spaltung der palästinensischen Gebiete. Das Westjordanland wird seither von der Palästinensischen Autonomiebehörde unter Führung der Fatah, der stärksten Gruppierung innerhalb der PLO, regiert, der Gazastreifen von der Hamas. Nach dem Sturz Mubaraks sortierten sich die Verhältnisse neu. Die ägyptische Übergangsregierung, vertreten durch Außenminister Nabil al-Arabi, mittlerweile Generalsekretär der Arabischen Liga, führte Geheimverhandlungen mit Fatah und Hamas, ohne West-Jerusalem oder Washington in Kenntnis zu setzen. Im April 2011 kündigte al-Arabi die schrittweise Öffnung der Grenze zum Gazastreifen an und bezeichnete die israelische Blockadepolitik als «beschämend». Eine neue ägyptische Außenpolitik zeichnet sich ab, die keineswegs den Bruch mit den USA oder Israel sucht, sich aber gleichwohl nicht mehr blind deren Interessen unterordnet. Kairo sieht die Hamas nicht länger als Sicherheitsrisiko und bemüht sich um eine Normalisierung der 1981 abgebrochenen Beziehungen zu Teheran. Nicht nur Mubarak sitzt hinter Gittern, auch sein langjähriger Energieminister Sameh Fahmy, der für den Verkauf von ägyptischem Gas zu Dumpingpreisen an Israel verantwortlich gemacht wird – für viele Ägypter das Symbol schlechthin für den Ausverkauf ihrer Interessen. Ebenso Omar Sulaiman, Mubaraks Geheimdienstchef und Israels bester Freund in der arabischen Welt.

Im Mai 2011 unterzeichneten die Führungen von Hamas und Fatah in Kairo ein Versöhnungsdokument, das den seit 2007 schwelenden Konflikt für beendet erklärt. Beide Seiten verständigten sich, eine Übergangsregierung zu bilden und 2012 Neuwahlen abzuhalten. Die Hamas verpflichtete sich, Raketenangriffe aus dem Gazastreifen zu unterbinden und Israels Grenzen vor dem Sechstagekrieg 1967 anzuerkennen. Obwohl die Hamas damit der Forderung nach einer Anerkennung Israels indirekt nachgekommen war, fielen die Reaktionen in West-Jerusalem, Washington und Berlin nicht anders aus als gewohnt. Vor der Versöhnung hatte Israels Premier Netanjahu Verhandlungen mit den Palästinensern abgelehnt, da sie zerstritten seien. Nach der Versöhnung hieß es, Israel werde mit keiner palästinensischen Regierung verhandeln, die Israels Existenzrecht nicht anerkenne.

Mahmud Abbas hatte mit Mubarak seinen wichtigsten Verbündeten verloren. Die Hamas wiederum, deren Exilführung unter Khaled Meschal in Damaskus residiert, sah mit Sorge das gewaltsame Vorgehen der syrischen Regierung, ihrer Gastgeber, gegen das eigene Volk. Gleichzeitig war der arabische Frühling auch bei den Palästinensern angekommen. Der Druck der Jugend, aber auch der Geschäftswelt auf Hamas und Fatah war groß, über den eigenen Schatten zu springen und Politik im Interesse der Palästinenser zu betreiben. Beflügelt von den Veränderungen in der Region marschierten Tausende Palästinenser am 15. Mai, dem Jahrestag der Gründung Israels, an dessen Grenzen auf – für die einen Ausdruck ihrer Hoffnung, in die Heimat zurückzukehren, für die anderen ein Alptraum. Auf den Golanhöhen erschossen israelische Soldaten 14 Palästinenser, die illegal, aber unbewaffnet, den Grenzzaun überwunden hatten. Am 5. Juni, dem Jahrestag des Beginns des Sechstagekrieges, wiederholten sich die Proteste. Dabei wurden 24 unbewaffnete Palästinenser von israelischen Soldaten erschossen, ebenfalls auf den Golanhöhen. Nach einem Terroranschlag unweit von Eilat mit acht Toten am 19. August reagierte die israelische Regierung mit mehreren Luftangriffen auf den Gazastreifen. Dabei wurden auch fünf ägyptische Soldaten an der Grenze im Sinai getötet – aus Versehen, wie es hieß. Die Botschaft ist dennoch klar: West-Jerusalem macht Kairo mitverantwortlich für Anschläge in Israel und behält sich Vergeltungsmaßnahmen auch gegenüber Ägypten vor. Die Eskalation ist vorgezeichnet.

Und was wird geschehen, sollten in Zukunft Hunderttausende oder Millionen Palästinenser friedlich anrücken, um Grenzen und Mauern niederzureißen? Die arabische Revolution hat eine Waffe erprobt, die wirksamer ist als jede Intifada: Den friedlichen Massenprotest über Wochen und Monate hinweg. Nichts fürchtet man in Israel mehr als den Kontrollverlust. Deshalb wird die arabische Revolution vorrangig als Bedrohung gesehen, gegen die es sich zu wappnen gilt – nach dem Sturz Mubaraks beschloss die Regierung Netanjahu eine deutliche Erhöhung des Verteidigungshaushalts. In dem Maße aber wie die Veränderungen in der Region voranschreiten und neben den USA auch andere Akteure vor Ort ihre Interessen wahrnehmen – China, Indien, Russland, Brasilien – , wird es Israel immer schwerer fallen, an seinen Positionen festzuhalten. Die Zeit arbeitet nicht für, sondern gegen einen jüdischen Staat, der Sicherheit mit Hegemonie verwechselt.

AUSBLICK.
WAS NUN?

Niemand vermag die Zukunft der arabischen Revolution vorauszusagen. Die Entwicklung ist in vollem Gange, sie wird nicht einheitlich verlaufen, von vielen Rückschlägen und Widersprüchen begleitet sein. Enttäuschungen nach sich ziehen, ähnlich wie in Georgien oder der Ukraine, wo der hoffnungsvolle Aufbruch von unfähigen Politikern zunichte gemacht wurde. Die arabische Welt steht erst am Anfang eines Epochenwandels, der noch Jahre und Jahrzehnte fortwirken und von Land zu Land unterschiedlich ausfallen dürfte. Eines aber hat sich, wie bereits erwähnt, jetzt schon unwiderruflich verändert: das Bewusstsein. Wer sich etwa in Kairo in ein Café oder eine Teestube setzt, sich in den Basar begibt oder eine Moschee besucht, wer mit den Menschen redet und ihnen zuhört, der spürt vor allem eines – die ganze Stadt atmet Politik. Jeder hat seine Meinung, jeder teilt sie mit, auch öffentlich, vom Laufburschen bis zum Wissenschaftler. Die Ägypter, und nicht nur sie, haben ihre Angst verloren. Jeder redet über Politik, ohne Punkt und Komma. Nicht immer auf allerhöchstem Niveau, aber das ist nicht entscheidend. Die neugewonnene Freiheit bedeutet auch, keine Maske mehr tragen zu müssen. Vor der Revolution lernten schon die Kinder, nicht zu sagen, was sie dachten. Jetzt nähert sich die Ära alter Männer an der Macht ihrem Ende. Unvorstellbar, auf Jahrzehnte hinaus, dass es noch einmal einen ägyptischen Präsidenten geben könnte, der sich als Pharao sieht und als Tyrann regiert.

Selbst dort, wo es bislang keine Volksaufstände gegeben hat, geraten die politischen Verhältnisse in Bewegung. Der marokkanische König Mohammed VI. veranlasste im Juni 2011 eine Verfassungsänderung, die seine Machtbefugnisse eher symbolisch einschränkt, aber dennoch in die richtige Richtung weist. So ist künftig der Premierminister, nicht mehr der König, befugt, das Parlament aufzulösen. Ein «Regierungsrat» soll die Richtlinien der Politik bestimmen, der Justizminister wird nicht länger vom König ernannt. Frauen sind vor dem Gesetz Männern gleichgestellt, in Beruf und Ausbildung werden sie zusätzlich gefördert. Die Berbersprache ist nunmehr gleichberechtigte Landessprache neben Arabisch.

Sein jordanischer Amtskollege, König Abdallah II., hat dem Parlament deutlich mehr Rechte übertragen und scheint eine konstitutionelle Monarchie nicht grundsätzlich abzulehnen. Solche von oben eingeleiteten Reformen sind präventive Maßnahmen, um ein Übergreifen der Revolution auf das eigene Land zu verhindern. Andernorts, in den kleinen Golfstaaten und in Saudi-Arabien, sollen milliardenschwere Geldgeschenke der Herrscher an das eigene Volk für Ruhe und Ordnung sorgen. Ob das auf Dauer ausreicht, wird sich zeigen.

Das größte Potential für einen tragfähigen demokratischen Wandel haben Tunesien und Ägypten. In beiden Ländern gibt es, ungeachtet jahrzehntelanger Eingriffe seitens der Machthaber, funktionierende staatliche Institutionen, eine gut ausgebildete Jugend und bürgerliche Mittelschichten als gesellschaftliche Träger des Wandels, so schwach und anfällig sie auch sein mögen. Beiden Ländern kommt eine Vorbildfunktion zu. Gelingt dort der wirtschaftliche Aufschwung, in Verbindung mit Rechtsstaatlichkeit und Demokratie, werden sich die übrigen Staaten der Region an ihnen orientieren. Ägypten ist immerhin der bevölkerungsreichste arabische Staat, eine mittlere Führungsmacht. Insoweit war es richtig, dass die führenden Industriestaaten auf dem G 8-Gipfel im französischen Deauville im Mai 2011 beschlossen, eine Art Marshall-Plan aufzulegen und Tunesien und Ägypten mit insgesamt 40 Milliarden Dollar zu unterstützen. Entscheidend ist allerdings, ob dieses Geld sinnvoll investiert wird, Arbeitsplätze schafft, rechtsstaatliche Strukturen aufbauen hilft, etwa durch die Ausbildung von Richtern oder Polizisten. Wird das Geld wie in der Vergangenheit auch ohne Qualitätskontrollen und Leistungsnachweise lediglich in die Hauptstädte überwiesen, wird ein Großteil mit an Sicherheit grenzender Wahrscheinlichkeit in den Taschen altneuer Regierungsvertreter verschwinden.

In Bahrain herrscht Friedhofsruhe, aber der dortige Herrscherclan kann sich nicht allein auf saudische Bajonette verlassen. Die Kleinstaaten am Golf sind zunehmend Markennamen, die für ein bestimmtes Image stehen. Dubai für Boom, Abu Dhabi für Kultur, Katar für Fußball und Al-Jazeera. Bahrain steht gegenwärtig für Polizeistaat, und mit dem Image droht eine wirtschaftliche Abwärtsspirale. Die Al Khalifa stehen vor dem Dilemma, in weiten Teilen der eigenen Bevölkerung jedwede Legitimation verloren zu haben. Gerade deswegen müssen sie über kurz oder lang auf die unterdrückten Schiiten zugehen – ohne einen weiteren Aufstand zu riskieren. Im Grunde die Quadratur des Kreises, nicht grundsätzlich anders als in Syrien. Auch dort wird Baschar al-Assad gerade so viel Demokratie wagen, wie es die Beruhigung der Lage erfordert. Die syrische Bevölkerung sieht einem System aus Zuckerbrot und Peitsche entgegen, das vor allem mit seiner Selbsterhaltung, weniger mit der Zukunft des Landes befasst sein wird. Zu allem Überfluss steht Syrien am Rande des Staatsbankrotts.

Völlig offen ist die künftige Entwicklung in Libyen und im Jemen, wo eine fragile Stammesdemokratie ebenso denkbar ist wie Staatszerfall und endemische Gewalt. Und wie lange noch werden Algerien und Saudi-Arabien dem Wandel widerstehen? Der Reichtum an Erdöl und Erdgas erweist sich hier als Fluch, weil er den Regimen erlaubt, die Bevölkerung entweder zu kaufen oder zu kujonieren und sich dabei der stillschweigenden Unterstützung durch den Westen sicher zu sein.

Bei allen Unwägbarkeiten zeichnen sich geopolitische Veränderungen ab, sind erste Gewinner der Revolution ebenso auszumachen wie veränderte Spielregeln. Über Generationen haben die Kolonialmächte und nach ihnen die Hegemonialmächte in der arabischen Welt Grenzen gezogen, Völker geteilt und Regime gekauft. So einfach werden Europäer und US-Amerikaner ihre Interessen in der Region nicht mehr durchsetzen können. Die ägyptische Vermittlung des Versöhnungsabkommens zwischen Hamas und Fatah zeigt, dass in Kairo, und nicht nur dort, ein neues politisches Selbstbewusstsein entstanden ist. Ägyptens innere Stagnation unter Mubarak hatte den regionalen Bedeutungsverlust des Landes zur Folge. Vieles spricht dafür, dass Ägypten nach einer Phase der Konsolidierung seine frühere Rolle als Leitbild zurückgewinnen wird. Parallel dürfte Saudi-Arabien ebenso wie der Iran an Einfluss verlieren. Indem sich Riad als Hochburg der Gegenrevolution empfiehlt, stellt sich das wahhabitische Königreich, Inbegriff politischer Reaktion, auf die falsche Seite der Geschichte. Das mag den Machterhalt sichern helfen, auf Kosten allerdings der eigenen Glaubwürdigkeit in der arabischen Welt.

Ähnlich der Iran. Weder politisch noch wirtschaftlich ist das Land ein Zukunftsmodell. Die arabische Revolution 2011 hat mit der iranischen 1979 nichts gemein. Je offener und demokratischer sich arabische Gesellschaften entwickeln, umso mehr wird der Einfluss Teherans zurückgehen. Dennoch sind das neue Ägypten und andere arabische Staaten bemüht, die Beziehungen zur Islamischen Republik zu normalisieren. Die westliche Frontstellung machen sie nicht mit. Sollte die arabische Revolution dauerhaft demokratische Wurzeln schlagen, ist ein erneuter Volksaufstand im Iran, nach der niedergeschlagenen Revolte 2009, vermutlich nur eine Frage der Zeit.

Die ersten Gewinner der neuen Ära aber sind Katar und die Türkei. Katar hat sich über Al-Jazeera und sein militärisches Engagement in Libyen auf Seiten der Nato als kleinste Großmacht am Golf etabliert. Die Stimme Katars hat künftig Gewicht, innerhalb und außerhalb der arabischen Welt. Umso mehr, als kein regionaler Akteur das Land als Bedrohung empfindet – gerade weil es so klein ist. Katar wird kaum Ägypten Konkurrenz machen, ist aber in West und Ost gleichermaßen gut angesehen und kann im Hintergrund diskret die Fäden ziehen.

Auch die Türkei hat außenpolitisch deutlich an Profil gewonnen. Anders als etwa die deutsche Regierung hat die türkische nicht lediglich abgewartet, welchen Ausgang der Aufstand in Tunesien oder Ägypten nimmt, sondern hat ihn frühzeitig begrüßt. Türkische Schiffe hatten wesentlichen Anteil an der Evakuierung Zehntausender Ausländer aus Libyen. Während europäische Staatschefs auf die Flüchtlinge aus Nordafrika überwiegend abweisend reagierten, begrüßte Premierminister Erdogan die mehr als 10 000 syrischen Flüchtlinge in der Türkei als «Gäste». Natürlich wusste er auch, dass sie nicht bleiben wollten und so bald wie möglich wieder in ihre Heimat zurückkehren würden. Dennoch, die äußerst professionelle Hilfe in mehreren Zeltstädten hat den Vorbildcharakter der Türkei für viele Araber zusätzlich verstärkt. Seit langem schon gilt die türkische Regierungspartei AKP den arabischen Reformkräften als Modell. Sie ist islamisch und gemäßigt und hat der Türkei in den letzten Jahren einen beispiellosen wirtschaftlichen Aufschwung beschert. Ankara sucht die Mitgliedschaft in der Europäischen Union, ist Mitglied der Nato, dennoch pragmatisch gegenüber dem Iran und leistet sich kritische Töne gegenüber Israel. Diese Mischung aus Selbstbewusstsein, Unabhängigkeit und Erfolg kommt gut an in der arabischen Welt.

Und Europa? Die Generation Facebook ist den Europäern nicht unfreundlich gesinnt, hält deren Politik gegenüber dem Nahen Osten aber in erster Linie für eigennützig und zynisch. Dabei gibt es durchaus konkrete Erwartungen an Europa, die von zusätzlichen Investitionen bis zur Hilfe beim Aufbau demokratischer Institutionen reichen. Da sich die Interessen der USA vor allem auf den Persischen Golf konzentrieren, bleibt Europa ein weites Feld, sich in Nordafrika und im Nahen Osten zu engagieren. An Möglichkeiten fehlt es nicht: Beinahe 75 Prozent der Investitionen in Nordafrika stammen aus der EU. Umgekehrt gehen fast drei Viertel der Exporte Nordafrikas nach Europa: Erdöl, Erdgas und Dienstleistungen, auch in Form von Arbeitsmigration. Die Europäische Union wäre gut beraten, den arabischen Demokratien eine neue Form der Partnerschaft anzubieten, die weit über Sicherheitsfragen hinausgeht. Das setzt zunächst einmal voraus, den Menschen dort und ihrer Kultur mit einer größeren Offenheit zu begegnen als bisher. Einschließlich der Flüchtlingsfrage. Viele Nordafrikaner, die den gefährlichen Weg über das Mittelmeer riskieren, sind qualifizierte Hochschulabsolventen, die in ihrer Heimat keine Arbeit finden. Was spricht dagegen, ihnen Arbeitserlaubnisse zu geben, befristet oder nicht? Europa sollte mit Nordafrika verfahren wie früher mit der Türkei. Die «Gastarbeiter» haben den Grundstein einer wirtschaftlichen Kooperation gelegt, von der am Ende beide Seiten, Europa, namentlich Deutschland, wie auch die Türkei profitiert haben. Der heutige Wirtschaftsboom am Bosporus verdankt sich nicht zuletzt dieser langjährigen Kooperation. Einen ähnlichen Weg gilt es auch mit Nordafrika zu beschreiten.

ABBILDUNGSNACHWEIS

S. 15 © Ho New/Reuters
S. 19 © Ho New/Reuters
S. 21 © Martin Bureau/AFP/Getty Images
S. 40 © Alex Majoli/Magnum Photos/Agentur Focus
S. 44 © Fethi Belaid/AFP/Getty Images
S. 55 © EPA/Lucas Dolega/picture-alliance/dpa
S. 57 © Tim Brakemeier/picture-alliance/dpa
S. 73 © Mohamed Abd El Ghany/Reuters
S. 74 © Alex Majoli/Magnum Photos/Agentur Focus
S. 76 © Amr Nabil/AP
S. 77 © Peter Turnley/Corbis
S. 87 © Mahmud Hams/AFP/Getty Images
S. 92 © Reuters TV/Reuters
S. 93 © Rodrigo Abd/AP
S. 99 © AP
S. 107 © STR New/Reuters
S. 109 © Alex Majoli/Magnum Photos/Agentur Focus
S. 130 © Hamad I Mohammed/Reuters
S. 144 © Samuel Aranda/Corbis
S. 167 © Anwar Amro/AFP/Getty Images
S. 183 © epa/Hollander/picture-alliance/dpa

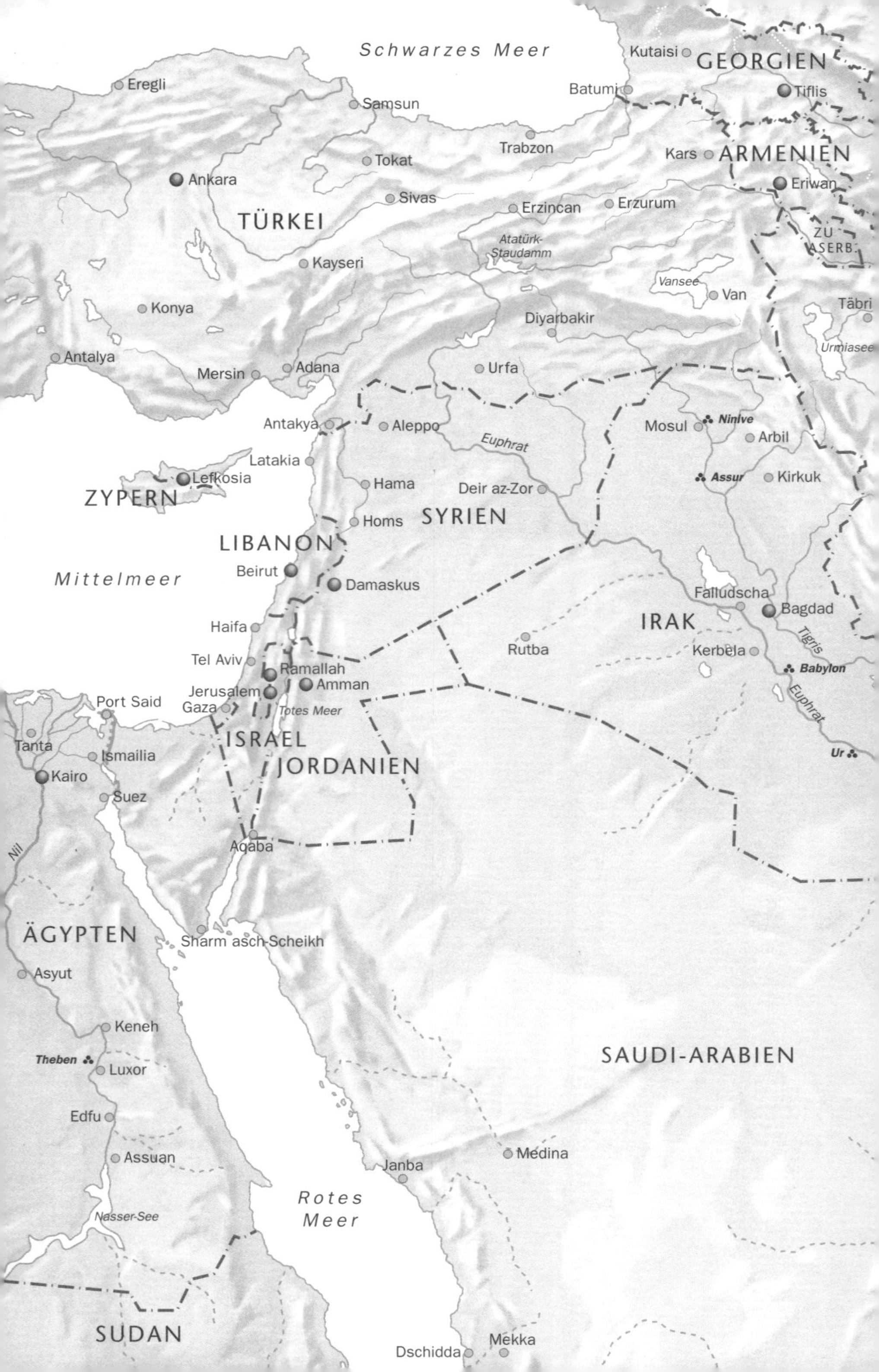
Schwarzes Meer
Kutaisi
GEORGIEN
Eregli
Batumi
Tiflis
Samsun
Trabzon
Kars
ARMENIEN
Tokat
Ankara
Eriwan
Sivas
Erzincan
Erzurum
TÜRKEI
Atatürk-Staudamm
ZU ASERB.
Kayseri
Vansee
Van
Konya
Diyarbakir
Täbri
Urmiasee
Antalya
Mersin
Adana
Urfa
Antakya
Aleppo
Mosul
Ninive
Arbil
Euphrat
Latakia
Assur
Kirkuk
Lefkosia
ZYPERN
Hama
Deir az-Zor
Homs
SYRIEN
LIBANON
Beirut
Mittelmeer
Damaskus
Falludscha
Bagdad
IRAK
Haifa
Tigris
Rutba
Kerbela
Tel Aviv
Ramallah
Babylon
Amman
Jerusalem
Port Said
Gaza
Totes Meer
Euphrat
Tanta
ISRAEL
Ismailia
Ur
Kairo
JORDANIEN
Suez
Nil
Aqaba
ÄGYPTEN
Sharm asch-Scheikh
Asyut
Keneh
SAUDI-ARABIEN
Theben
Luxor
Edfu
Medina
Assuan
Janba
Rotes Meer
Nasser-See
SUDAN
Mekka
Dschidda